本书受 2017 年教育部人文社会科学研究青年基金项目"《庄子》之'无'的美学精神研究"(17YJC720044)、山西省高等学校哲学社会科学研究项目和运城学院中国语言文学重点学科经费资助

庄子『无』的美学思想研究

朱松苗◎著

The Study on Chuang–Tzu's Aesthetic Thought of "Wu"

人民出版社

责任编辑:洪 琼

图书在版编目(CIP)数据

庄子"无"的美学思想研究/朱松苗 著. —北京:人民出版社,2020.12
ISBN 978-7-01-022751-1

Ⅰ.①庄…　Ⅱ.①朱…　Ⅲ.①庄周(约前369—前286)-美学思想-研究
　Ⅳ.①B223.55②B83-092

中国版本图书馆 CIP 数据核字(2020)第 244749 号

庄子"无"的美学思想研究
ZHUANGZI WU DE MEIXUE SIXIANG YANJIU

朱松苗　著

人民出版社 出版发行
(100706　北京市东城区隆福寺街 99 号)

北京汇林印务有限公司印刷　新华书店经销

2020 年 12 月第 1 版　2020 年 12 月北京第 1 次印刷
开本:710 毫米×1000 毫米 1/16　印张:20.25
字数:320 千字

ISBN 978-7-01-022751-1　定价:69.00 元

邮购地址 100706　北京市东城区隆福寺街 99 号
人民东方图书销售中心　电话 (010)65250042　65289539

序　言

彭富春

　　朱松苗的著作从无的角度来研究庄子的哲学和美学。这在当代中国的庄子思想研究当中是具有独特性和创造性的。

　　中国思想一般认为分为儒、道、禅三家。儒家是关于有的思想,它追问事物的诚实和人的诚明。但道家是关于无的思想,它探讨道的无和人如何通过无的语言、思想和存在达到道的无。佛教和禅宗是关于空的思想,空不是一无所有,而是指诸行无常、诸法无我等。道家所说的无跟日常语言的无一样,具有多重意义。虽然如此,无主要是具有两个方面的意义:一个是动词性的,另一个是名词性的。动词性的无主要是否定,也就是否定有。例如不、勿、莫、没有,等等。名词性的无是一种存在的样态,亦即它不是一个存在者的形态。它包括了形而下的无和形而上的无。前者是物的无,后者是道的无。道的无在道家思想当中是具有规定性的。

　　老庄无疑是道家思想最重要的开创者。他们共同论述了道在存在、思想和语言等多重维度的意义。但老子和庄子具有巨大的差异。老子如同是一个老人,庄子则如同是一个婴儿。更重要的是,老子只是吟诵着关于道的哲理诗,而庄子则把道进行了更丰富多样的语言表达。

　　庄子认为道本身就是无,但这个无不是死的无,而是活的无。因此无能生有。道作为有无之变是生生不息的。美是什么？它并不是远离于道的一种存在现象，不是道的一种外在的华丽美观的装饰，而是道自身的完满实现，亦即存在本性的完满实现。它显现于天地万物之中。因此我们可以说，美就是道成物身。

庄子所说的人的审美境界正是逍遥游，也就是自由的游戏。但这如何可能？其关键在于人要游于道，亦即克服有而达到无。这包括了两个方面的意义，一方面是游无穷，另一方面是无穷游。

经验无和思考无与经验有和思考有是两件完全不同的事情。但是对于无的经验和思考也许会引出两种截然不同的道路：一种是虚无主义和神秘主义，它会导致人走向死亡；另一种是解放和自由，它能使人超出有的限制，而获得无的无限，也就是生生不息的生命。

在当代社会里，人们的存在、思想和语言只有有而没有无。人们有欲望，也有技术。人们只知道有并且去制造无数物的有而满足人的无尽的欲望的有。一种超出了人的欲望和技术的有而作为大道的无依然是隐而不显的。在这种困境中，庄子的无也许能帮助人们走出欲望与技术之有的蒙蔽，而进入到一个大道之无。但是人们必须对庄子的思想进行更本源的再思考。这就是说，要去掉其道自身幽暗的、朦胧不清的面纱，而能让道自身直接显示，直接说话。唯有一种能够清晰言说的大道，才能指引我们人的存在、思想和语言。

这就是当代人重新思考庄子思想的意义之所在，也是朱松苗这本研究庄子的著作的价值之所在。

2020 年 9 月 30 日于武汉大学

目　录

引　言

一、"无"的主题

如果说西方的智慧为神性的智慧,儒家的智慧为仁爱的智慧,佛教和禅宗的智慧为空性智慧的话,那么道家的智慧则为"无"的智慧——它具体表现为"无己""无功""无名""无知""无思""无虑""无言""无乐""无为""无待""无用"……的智慧,以至于"无""有"之辩成为了魏晋玄学的思想主题。因此,虽然"道"是道家思想的核心语词,但是在对"道"做进一步的阐释时,学术界往往将它与"无"相连,或认为道家之"道"就是"无",或认为道家之"道"被"无"所规定,或认为道家之"无"与"道"同位……正是基于此,在中西思想的比较中,不少学者都提出了中国思想特别是道家思想的贵"无"特性,而这种特性又鲜明、具体、全面、系统地表现在庄子思想①之中。

首先,在《庄子》②中"无"字共出现了 800 余次,远远超过"道"的次数

---

① 虽然一般认为庄子并不是《庄子》的唯一作者,尤其是关于《外篇》和《杂篇》的作者,在学界争议尤多,但本书认为,它们究竟是庄子还是庄子后学所写,对于本书而言并不重要,重要的是其思想是否符合庄子一以贯之的思想。基于此,所谓庄子思想是排除了《庄子》文本中的非庄子思想的思想,除此之外,《庄子》中的有些话语可能不是由庄子所说,但是它只要符合庄子的整体思想和基本精神,我们也称之为庄子的思想。

② 陈鼓应:《庄子今注今译》,中华书局 1983 年版,以下所引《庄子》正文均出自此书,只注篇名。

（300余次），如"无欲""无形""无情""无名""无亲""无心""无乐""无誉""无忧"……不仅于此，在《庄子》中，"无"还有一个庞大的语言家族："不"（2000余次），"莫"（120余次），"丧"（30余次），"去"（70余次），"遗"（20余次），"忘"（50余次）……基于此，庄子潜在地表明了其"无"的思想主题：他所强调的不是儒家积极有为、奋发进取的精神，而是"无待""无为"的理想；不是儒家立功、立名的热烈追求，而是"无功""无名"的恬淡精神；不是儒家多识、多知的聪明，而是"无知""无思""无虑"的智慧；不是儒家有心、有用的作为，而是"无心""无用"的境界……他所向往的理想世界是"无何有之乡"，他的理想之物是"空骷髅"，他的理想之人是"叔山无趾""闉跂支离无脤""伯昏无人"……

其次，更为重要的是，庄子明确提出"无"就是"道"之本："夫虚静恬淡寂漠无为者，天地之本，而道德之至"（《天道》），"夫恬淡寂漠虚无无为，此天地之本而道德之质也"（《刻意》），基于此我们就不难理解，"无"同时也是万物之本："夫虚静恬淡寂漠无为者，万物之本也。"（《天道》）万物的本性不是"有"，而是"无"，所以在《庄子》中，不仅其"乐"是以"无乐"的形态出现的——"至乐无乐"，而且其"言"是以"无言"的形态出现——"大辩不言"，其"仁"是以"不仁"的形态出现——"大仁不仁"，其"知"也是以"无知"的形态出现，其"情"是以"无情"的形态出现，其"用"是以"无用"的形态出现，其"为"是以"无为"的形态出现……因此"无"成为了庄子思想的关键词。

再次，"无"在《庄子》中不仅以否定性的形态出现，而且还以肯定性的形态出现，如庄子所特别强调的"虚""静""恬""淡""寂""寞""漠""愚""默""冥""玄冥""参廖""遗始"……也就是说，如果我们强行地将"道"和"物"区分为存在性形态和虚无性形态的话，那么庄子所强调的无疑是其虚无性形态。

最后，《庄子》中的诸多命题如"自然""逍遥游""法天贵真"等实际上都可以从"无"的视角去理解和阐释，所谓"逍遥游"实质上是无待、无缚、无拘、无束之游，所谓"法天贵真"即是无伪、"自然"即是无为……只是前者是从正面规定,后者则从反面论述。

这种从反面论述的好处在于:一方面,它更加具体,也更加契合了庄子对于如何逍遥游、如何法天贵真、如何自然的追问——因为与什么是"道"相比,庄子显然更为关注的是如何达"道";与什么是逍遥游相比,庄子更为关注的是如何逍遥游……正是在"如何"的问题上,庄子之"无"被突出了出来;而正是在"无"的具体展开中,"如何"的问题得以自行解答。

另一方面,从反面论述,可以用"无"将《庄子》中"无言""无知""无用"等诸多相关命题聚集起来构成一个整体,以复返庄子思想的本源或源初世界——虚静、恬淡、朴素、愚默等虚无性的世界,从而在显明庄子思想核心的同时,也敞开了其思想中所隐含的系统性和结构性——这与其说是庄子思想的系统与结构,不如说是事情自身的结构和顺序,庄子思想正好符合、敞开、实现了这种系统性和结构性。

总之,庄子思想从"无"的视角、用"无"的方法描述、论述、呈现了"无"的世界,它不仅符合了"无"自身的存在,而且敞开了天地万物的虚无本性。因此"无"一方面是达"道"的工具和手段,另一方面也是"道"和"得道者"的存在状态,"无"在此俨然成为了"道"的代名词。

正是基于此,本书认为"无"是庄子思想的主题。

二、"无"的结构

那么,究竟什么是庄子之"无"呢? 由以上论述可见,庄子之"无"并不是一般意义上的空无,更不是虚无主义者所理解的虚无。如果说虚无主义强调绝对的虚无,强调什么都没有的话,庄子则正好相反,他强调世界是存在的,而且这个世界是一个生生不息、生机勃勃、生意盎然的世界,是一个"天地与我并生,而万物与我为一"的自然世界;如果说虚无主义强调世界和人生没有意义、价值和目的的话,庄子也正好相反,认为其意义、价值和目的就是复返"道"的世界,并获得无待、无缚、无拘、无束的逍遥和至乐;如果说虚无主义强调没有真理的存在的话,那么庄子正好与此相反,他正是要通过不断地否定和自我否定来通达事情的真实、真相和真理。

事实上,在庄子乃至道家思想中,"无"有着丰富的内涵。如牟宗三认为道家的"无"可分为两种:一是作为动词的"无",表示否定;二是作为名词的"无",即心灵的境界之"无",它是通过动词之"无"的否定所达到的境界①。蜂屋邦夫在《道家思想与佛教》中也提出两种"无":一是现实中与"有"相对的"无";二是"无"之"无",以至于达到纯粹概念的"无"②。金谷治在《"无"的思想之展开——从老子到王弼》中认为"无"有三种意味:一是作为否定的"无",即对于"有"的否定;二是包含了"有"的"无",与"有"合二为一;三是具有更为特殊内涵的"无"③……

概言之,就"无"自身而言,它含有以下三大类共六种含义:

一是"有"之外和"有"之内的"无",如"乐出虚"(《齐物论》),"乐"("有")正是从"虚"("无")中生发出来的,所以"无"和"虚"不可或缺。这一方面意味着事情中"无"和"有"是共在、共存的,另一方面也表明"有"既不能充满事情外在的空间,也不能充满事情内在的空间。

二是"有"之"无",即"有"从生到死或从存在到不存在的转变——这甚至是有机物在所有的可能性中所具有的最大的可能性。它或者是"有"的夭折("中道夭"),或者是"有"的完结("终其天年")。

三是作为"否定"之义的"无",即对人为之"有"的否定。如果说自然之"有"是本然存在并因此是合乎其本性的话,那么人为之"有"则不是其本然存在,而是越过了事情自身的边界,并因此可能伤害其本性的"有",庄子认为我们需要否定它。在此意义上,正是"无"守护、保存了"有"。

① 牟宗三:《中国哲学十九讲》,上海古籍出版社 2005 年版,第 72—74 页。
② [日]蜂屋邦夫:《道家思想与佛教》,隽雪艳、陈捷等译,辽宁教育出版社 2000 年版,第 5 页。
③ [日]金谷治:《"无"的思想之展开——从老子到王弼》,载陈鼓应主编:《道家文化研究》第一辑,上海古籍出版社 1992 年版,第 93—96 页。

四是作为"忘"之义的"无"，即对自然本能之"有"的超越。如果说对于人为之"有"，我们需要否定它的话，那么对于自然本能之"有"，我们则不能否定，也无法否定。但是我们也不能被它所拘囿和束缚，而是要超越它，这种超越在庄子那里就表现为"忘"。如"离形去知"，"形"和"知"本身是自然存在的，我们并不能否定它们，但是也不能被其所缚，因此"无形""无知"在这里的确切含义就不是要否定"形"和"知"，而是要超越"形"和"知"。

前四种"无"因为都与"有"密切相关，且存在于"物"的世界之中，所以我们统称之为形而下的"物"之"无"。

第五种"无"是"物"之"无"背后的"道"之"无"，因为否定或超越之所以可能，就在于"道"自身是被虚静、恬淡、寂寞、素朴等虚无性形态所规定的——对于庄子而言，"道"的基本调性不是"有"，而是"无"；不是"实"，而是"虚"。

第六种"无"是"绝对之无"，即"无无"，这种"无"发端于《老子》，在《庄子》中被凸显了出来，它强调真正的"无"不是囿于自身的"无"，而是不断否定自身、超越自身的"无"，这样的"无"才是生生不息的"无"，宇宙万物的生机、生气与生命就来自于这种"绝对之无"与"有"的相生相长。

本书认为，这六种"无"不仅是"无"自身的内在结构，也承载了《庄子》文本中"无"的丰富内涵。所以本书对于诸如"无言""无知""不仁""无心""无用""无乐""无为""无待""无美"等语词的分析就是沿着这样的思路道路展开的，例如"无言"就包含了否定人为之言、"忘"工具之言、作为道的本性的"默"以及作为"默"的自我否定的"言无言"四种含义。因此庄子之"无"的含义不是简单单一的，而是丰富复杂的；它不是一成不变的，而是不断生成和实现的——它蕴含着从低到高、层层递进的三重意蕴，而人们对这三重意蕴的理解和领悟又彰显了人生的三重境界。

基于此，庄子的"无"并不是彻底否定"有"的"无"，而是有无相生的"无"。只是在有无相生中——如果说世人强调"有"、重视"有"的话，庄子则强调了"无"的重要性。所以"无"不是要彻底地虚无"有",恰恰相反,它是对"有"的完善、完成和实现。因此,庄子的"无"不是消极的,而是积极的。因为在现实世界中,人们太执着于"物",而遗忘了"道";太执着于"有",而遗忘了"无";太执着于"实",而遗忘了"虚";太执着于有用,而遗忘了无用之用;太执着于聪明(有知),而遗忘了大智若愚;太执着于"繁忙",而遗忘了真正的"休闲"……在此意义上,"无"就是对于"有"的治愈,"无"让"有"成为真正的"有"。

　　总之,本书围绕庄子思想中"无"的主题,试图按照文本和"无"自身所展开的思想道路重新阐释庄子,它试图直接切入问题本身,而避免旁征博引、枝叶蔓延;它力图展现一个思想性的庄子,而不是考据学的庄子,也不是社会学的庄子。

三、"无"的美学

　　如果说"无"是庄子思想主题的话,那么"无"之美是庄子美学的核心。从整体上讲,庄子美学为"道"的美学,但是要理解和把握"道"的美学,关键又在于理解和把握其"无"的美学——事实上,在庄子这里"道"的美学是虚实相生、有无相成的美学,但又是以"无"为主的美学,即被"无"所规定的美学,这具体表现为庄子所强调的无言之美、无用之美、无为之美、无伪之美、无知之美、无待之美、无限之美等,及其正面表达如素朴之美、虚静之美、平淡之美……

　　由此可见,庄子美学与西方理性主义美学的基本精神是大异其趣的,我们不能、也不应该用后者来解读前者,以至于让庄子美学成为西方美学理论体系的婢女。基于此,本书试图从整体上和根本上去把握庄子美学乃至道家美学,因为只有这样我们才能回到庄子美学自身,而不是以外在的、通行的标准去分析、归纳庄子的美学思想,这样容易导致对庄子美学的肢解和扭曲,进而将其变得支离破碎、苍白无力,从而失去其本原性的统一和完整,也失去其生命和力量。

　　这在于通行的标准是不符合庄子美学乃至整个中国美学的,庄子美学并不是这个标准意义上的美学。因此我们试图去批判这种以西解中的美学,也批判这种以美的特征取代美的本性的分析,以局部性取代整体性的分析。在此意义上,庄子美学相异于西方美学:它不是理性主义美学,而是"人间世"的美学;它不是主、客分离的美学,而是"天地与我并生"的美学;它不是创造和设立的美学,而是"顺""让"的美学。同时庄子美学也相异于通行的唯物主义美学、唯心主义美学、实践美学等。

　　首先,本书不再从美的形象性、情感性等美的特征去理解庄子美学,庄子不是不讲形象和情感,而是说他已经超越了普通的形象和情感,因为他所强调的形象是大象——"大象无形",他所强调的情感是至情——"至情无情"。"大象""至情"以"无"("无形""无情")的形态出现,正好是对于"形""情"本身的揭示和显现——这才是庄子意义上的美。相反,世俗之情因为其对于"情"自身的遮蔽,它们往往处于黑暗之中,这些情不仅不可能产生美,反而会阻碍它们成为"美"。形象也是如此,只有当我们否定了人为之象——人赋予象的东西,并遗忘了自然之象时——象自身的外在特征,"象"的真相、真实、真理才能显现出来,然后才有美的产生。

　　其次,庄子美学也不是唯物主义、唯心主义美学意义上的美学,因为唯物、唯心是建立在主客二分基础上的美学,而庄子从根本上是反对这种主客分离的,他强调的是世界本源的合一,而唯物主义和唯心主义恰恰是对于这种合一状态的割裂;庄子美学也不是实践美学意义上的美学,他强调的不是实践和劳动,也不是人通过实践劳动对现实世界的改造,而是强调心灵对现实世界的超越;人也不需要通过改造世界以达到人与世界的合一,毋宁说人与世界在本源之处就是合一的。在此意义上,这种人为的改造正好是对这种合一状态的破坏和伤害——它非但是不需要的,而且是不能要的。最后,实践美学高扬了人的主体性,而庄子则强调了人的人性、物的物性及其齐一性,反对以人为中心的人为性;人需要做的也不是改造世界,而是通过心灵的转化和体悟而回归人的本源之处,同时让万物成为万物自身。

最后,庄子美学也不是要泯灭美丑的分别,毋宁说他要消解世俗美丑的分别,因为世俗所讲的美只是一种小美或非美,即"物"之美,而庄子所追求的是一种大美,即"道"之美。对于庄子而言,合于"道"的事物就是美的——即便它是世俗意义上的丑的事物,如"厉与西施,道通为一";不合于"道"的事物就是丑的——即便它是世俗意义上美的事物。两者之间有着天壤之别,所以庄子并非要泯灭美丑的分别。

在否定这些非庄子意义上的"美学"的基础上,庄子美学自身也逐渐显现出来。它是对于事情本性的揭示,也即对事情的显现和照亮。美就产生于这种显现和照亮之中,美甚至就是这种显现和照亮。同时这种显现和照亮不是一蹴而就、一成不变的,事情本身是不断变化、转化的,所以它也是不断生成的。因此对事情的揭示也就是对事情自身的完成——这种完成既是对事情自身的完善,又是对其自身的真相、真实、真理的揭示,同时也是它的圆满和完满实现——真善美在此得到统一,这就是庄子乃至道家美学所理解的美,也是最高的美——完美。

因此,如果说对于西方美学而言,它的最高意义的美是神性的光辉(因为西方近代的所谓神性实质上是指人的理性,所以此种神性的光辉又可以理解为人性的光辉);对于儒家美学而言,其最高意义上的美是仁的实现、完成及其显现,是仁性的光辉;对于禅宗美学而言,其最高意义上的美是人的佛性(空性)的实现、显现、圆满,是佛性的光辉的话;那么对于道家美学而言,其最高意义上的美则是"无"的实现、完成及其显现——即事情本身的圆满、完善和完美。所以在理论上,此研究不仅可以更深入、更清晰地理解庄子,而且也证明了中、西方美学是两种不同形态的美学,而这种"不同"就是"中国特色""中国风格",它既是中国美学需要"重构"的地方,也是中华美学精神的彰显之地。

　　总之，庄子美学所强调的不是"有"之美，而是"无"之美；不是实之美，而是虚之美；不是物之美，而是道之美。庄子之"无"的美学思想通过激活人的内在生命，可以指引人心、照亮现实，可以启示、指引沉沦于"有"中的我们：首先，在"有"之外，人生还有更为广阔的天地、更为丰富的意义、更为动人心魄、激荡人心的美好存在；其次，在"有"之前，人生还有更为本源的存在，即人的初心、本性，所以我们才能"不忘初心"；最后，在"有"之中（自然之物），也存在着激发人心、激励和召唤着人重返本源的力量，它们也是人的存在的一种显现、实现和照亮。

四、"无"的思想

　　如上所述，庄子美学是关于"道"的美学，而要理解和把握"道"，关键又在于理解和把握它的"无"；而要理解"无"，又需要将其置入"有""无"的有机整体之中——"有"在"无"中才得以生，"无"需要"有"才得以成；正是在"有""无"相生中，"有""无"及事情本身才走向圆满、完善和完美，美得以生成。于是，事情自身的结构已经昭示和规定了我们的运思逻辑和思想道路：道——无——有——美。

　　第一章探讨了"道"。第一节首先从字源学的角度探讨了"道"的源初含义，认为"道"有道路、引导、开辟道路和生生之路四重含义：前两者是"道"的基本义，其中路是具有导向的路，"导"由路来实现和完成；后两者强调了"道"的生成性。其次，探讨了庄子文本中的"道"，它主要包括存在性、思想性、语言性三个方面，而存在性之"道"又包含有形而下之"道"（道路及其引导）、形而上之"道"（大道、天道、地道、圣道、帝道）、"道"的自我否定三种。庄子强调了大道的指引性（"导"）和生成性。

　　第二节主要探讨了"道"与"有"、"道"与"无"的关系。"道"首先是一种"有"，它不仅存在，而且是恒常之在，更是第一存在——它不仅自身存在，而且是其他存在者存在的根据，所以"道"不仅是"有"，而且是非常之"有"；同时道也存于有,并通过"有"显现、实现和完成自身。其次,"道"又始源于"无",并且以"无"的形态存在,它不可见、不可知、不可言。就存在性而言,"道"是虚静、恬淡、寂寞、无为、冥暗的;就思想性而言,"道"若"愚";就语言性而言,"道"若"默"——所以"道"的本性为"无"。"道"虽然为"有",但它却被"无"所规定。

第二章探讨了"无"。第一节主要探讨了《庄子》中的三种"无":形而下的物之"无"、形而上的道之"无"和绝对之"无"——"无无",而这正好与"无"字本身的三种形态相对应:"亡"(与有相对的"无")、"無"(超出了有的抽象的"无")和"无"("无无"的阶段)。就物之"无"而言,它能否定人为之有、忘自然之有和无中生有;就道之"无"而言,不仅万物源于它,"道"也被其规定;而绝对之"无"既是"无"的自我完成,也是"道"的自我实现。

第二、三、四节分别探讨了"无"在《庄子》中的三种具体表现:存在性之"无"——"不仁";思想性之"无"——"无知";语言性之"无"——"无言"。从"物"(人)的角度而言,"不仁""无知""无言"意味着人要否定人为之仁、知、言,忘自然之仁、知、言;从"道"的角度而言,"不仁""无知""无言"源于"道"的"淡漠""愚""默"的本性;从绝对之"无"的角度而言,"不仁""无知""无言"拒绝成为新的"有"而成为新的束缚。

第三章探讨了作为"无"的"有"。第一节主要探讨庄子的"物",因为《庄子》中的"有"主要以"物"的形态出现:它既可分为可感之物、不可感之物和存在者整体,也可分为自然物、人工物和事物……但是就其根本而言,"物"可分为"无道"之物(物丧失自身)和"有道"之物(物保持自身)。因此"物"是被"无"所规定的,它不仅源于"无",而且本性为"无"。对于"物"而言,它要"无用","无用"才能持守自身,不受伤害;对于人而言,则要"无为","无为"才能不干涉、不伤害物——因此正是"无"守护着"物"。

第二节主要探讨庄子的"人","人"是《庄子》中的特别之物,他被"无"所规定:一方面,他的身体被"无"所规定,就本源而言,人原本无形,只是气的聚散;就本性而言,人只有仿佛不存在时,他才能真正地存在,这表现在庄子对得道之人的描述和规定上。另一方面,他的心灵也被"无"所规定——即"无心",从否定方面而言,"无心"意味着否定人为之心,从肯定方面而言,"无心"意味着心灵原本是虚无、宁静、平淡的,"无心"正是心灵的本性。

"人"的特别之处就在于他的心灵,正是通过心灵之"无"(心灵的否定、心灵的超越、心灵的转化),"人"由"无道"通向"道"。而人通向"道"的过程就是通向"无"的过程,同时也是人通向"美"的过程。

第四章探讨了作为"无"的"美"。第一节主要探讨庄子的"反"美,因为在"道"的视域中,"美"与"无"相关联,而在"人"的视域中,"美"则与"有"相关联。所以庄子美学首先是以"反"美的形象出现的:它以"人间世"的美学"反"理性主义美学,以"天地与我并生"的美学"反"主客二分的美学,以"顺""让"的美学"反"创造和设立的美学。他的美学和以"有"为中心的美学格格不入。

第二节主要探讨庄子的"无"之美——即被"无"所规定的美学。这种美首先体现在物之"无"中,它表现为作为否定的"无"对非存在的否定和对存在自身的揭示,正是基于对非存在性的存在以及存在的非存在性的否定,"无"让存在自身从被遮蔽中敞开出来,从而产生了无仁之美、无廉之美、无勇之美……同时它也体现在思想之"无"的无知之美和语言之"无"的无言之美中。其次,这种美也体现在道之"无"中,这种美既不仅仅是与感官相关、与真相对的美,也不仅仅是与善相关的美,而是一种大美,它至大无边、至小无遗,是无限之美,也是趋于"无"的美,即素朴之美、平淡之美等。最后,它体现在"道"的自我否定中,这种否定是"无"自身的圆满实现,并由此产生了生生不息的美,也就是完美。基于此,"无"之美的进程表现为三个阶段:作为顺让的"让"、作为给予的"与"、作为生成的"生"。

第三节主要探讨庄子之美——美是"道"的显现,它表现在三个方面:一是显现,显现首先意味着自我敞开,同时也向他物敞开;其次,它不仅是感性显现,而且是完美显现。二是照亮,显现自己,照亮他物,让世界处于光明之中。三是完美,它既是指完成(实现)之美,也是指完全之美——不仅指个体的局部之美,而且指作为整体的个体之美;不仅是个体之美,而且是万物一体的美。在此基础上,人才能真正地"逍遥游",并获得"至乐"。但"无"之美并不能等同于"道"之美,"道"之美是有无双生、彼此相成的美,只是在其中,它强调了以"无"为主的美。

第五章探讨了"无"之美的意义和边界。第一节主要探讨"无"之美的意义。它在美学史和艺术史上具有重要的意义,因为对于古典美学家、艺术家们而言,对三种形态的"无"的揭示和显现,成为了他们有意无意的共同追求,并因此照亮了他们的艺术和人生,成就了他们的艺术意境和人生境界。

第二节主要探讨"无"之美的边界。如"有"之美的失落、"无"之美的缺失、作为否定的"无"的简单化、"统一"的抽象化、自然和心灵的绝对化……总之,庄子的"无"之美还不够完美,毋宁说它只是处在通往美的途中。

第一章　"道"

众所周知,"道"是中国传统思想的主题。这在于"道"对中国古人的人生在世具有特别的意义——其存在是被"道"所规定的:人遵道而行就是"有道",逆道而为就是"无道";有道之人处于光明之中,无道之人则处于黑暗之中……所以前者真,后者伪;前者善,后者恶;前者美,后者丑;前者生,后者死。正是基于这样的理解,"道"不仅成为了区分人与动物的标准,而且成为了区分人与人的标准。问题在于,什么是"道"? 它又何以能够成为人乃至万事万物的存在之规定呢?

一般认为,"道"是一个语义丰富的语词:在认识论意义上,它有着道理之义;在语言论意义上,它有着言说之义;在方法论意义上,它有着门道、方法等义。但是严格说来,这些含义已经不是道的本义,因为认识论意义上的"道"实际上是知道的内容,语言论意义上的"道"则是说道或传道的内容,方法论意义上的"道"是得道的内容——它们都已不是"道"本身。

关于"道"的本义,学术界一般认为是道路,其他义则为其引申义,如古代学者许慎("道,所行道也。从辵从首。一达谓之道"[1])、段玉裁("道者人所行。故亦谓之行。道之引申为道理,亦为引道。从辵首。首者,行所达也"[2])

---

[1]　许慎:《说文解字》,中华书局 1963 年版,第 42 页。

[2]　许慎撰,段玉裁注:《说文解字注》,上海古籍出版社 1981 年版,第 75 页。

等,现代学者任继愈("'道'字本来是人走的道路"①),冯达文、郭齐勇("'道'的本义指道路"②)等。

但也有人对此提出了不同的意见,如刘翔在《中国传统价值观诠释学》一书中就认为道路之义并不是"道"字的本义,而是它的引申义。他的反驳所针对的就是许慎对于"道"的解释,因为许慎将"道"的字形理解为"从辵从首",进而才有了"道路"之义。刘翔认为"从辵从首"只是"道"较晚的构形,而不是最初的构形。他以迄今所见最早的西周金文"道"字为例,说明"道"实际上是"从行从首会意。所从行,象四达之衢,即今所谓十字街口;所从首,为人头之形。从行从首,像人张首处于十字街口之状,以示辨明方向引道而行之意。"正是基于此,刘翔认为"道"的本义是"引道而行",进而引申出导引之义。③

无独有偶,安乐哲、郝大维在《道不远人:比较哲学视域中的〈老子〉》一书中也持有类似的观点,认为"道"字由两部分构成:"辵(脚)……因而有'经过'、'越过'、'导向'的意思……;首(头)——意指整个头部……因此有'首先'的意思。'头'的这一成分暗含的'引领'……的意思在某种意义上就是'给出方向'……'道'常被借用为它的同源动词'导'……因此,这个词原初就带有动名词性、过程性和能动性:'一个导向'",并认为"'道'最早出现在《尚书》,其语境是:开出一条隧道导引河流,以免河水泛滥堤岸"④。基于此,他们认为"道"的本义为引导、导向,后在此基础上才引申出道路、方法、言说、教导等含义。

那么"道"的本义究竟是道路,还是"导"?这个问题又可以被具体化为:

---

① 任继愈:《中国哲学史》,人民出版社 2010 年版,第 57 页。
② 冯达文、郭齐勇主编:《新编中国哲学史》,人民出版社 2004 年版,第 48 页。
③ 刘翔:《中国传统价值观诠释学》,华东师范大学出版社 2009 年版,第 252 页。
④ [美]安乐哲、郝大维:《道不远人:比较哲学视域中的〈老子〉》,何金俐译,学苑出版社 2004 年版,第 66 页。

到底是先有了路,才把人导向一个地方;还是先有一个导向,人们才构筑了路?事实是,路是具有导向之路,而"导"是由路来实现和完成的。没有"导",路就失去了其意义;而没有了路,"导"就无路可走。所以不存在没有"导"的路,也不存在没有路的"导"。两者是同一事情的两个方面——"导"是路之体,路是"导"之用(在此意义上,路是被"导"所规定的)。当有"导"之需时,路就产生了;当路产生时,"导"就实现了。两者原本是统一的。

不过,就思想的发生所依赖的现实而言,"道"的道路义是原初的。"尽管甲骨文字已经发现了近五千个,似乎还没有识出一个公认的、在后来的金文中使用频繁已高的'道'字……这莫非是由于,道路对于人的生活固然重要,但其重要性乃藏于它的用,而不在它的体。"[1]如果是这样的话,这意味着在人类社会早期,道路虽然已经存在,但是人们却日用而不知,后来随着人类理性思维的发展,道路的"导"之义才逐渐显现出来。"藏"意味着"导"原本是存在的,而不是"不存在"的——道路产生时它就与之俱生,否则道路就不是道路。

所以如果一定要人为地将之进行区分的话,我们可以这样认为:若从历史或字源学的角度而言,"道"首先是道路,然后才有引导义的产生;但从思想的角度而言,"道"首先是引导,然后是道路的形成,即有了"导"的需要,随后才有了路的形成;最后从"道"自身的角度(存在)而言,路和"导"是同时发生的,两者不可分离。因此从历史上看,"道字的抽象义应是引申义,是从其具体的本义道路引申来的;这大概已无争议"[2],但是,在"道"的基本义(道路)和引申义(导)之间,"导"无疑更为根本,"导"规定了路。

由此可见,在存在论意义上,"道"实际上已有两种含义:一是形而下的道路之义,之所以说它是形而下的,是因为它可感可见,是显现出来的现实之道;二是"导"之义,而"导"之所以可能,则在于道路背后规定着它的"道",此"道"无形无状,却从根本上规定了道路的延伸,所以它虽然不可感也不可见,

---

① 庞朴:《一分为三——中国传统思想考释》,海天出版社1995年版,第241页。
② 庞朴:《一分为三——中国传统思想考释》,海天出版社1995年版,第241页。

却是存在的,这就是形而上之"道"。不仅现实之路是有"道"的,万事万物也是有"道"的,他们和道路一样,都是"道"的显现。

除此之外,在安乐哲和郝大维看来,"道"不仅具有引导之义,作为动词,它自身还含有"开创新路"之义,因为"'道'不仅是'way',而且是'way-making',是一个不断构筑新的前行之路的行动",也就是说,这个"道"不应是"产品",而是"过程",因为"'道'(路)已铺好,'道'就被约束和限定住了……"①所以这里的"道"不应是死之道,而是生生之道,它是被不断开辟出来的。基于此,真正的"道"需要不断地自我否定,这个过程也是"道"的实现和完成的过程。

当然,安乐哲、郝大维对于"道"的揭示也还存在着一些值得商榷的地方,比如在他们看来,道路不是由其他,而是由人所开辟的,这就产生了一个问题,人又是凭借什么开辟道路的呢? 实际上就是道路自身的指引。所以从根本上讲,不是人开辟道路,而是道路自身开辟道路。因为每一条道路都是自然展开的——在它的世界里这条路是唯一之路,而不可能有其他的路。这样它才能将与之相关的他物聚集为一;否则当道路是人为开辟时,道路将不自然,这会使它周围的物远离物自身,同时也就是远离道路,所以这样的道路不是统一之路,而是分裂之路,在分裂之中,道路将失去其所处的世界,将失去其本源的统一性,从而失去其本源的生命。人和万物的行走只不过是实现、显现了这条路。因此不是人建造了路,而是路自身规定了自身,或者说人按照路自身的规定参与了路的修建过程。

综上所述,在字源学上"道"具有四重含义:道路,引导,开辟道路和生生之道。而道家之所以为道家,就在于它对这种"道"进行了系统性的思考,并且将这种思考以道说的方式言说出来,不仅于此,它还将"道"作为工具置于生活世界中,以作为人们行动的方法和标准。基于此,彭富春认为老子之

① [美]安乐哲、郝大维:《道不远人:比较哲学视域中的〈老子〉》,何金俐译,学苑出版社2004年版,第68—69页。

"道"分为四个方面:道自身;道理;说道(关于道的言说);门道(作为工具的道)。其中"道"自身又分为不同的种类:首先,"道"可以分为"道"自身和现实世界中的道;其次,就现实世界中的道而言,它又可以分为天之道、人之道、圣人之道;再次,就人之道而言,它又可以分为有道和无道、非道;再次,就整体和个体而言,道又可以分为道和德,德即道在个体身上的实现;最后,就语言而言,道又可以分为可道之道和不可道之道①。

第一节　庄子之"道"

安乐哲、郝大维、彭富春对于"道"自身和老子之"道"的探讨启发了我们对于庄子之"道"的思考,毋宁说,庄子之"道"正是沿着这样的思想道路展开的,又或说,庄子之"道"正是"道"自身和老子之"道"的完美显现。

"道"在《庄子》中出现了三百余次,是一个语义丰富、内涵饱满的关键词。它们大体上可以分为存在性之"道"、思想性之"道"、语言性之"道"和方法性之"道"。其中,庄子对于存在性之"道"的论述基本遵循了"道"自身的含义:一是作为导引的现实之路——形而下之"道";二是形而上之"道",它包括"道"自身、天道、帝道、圣道、人道等;三是生生之"道"——绝对之"道"。

一、存在性之"道"

(一)形而下之"道"

"士成绮见老子而问曰:'吾闻夫子圣人也。吾固不辞远道而来愿见,百舍重趼而不敢息。"(《天道》)"君曰:'彼其道远而险,又有江山,我无舟车,奈何?'市南子曰:'君无形倨,无留居,以为君车。'君曰:'彼其道幽远而无人,吾谁与为邻? 吾无粮,我无食,安得而至焉?'"(《山木》)

---

① 彭富春:《论老子》,人民出版社 2014 年版,第 180 页。

　　显而易见,"不辞远道""道远而险""道幽远而无人"中的"道"都是道路之义。作为道路,它有不同的形态:根据距离的远近,它分为远道和近道;根据路况的好坏,它分为平道和险道;根据路人的多少,它分为热闹之道和幽静之道……对于一般人而言,他们愿意走近道而不是远道,走平道而不是险道,走热闹之道而不是幽静之道:因为相对于近道,远道更消耗人的体力,甚至伤害人的身体;相对于平道,险道容易置人于不可预测的危险之中;相对于热闹之道,幽静之道会使人远离人群,而陷于不可忍受的孤独之中。《山木》中的"君"就是一般人的代表。但是《天道》中的士成绮却与之相反,虽然道远,他却能"不辞远道"来拜访老子,这倒不是因为他天生喜欢"远道""险道"和"幽静之道",因为这种长途跋涉对于人的身体确是一种巨大的消耗——"百舍重趼",但即便如此,他却能不辞辛苦,那么他意欲何为?

　　为了道。"吾愿去君之累,除君之忧,而独与道游于大莫之国。"(《山木》)对于有道之人或求道之人而言,他们为了"道"可以"不辞远道";但是对于无道之人而言,"道远而险""道幽远而无人"将会成为他们与道之间的一条巨大的鸿沟。也就是说,有"道"的指引,人可以克服身体的局限性,激发人的精神的力量,从而激活人的生命,超越自己。

　　所以道路需要依靠其背后的"道"来指引人,或者说道路通过其自身来引导人——"远道"自身就说明人们要通达"道",就须长途跋涉,没有捷径可走;"险道"也说明"道"的获得不可能是一帆风顺的,它要经历艰难困苦;"幽道"则说明了通达"道"的过程是孤独寂寞的,因为事情的真实只有在幽静中才能向我们敞开,在喧嚣的热闹中,人容易失去自我,从而遮蔽这种真实,拒绝这种敞开。

　　因此,道路之"道"本身就含有"导引"之义。这样以"道"通"导"或以"导"通"道"就不难理解了。作为通假字的"道""导",在《庄子》中多次出现。

　　"吹呴呼吸,吐故纳新,熊经鸟申,为寿而已矣。此导引之士,养形之人,彭祖寿考者之所好也。若夫不刻意而高,无仁义而修,无功名而治,无江海而

闲,不道引而寿,无不忘也,无不有也,淡然无极而众美从之。此天地之道,圣
人之德也。"(《刻意》)陈鼓应认为这里的"导"原本为"道",只是"导""道"古
通①,所以后来的人们可能为了所指的清晰性,直接用"导"替代了"道"。无
独有偶,"'吾固告子矣:中国之民,明乎礼义而陋乎知人心。昔之见我者,进
退一成规、一成矩,从容一若龙、一若虎。其谏我也似子,其道我也似父,是以
叹也。'仲尼见之而不言。子路曰:'吾子欲见温伯雪子久矣。见之而不言,何
邪?'仲尼曰:'若夫人者,目击而道存矣,亦不可以容声矣!'"(《田子方》)对
于"道"字,陈碧虚在《阙误》中引江南古藏本作"导",所以陈鼓应认为这里的
"道"通"导"②。

在《刻意》中,熊鸟动物之所以能够导引彭祖,是因为熊鸟的行为自然而
然,它符合天地之道,彭祖遵循这条自然之路就可以锻炼身体、延年益寿;在
《田子方》中,父亲之所以能够引导子女,表面上是因为父亲所行之路比子女
多,实际上是因为父亲所悟之"道"比子女深;温伯雪子之所以能够引导仲尼,
也是因为温伯雪子见"道"、得"道",而仲尼尚未得"道"。因此,作为"导"的
"道",在这里事实上已经不再是原初意义上的、人在大地上所行之道路,而是
庄子意义上的更为抽象的"道"——天地之道,即天地运行之道,也就是自然
之道。

但在生活世界中,除了自然之道,人们还生活在非自然之道中。所以
"导"作为人的导引,它除了有积极意义上的指引之义,也有消极意义上的误
导之义;与之相应,"道"不仅指正道,有时也指歪道或歧途,甚至是邪道——
有不同的"道",就有不同的"导";有不同的"导",也有不同的"道"。

对于庄子而言,这种"误导"突出地表现在其思想的敌人——儒家的礼仪
之道上,在《田子方》中,温伯雪子之所以对鲁国人避而不见、对仲尼反复"叹"
息,就是因为在他看来,儒家之道只是礼仪之道,它只能引导人们遵循一套既

---

① 陈鼓应:《庄子今注今译》,中华书局1983年版,第458页。
② 陈鼓应:《庄子今注今译》,中华书局1983年版,第617页。

定的规矩、原则,而不是遵循人的自然天性;它只是让人沉迷于外在的仪式甚至是虚情假意,而不是倾听内心的呼唤,所以儒家之道还不是真正的"道"。当我们将其作为"导引"时,它会让我们误入歧途。

还有一种"误导"是隐蔽的,因为它以得"道"的面貌出现。这突出地表现在《刻意》中,即彭祖表面上遵循自然之"导",但实际上却背离了自然之"导"(或者说他遵循的是外在的自然——养形,而不是内在的自然——养心;或者说他遵循的是"有",而不是"无")。之所以说他背离了自然之"导",是因为他的"导引"是刻意的,有其人为的目的——"寿"。而"寿"应是遵循自然的结果,而不是人为追求的对象,所以"导引"是人为的,这实际上也违背了人的自然。故而我们应该"不导引"而"寿"。

因此,我们要区分有目的的"导引"和无目的的"导引",即人为的"导引"和自然的"导引"。前者看起来有道,实际上无道,后者才是真正意义上的"导引",因为它不仅否定了无道,而且否定了"导引"自身,唯有这种彻底的否定,"导引"才能成为纯粹的"导引"——即"道"的指引。

所以如果说"导"指明了"道"的话,那么这也意味着,如果形而下的道路不能指引人行走在正确的路上,它就是歧途;如果形而上之"道"不能指引人正确的行为处事,它就是无道、非道;如果形上之"道"不自我否定,成为绝对之"道"的话,那么它就不够纯粹,它甚至会以有道之名行无道之实,所以它仍然是无道和非道的。

(二)形而上之"道"

不仅人有人的所行之道,万事万物都有它们运行的道路,如果说道路是被"导"所规定或被道路自身所规定的话,那么万事万物的道又是由何而规定的呢? 在此之外,是否还有一个更高的存在,在规定("导")着所有的存在者呢?

随着人类理性思维的发展,人们关于"道"的思考也有了突破——即突破了形而下意义上的现实之路,而产生了形而上意义的"道",这是"道"的引申义,也是它的抽象义,因为它泛指万事万物所运行的道路。

1. 大道

对于庄子而言,万事万物所运行的道路,也就是它们的存在之路,这条路不是随意的,而是被"道"所规定的。此"道"不是其他,而是事物自身的本性。万物遵循自己的本性,就是遵循自身的"道",所以这条道路不是被他者所规定,而是被自身所规定(这正好符合了"道"的本义)。在自身中,物才能保持自身的完整性、纯粹性、统一性。否则它将失去自身,成为无道者。在此意义上,事物遵循了自身的本性,就得到了"道"。

"道"不仅能让万物作为个体持守自身,而且能让万物作为一个整体,构成一个完整、统一、纯粹的世界。在此意义上,自然界既被自然而然所规定,又是自然而然的显现者,而且是其最高的实现者,因为自然而然不仅指向个体,而且指向个体所存于其中的整体。这个整体就是个体的聚集,这同样也是由"道"完成的,且只能由"道"来完成。在其中,人是自然界中最特别的一个存在者。因为他不仅是自然的,而且能够意识到这种自然。所以他的自然是自觉的自然,而不仅仅是自发的自然。故而只有人才有"人为",并且只有人才能反对"人为"。如果说"道"是自己规定("导")自己的话,那么人只是遵循、随顺、倾听这种"导",然后实现、参与这种"导"。如果说"道"是万物的本性的话,那么这也意味着正是"道"让万物成为万物,否则万物将失去自身,在此意义上,"道"就是万物的本源和基础,万物由"道"而出才能成为自身。

因为"道"是事物所运行的道路,而且是符合其本性的道路,所以它是必然的、本质的,在此意义上,"道"被称为规律、规则。事物遵守了规律、规则,就是遵循了事物自身的本性,因此它是得"道"的。

正是因为此,庄子又将"道"称为"大道"——"夫大道不称,大辩不言,大仁不仁"(《齐物论》),"大道"即最广大的道,因为它不是一物之"道",非拘囿于一隅,而是万物之"道",它包容万物且让万物由自而出;"至道"——"至道之精,窈窈冥冥;至道之极,昏昏默默"(《在宥》),"至道"即最高的道,因为它是万物的根本和基础;这样的"道"又被称为"妙道"——"夫子以为孟浪之言,而我以为妙道之行也"(《齐物论》)。

但是"道"并不显现于自身,而是显现在天道与人道之中。

2. 天道、人道

如果说作为总根据的"道"是存在的话,那么它不是以"有"的形态存在,而是以"无"的形态出现,即它不是有形的,而是无形的。所以作为"无"的"道"要实现自身,就需要"有","有"不仅是"道"的载体,也是"道"的显现,更是"道"的实现和完成。

在现实社会中,"道"显现为万物的运行之路。这个"万物"不仅包括人,而且包括天、地、鬼、神、动物、植物等;同时这个"路"不仅包括物的局部——脚所行之路,而且包括作为整体的物所行之路——万物之"道"。但对于庄子而言,其中主要有两种"道":"天道"和"人道"。"何谓道? 有天道,有人道。无为而尊者,天道也;有为而累者,人道也。主者,天道也;臣者,人道也。天道之与人道也,相去远矣,不可不察也。"(《在宥》)

所谓天道,就是指天的运行之道,对于庄子而言,它就是天地之道,即自然之道——它一方面指的是日月星辰和自然万物的运行之道,也即自然界的运行法则;另一方面也指向这个法则的核心——自然而然。因为这个法则是被自然而然所规定的,所以它不是一种外在的强制性法则,而是内在的合乎本性的呼唤。因此天道是"无为而尊者",它无需主观、有意地去作为,而只需遵照自己的本性自然而行,故而它不被外物所规定,而是被自己所规定,它自己就是自己的"主"。在此意义上,"天道"就是"道"的完美实现和显现,所以在《庄子》中,"天道"几乎成为了"道"的代名词。

所谓人道,就是人的所行之道,它首先指的是人在大地上的所行之路,其次也指人作为整体性的存在在社会中的所行之道。对于庄子而言,这里的"人"与"天"相对,如果说"天"是自然的话,那么"人"就是人为的。与之相应,"人"行之道也就具有了两种含义:一方面,它是指"人"不行走在自然之路上,即不行走在道路自身所规定和开辟的道路上,而是行走在人为开凿的道路上,这种道路因为只考虑到了人的主观需要,而违背了道路及其所属的世界整体的自然本性,所以它看起来是"道",实际上却是无道;另一方面,它是指"人"不是行走在社会的正途中,这条道路不是自然的集聚,而是人为的集聚,"人"处身于人为的聚集中,就是处身于歧途之上,所以"有为而累"——人看起来有所作为,却南辕北辙,与人的初衷相去甚远,做得越多,反而相距越远,因此人会处于一种无法摆脱的"累"之中。在此状态中,人就不再是自己的主人,而成为了自己所追求的对象的奴隶——"臣"。

这样的人道又被庄子称为"多骈旁枝之道",即旁门左道,"是故骈于明者,乱五色,淫文章,青黄黼黻之煌煌非乎?而离朱是已!多于聪者,乱五声,淫六律,金石丝竹黄钟大吕之声非乎?而师旷是已!枝于仁者,擢德塞性以收名声,使天下簧鼓以奉不及之法非乎?而曾、史是已!骈于辩者,累瓦结绳窜句,游心于坚白同异之间,而敝跬誉无用之言非乎?而杨、墨是已!故此皆多骈旁枝之道,非天下之至正也。"(《骈拇》)它之所以被称为旁门左道("非天下之至正也"),就是因为它不是自然之道,而是人为之道,因为这条道路超出了人的正常需求,成为了满足人的贪欲的工具——纵情于视觉、听觉、语言,并且利用仁义之情以获得利益,这些都偏离了事物自身,它不仅会伤害事物自身——"乱五色,淫文章""乱五声,淫六律",而且最终会伤害自己——"塞性""敝",即伤害自己的身体,遮蔽自己的本性。

因此,对于庄子而言,当人道遵循天道时,它是"有道"的,否则它是"无道"的。所以天道要指引人道,人道要到达天道,就像"主"要指引"臣","臣"要倾听"主"一样,于是就有了主臣之比喻。

那么人道如何到达天道呢?或者说人道如何认识天道呢?

3. 帝道、圣道

在天道和人道之间,还存在着一种特别的道,即"帝道"和"圣道"。"天道运而无所积,故万物成;帝道运而无所积,故天下归;圣道运而无所积,故海内服。"(《天道》)如果说天道是万物得以生成的原因的话,"帝道"就是天下人民归向的原因,"圣道"是四海之内的人们宾服的原因。之所以如此,在庄子看来,是因为它们都"运而无所积",即自然而动,无所执着,"恣物之性而无所牵滞"①,即"天道""帝道""圣道"都是被自然所规定的。对于"天道"而言,这是它的题中应有之义,因为它本身就是天地之道、自然之道;而"帝道"遵循了"天道";"圣道"则是"帝道"的另一种形态,或者说最本真的形态,"天道运转,覆育苍生,照之以日月,润之以雨露,鼓动陶铸,曾无滞积,是以四序回转,万物生成也……王者法天象地,运御群品,散而不积,施化无方,所以六合同归……圣道者,玄圣素王之道也。"②

但是庄子没有解释、成玄英没有解释清楚的是,这几种关系是如何成立的——或对于庄子而言,这些关系原本是显而易见的,因为这几个语词本身就蕴含了它的原因。

所谓"帝","王天下之号也"③,"帝"之所以能王天下,就是因为他是天之子,所以"帝"又被称为天子,他是上天派来治理人民的君主,是天在人间的代言人,也即天的显现者。天与帝的不同在于,天不是人,帝是人,所以他们既有同一性,又有差异性。

也正是这种不同和差异,一方面使得帝成为了沟通天与人的存在者,帝将天的意志传达给人,在此意义上,"帝道"就代表着"天道"。"故古之王天下者,知虽落天地,不自虑也;辩虽雕万物,不自说也;能虽穷海内,不自为也。天不产而万物化,地不长而万物育,帝王无为而天下功。故曰:莫神于天,莫富于地,莫大于帝王。故曰:帝王之德配天地。此乘天地,驰万物,而用人群之道也。"(《天道》)这里的"王天下者"就是"帝",他的智慧虽广,却不是他追求而来,而是顺应自然的结果;他的语言虽美,却不是出于他个人的意愿,而是自然

---

① 郭象注,成玄英疏:《庄子注疏》,曹础基、黄兰发点校,中华书局2011年版,第247页。
② 郭象注,成玄英疏:《庄子注疏》,曹础基、黄兰发点校,中华书局2011年版,第247页。
③ 许慎:《说文解字》,中华书局1963年版,第7页。

流露的结果;他的能力虽强,却不是为了自己,而是水到渠成的结果。故而"帝王之德配天地","配"也就是"合"之义,所合之处就是摒弃人为、遵循自然,这是"帝"合于"天""地"之处。也正是因为此,天地无为而万物化育;帝王无为而天下功成。在此意义上,"莫神于天,莫富于地,莫大于帝王","帝"具有了和天地同等的位置,所谓的"神""富""大"在历史上虽然有各种各样的解释,但是其根本用意无非是在强调,在天地之间三者是最大、最根本的,所以如果说万物要遵循天地之道的话,人群则要遵循这最大、最根本的帝道。

但是另一方面,因为帝是人,所以他也不可避免地具有人的欲望,当这种欲望越过"天"的规定时,人为就可能逾越自然,"帝道"就可能背离"天道"。也许正是因为这种潜藏的危险,人们用"圣道"代替了"帝道"。所谓"圣",其原本的构形为"聖",由"耳""口""王"三部分组成,其中耳用于听,口用于说,所以圣的字面义就是听说之王,但圣人不是随意而听,也不是随意而说,而是倾听"天"的声音,然后把所听到的声音传达给人民,因此"圣"取代"帝",成为了"天"的代言人。两者的不同在于,"帝"是有位之代言人,而"圣"是有德("道")之代言人;"帝"有可能背离"天","圣"则须臾不离"天"。所以"圣"虽然是人,但他不是一般的人,而是完善、完美的人,他的欲望被自己所规定。"帝"虽然不是一般的人,但他可能比一般的人更一般,因为当"帝"无道时,他的欲望比一般人更不受规定。

(三)"道"的自我否定——绝对之"道"

但是,"道"自身也不能被极端化。当"道"有如此可能的时候,"道"自身也需要被否定。

因此在《齐物论》中,庄子提出圣人应"不缘道"。所谓"缘",一般理解为攀缘、向上爬之义,由此"不缘道"首先被理解为不攀缘人道或世俗之道,因为这些"道"看起来是"道",实际上却是无道,如果再去攀缘,就是错上加错。其次,对于"道"自身而言,也不可攀缘——"夫圣智凝湛,照物无情,不将不迎,无生无灭,固不以攀缘之心,行乎虚通至道者也"①,即圣人之心应该有一颗自然之心,没有主观、人为,所以当心灵执着于"道"时,这本身是有违于"道"的。再次,陈鼓应将"缘"理解为"拘泥",认为"不缘道"就是"不拘泥于道"②,即人不被"道"所缚,之所以如此,是因为人们将"道"看成是一个固定的实体,这实际上是将"道"固化了,于是"道"就成为了束缚人的东西,即非道的形态。最后,林希逸将"不缘道"理解为"无行道之迹也"③,人不是为了行道而行道,因为当人有意去行道时,他就会留下痕迹,即"道"不是其目的,行道之"迹"才是其目的,这恰恰是无道的。所以《齐物论》认为"道昭而不道",即"道"显现出来就有了痕迹,这种痕迹就会成为一种新的"有",进而成为人们追求的对象,最终激发人新的欲望。释德清也从心灵出发,认为"言无心合道,而无缘道之迹也"④,即"道"是自然而然的发生,而不是心灵追求的结果,一旦心灵有这种意愿,"道"便不再是"道"自身了——实际上人顺人之人性、物顺物之物性而行就是得"道"。

概言之,"道"的自我否定具有两层含义:首先,它意味着"道"和"无道"或"非道"的分离,即"道"否定以"道"之名,行违"道"之实的非道行为和思想;其次,它也意味着"道"和自身的分离,当"道"成为一种新的"有"时,"道"就要自我否定,否则它就会沦为新的"无道"——在此意义上,"道"乃生生之道,而不是一成不变之道,即"道"是不断生成的,而这种生成就发生在"道"与自身相分离的过程中。

总之,"道"的自我否定不是其他,而就是"道"自身的完成,所以就本质而言,"道"的自我否定是"道"的最高形态,但它不是否定真正的"道",毋宁说,它就是真正的"道",或者说它只有在不断的自我否定中才能成为真正的

---

① 郭象注,成玄英疏:《庄子注疏》,曹础基、黄兰发点校,中华书局 2011 年版,第 53 页。
② 陈鼓应:《庄子今注今译》,中华书局 1983 年版,第 102 页。
③ 林希逸:《庄子鬳斋口议校注》,周启成校注,中华书局 2009 年版,第 39 页。
④ 释德清:《庄子内篇注》,华东师范大学出版社 2009 年版,第 52 页。

"道"——绝对之"道"。所以不存在一个脱离了自我否定的"道",否则它就不是真正的"道";也不存在一个脱离了"道"的自我否定,否则它就不是真正的"否定"。

也正是因为如此,庄子绝少从正面去论述"道"是什么,他在小心翼翼地避免由此所带来的困境,所以他只是用"负底方法"①讲"道"不是什么,在那些看似不可理喻又若隐若现的描述中,让浑沌之"道"自身呈现出来。

二、思想性之"道"

这种"道"在《庄子》中表现为"道理","是故慎到弃知去己,而缘不得已。泠汰于物,以为道理。"(《天下》)所谓"理",其本义为玉的纹理,顺着玉的纹理而剖析之就可以治玉,所以《说文解字》解释"理"为"治玉也"②,这已是它的引申义。再往后引申,"理"就不仅仅指玉的纹理,而成为了万事万物内在的纹理。玉因为自身的纹理而成为了独一无二的玉,万事万物也因为自己的纹理而成为了无可替代的事物,所以"理"成为了万事万物的独特本性。

因此,如果说"道"是万事万物的共同本性的话,那么"理"就是"道"在具体事物身上的显现和实现:即"道"规定了事物的一般本性,而"理"规定了事物的特殊本性;万物之"道"是相同的,而万物之"理"则是各异的。正是在此意义上,《缮性》认为"道,理也","道"可以具体化为万物之"理",万物之"理"亦可体现"道"。所以"知道者必达于理,达于理者必明于权,明于权者不以物害己"(《秋水》),能够知晓"道"的人一定能通达"理",能够通达"理"的人则一定能明白"道"的权宜和变通。

如果说"德"是"道"在人身上的显现,它标明了人的得道与否的话,"理"则是"道"在万事万物中的显现,它标明了万事万物的本性。但不管是万物身上的"道",还是其身上的"理",它们都是隐藏的,都需要经由人去显现和实

① 冯友兰:《三松堂全集》第5卷,河南人民出版社2001年版,第150页。
② 许慎:《说文解字》,中华书局1963年版,第12页。

现,否则它们是被遮蔽的,因此也是没有意义的。

人对万物的显现和实现就是人去思索、沉思万物的本性,也就是去思考已经存在的客观的"道"和"理"。但是人的思考却存在两个向度:一是客观性的思考,一是主观性的思考——前者从"物"自身出发,将"物"作为"物"去思考,后者则从"人"已有的知识、情感、意志出发,将物作为"人"的对象去思考,即"人"的思考所遵循的不是物自身的实在,而是"人"自身已有的偏见和成见。由此出发,他们所思考出来的"理"也有两种形态:出于"物"自身的"理"和出于"人"的"理"——其结果是:前者是"道"的显现,后者是"道"的遮蔽。在此基础上,"道理"也可以分为两种:客观的道理和主观的道理。

对于庄子而言,它所强调的道理不是其他,正是前者——人的思考所遵循的是客观的道理,即事物自身的道理,因为它符合事物的自然之理,这就表现在他将"泠汰于物"(听任于物)作为他的道理。也正是因为听任于物,所以他不会因为物的变化而伤害自己——"明于权者不以物害己"。反之,在庄子看来,其他学派的所谓"道理"则是无道的,因为它们不是出于事物自身,而是出于各自的偏见和成见,所以他们的"道理"是有局限的,甚至是非道的,真正的"理"符合自然之"道"。

三、语言性之"道"

这种"道"在《庄子》中表现为言说、道说。"《诗》以道志,《书》以道事,《礼》以道行,《乐》以道和,《易》以道阴阳,《春秋》以道名分。其数散于天下而设于中国者,百家之学时或称而道之。"(《天下》)在这种语境中的"道"既不是指存在性的"道"自身,也不是思想性的"道理",而是语言性的"道说",它表明《诗经》是用来言说人的心志的,《书经》是用来言说政事的,《礼经》是用来言说人的行为规范的,《乐经》是用来言说和同之道的,《易经》是用来言说阴阳之道的,《春秋》是用来言说名位职守的。

语言性之道(道说)之所以存在,是因为"道"自身是隐而不显的,它的显现既需要人的沉思,也需要人的语言将其所思言说出来。

只是在传统的工具论观点看来,在"道""思""言"的序列之中,"言"与"道"距离尚远:首先,"言"需要准确地传达"思";其次,"思"还要正确地传达"道";在这种情况下,"言"才有可能准确地传达"道"。但是这种可能性微乎其微。其一,"道"自身不是一"物",它很难成为人们思考的对象,也拒绝成为人们思考的对象。其二,如上所言,人的思考有可能遵道而行,而可能背道而驰,所以"道理"自身的可靠性是值得怀疑的。"尧、舜,人之所誉也。道尧、舜于戴晋人之前,譬犹一吷也"(《则阳》),在"戴晋人"面前称赞尧舜的言说("道")之所以被人怀疑甚至轻视,就是因为尧舜自身的"道理"是值得怀疑的。其三,语言自身能否传达"道理"尚且值得怀疑("知之所不能知者,辩不能举也"(《庚桑楚》)),它能否传达"道"自身就更值得怀疑。因为语言自身又可以分为欲望性的语言、工具性的语言和智慧性的语言,欲望性语言表明它是人为的而不是自然的,它自身需要被否定;工具性语言表明它只是一种外在的符号系统,这种外在性表明它尚不足以表达充满天地的"道",所以这种语言需要被超越;只有当智慧性语言出现时,它才能完整地显现"道",所以它是道言,这种言是一种指引性的语言。

最后,在《庄子》中还存在着一种作为方法的"道",这种"道"表现为实现"道"的方法、手段和工具。事实上,作为人们通达目的地的道路自身就隐含了"道"的工具性这一内涵——道路自身不仅是目的,也是手段。因此,与老子特别强调"道"是什么不同,庄子特别强调了如何达"道"的方法。

为了达到目的,人们有不同的方法。中国思想强调任何成功的方法都必须是合"道"的方法,唯有这样我们才能真正地实现"道"、达到"道"。对于庄子而言,这个"道"就是自然之道。这意味着自然之道既是目的,也是方法——真正的方法是援道而行,顺道而走,是随顺、是遵道("无"的作用就是"顺""让",让万物顺道而行,因为如果为"有",就不会"让",而是按照"有"的意愿去行事,甚至刻意而为)。自然之道在《庄子》中又被称为"纯素之道",

"纯素之道,唯神是守。守而勿失,与神为一。一之精通,合于天伦。"(《刻意》)所谓"纯"就是纯粹、纯净而不杂多,因为杂则多,多则挠,挠则容易迷失自身、失去自我,所以"纯粹而不杂,静一而不变,淡而无为,动而以天行,此养神之道也"(《刻意》);"素"就是素朴,而不奢华,奢华就意味着越过了事情本身的边界,只有在素朴中人才能保持自身的本性。因此,得道的方法就是持守纯素之道,在纯粹、纯净、宁静、素朴中守护自己的本性("神")。

同时,一个会养神的人,也是会存身的人,因为他有"存身之道"。"当时命而大行乎天下,则反一无迹;不当时命而大穷乎天下,则深根宁极而待:此存身之道也。古之存身者,不以辩饰知,不以知穷天下,不以知穷德,危然处其所而反其性,己又何为哉! 道固不小行,德固不小识。小识伤德,小行伤道。"(《缮性》)这种"存身之道"在人身上表现为顺其本性之自然,这意味着人之言不能成为"辩"——因为所言的事实是唯一的,根本无需争"辩";人之"知"不能成为"小识"——因为"小识"偏于一隅,不是大智慧;人之"行"不能成为"小行"——因为"小行"只是局限于一处的德行。"存身之道"在人生处世上则表现为顺天下之自然,即当天下有道之时,就返回"道"的境界;当天下无道之时,就深藏静默等待时机。正是因为如此,"为人臣者,不敢去之。执臣之道犹若是,而况乎所以待天乎?"(《山木》)既然臣不敢逆主,那么人也不应逆天,所以"为臣之道"和"为人之道"相同。庄子以前者喻后者,强调了"顺"的重要性,只不过前者顺主,后者顺天,而在《庄子》的语境中,"主"就是天之子,所以两者又是统一的。

最后,作为方法的"道"不仅存在于人的为人处世上,而且存在于人的日常生活中。"蹈水有道乎……与齐俱入,与汩偕出,从水之道而不为私焉。此吾所以蹈之也。"(《达生》)庄子一方面强调游泳并没有什么特别的方法,这是强调没有人为的方法;另一方面它又强调了它自身的游泳方法,从前后逻辑上讲,这种"方法"很显然不同于人为的方法,否则前后就产生了逻辑上的矛盾,因此它的"方法"是与人为相对的方法——自然之道(自然之法),也就是"从水之道",顺着水势上下出没,从而避免人为的意念,这就是最好的方法,也是最高的方法。

因此,"道"在《庄子》中的含义是丰富的,它既含有存在性之"道",又含有思想性之"道"和语言性之"道",还含有作为方法和工具的"道"。其中,存在性之"道"无疑是根本性的,这在于存在决定了思想、语言和方法——当存在性之"道"被人思考和沉思时,"道理"便显现了出来,同时它也规定了人对"道"的言说,以及人在生活世界中去实现这种"道"的方法和途径。而存在性之"道"同样也是语义丰富的,它既包含有形而下之"道"(道路及其引导),也包含有形而上之"道"(道自身、天道、地道、圣道、帝道),同时还含有"道"的自我否定——绝对之"道"。其中,形而上之"道"无疑又是根本性的,因为对于庄子而言,形而下之"道"就根源于形而上之"道",而"道"的自我否定正是形而上之"道"的自我完成。

对于"道"之语义的厘清,不仅可以帮助我们揭示出"道"之义的丰富性和复杂性,避免在理解《庄子》文本时所产生的歧义与混乱;而且正是在这种追本溯源中,"道"的含义才能全面、完整地向我们敞开,也正是在这种敞开中,庄子之"道"的真理才能向我们显现出来。

第二节　作为"无"的"道"

一、"道"与"有"

(一)"道"作为"有"

1."道"的存在

这里的"有"不是拥有、占有之义,不是"to have",而是"在""存在"即"to be"之义。毫无疑问,"物"是存在的,它是一种具体的"有",那么"道"是不是一种"有"呢?

"夫道,有情有信,无为无形;可传而不可受,可得而不可见;自本自根,未有天地,自古以固存;神鬼神帝,生天生地;在太极之先而不为高,在六极之下而不为深,先天地生而不为久,长于上古而不为老。"(《大宗师》)

首先,庄子认为"道"是真实地存在着的,即"有情有信"。"情"在先秦时期主要有两种含义:一为情实、实情之义,这是"情"的本义;二为情感、情绪之义,这实际上是"情"的引申义。在《庄子》文本中,既有表示情感、情绪之义的"情",也有表示情实、实情之义的"情"。但是基于上下文语境,"情"在这里与"信"相关联,因此应为情实之义①,而不是情感之义。这意味着,在《大宗师》看来,"道"是一种真实的存在,而不是不存在;它是一种真实的"有",而不是一种虚幻的"有"。也正是因为如此,"道"既是可"得"的,也是可"传"的。一个不存在的东西是无法被得到的,更不可能被传给他人。

其次,"道"不仅存在,而且自古就已经存在——"自古以固存",这意味着它比其他存在者的存在都要久远,甚至比"天地"的存在还要"久",比"上古"的存在还要"老"。如果是这样的话,在"道"之前,是没有存在者存在的,"道"就是最初的和唯一的存在。因此,"道"就是世界的开端和本源。

最后,"道"不仅自古就存在,而且自古就"固"存。"固"在汉语中既可以为副词,也可以为形容词。如果是前者,"固"可以被理解为本来、原来之义,所以"固存"就意味着"道"原本就是存在的,不仅于此,它是自古以来就是存在的——这正好印证了前面的论述;如果"固"为形容词,那么它可以被理解为坚固的、牢固的之义,所以"固存"就意味着"道"是一种牢固的存在,它不会轻易消失,是一种恒常之在。"道"不仅是一种"有",而且是一种恒常之"有"。

---

① 林希逸认为"情,实也,信亦实也"(林希逸:《庄子鬳斋口议校注》,周启成校注,中华书局2009年版,第109页);释德清认为"此言'有情',谓虽虚而有实体"(释德清:《庄子内篇注》,华东师范大学出版社2009年版,第121页);在此基础上,陈鼓应认为"情"在这里为"真实"之义(陈鼓应:《庄子今注今译》,中华书局1983年版,第215页)。

这意味着,"道"不同于一般存在者的存在,一般存在者作为一种"有",它自身就隐含着一种"无",即从"有"向"无"的变化,这既是"有"的可能性,也是"有"的必然性。但是"道"作为一种恒常之在却不同于一般的"有",它没有从"有"向"无"的转变,这是因为"道"的"有"是一种特殊的"有",这种"有"所拥有的对象本身就是"无"。唯有"无"才能无所失去,唯有"无"才是牢固的存在——恒常之在。

2. "道"作为非一般的存在

就"道"自身而言,它不仅存在,而且是第一存在,更是恒常之在;就"道"与其他存在者的关系而言,它不仅自身存在,而且还是其他存在者存在的根据——"夫道,覆载万物者也,洋洋乎大哉!"(《天地》)"覆"为覆盖、庇护、守护、保护之义,从外而言它可以庇护万物,就内而言它可以包容万物;"载"为承载、承担、负担之义。《说文解字注》解释道"上覆之则下载之,故其义相成"。① 在庄子看来,"道"不仅可以覆盖、包容万物,而且可以承载万物、化生万物②。这意味着:

其一,"道"既可以承载万物,给予万物以生命,让万物得以生成,又可以守护万物,使万物保持自身,而不失去自身。其二,"道"所覆盖、承载、守护的对象不仅仅是某一物,而且是万物;它不仅仅是让一物生,而且是让万物生。所以"道"浩瀚广大——"洋洋乎大哉",其"大"不是外在的大,而是内在的大。其三,正是由于"道"的存在,万物才得以存在;正是"道"生成了万物,并且彰显了生命。"故形非道不生,生非德不明"(《天地》),形体由"道"所出,即形体本源于"道",它是气的聚集;生命因为"道"而彰显,这表明无道之物是没有生命的。所以成玄英认为"虚通之道,包罗无外,二仪待之以覆载,万物

---

① 许慎撰,段玉裁注:《说文解字注》,上海古籍出版社1981年版,第727页。

② "成疏疑此文本作'夫道覆载天地化生万物者也'。"(参见郭象注,成玄英疏:《庄子注疏》,曹础基、黄兰发点校,中华书局2011年版,第220页)

得之以化生,何莫由斯,最为物本"①,"道"是万物之本。

从否定意义上说,万事万物如果偏离了"道",那么它们是不可能成功的,"凡事若小若大,寡不道以欢成。事若不成,则必有人道之患;事若成,则必有阴阳之患。"(《人间世》)事情本身如果是无"道"的,那么它无论表面上成功与否,都会给人带来伤害——即"人道之患"或"阴阳之患"。这意味着只有合于"道"的事情才能成功,这里的"成"是真正的成功;不合于"道"的事情则不能成功——有些事情是小成,而不是大成;有些是假成——世俗意义上的物成,而不是真成——道成。

从肯定意义上说,"道"是人的存在之根据。"君子通于道之谓通,穷于道之谓穷……古之得道者,穷亦乐,通亦乐,所乐非穷通也。"(《让王》)君子之所以"通",是因为他"通"于"道",唯有"道"之"通"才是真正的"通";君子之所以"穷",是"穷"于"道",唯有"道"之"穷"才是真正的"穷";君子之所以"乐",是"乐"于"道",唯有"道"之"乐"才是真正的"乐"——即君子的穷、通、困、达的人生境遇及其喜、怒、哀、乐等在世情感既不是来自于人自身的意愿和欲望,也不是来自于外在的事物的触发,而是来自于人是否符合"道"。

所以"道"成为了人乃至万事万物的规定和根据。正是基于此,庄子认为朋友是被"道"所规定的。"吾闻之,可与往者,与之至于妙道;不可与往者,不知其道。慎勿与之,身乃无咎。"(《渔父》)在汉语中,"与"有多种含义,当它作介词时,为"和、及、跟"之义,第一处"与"就是此意;当"与"作为动词时,它是"交往、交好"之义,如"孰能相与于无相与"(《大宗师》)中的"与",第二处"与"当属此意。但是这些都不是"与"的本义,作为会意字,"与"由"一、勺"组成,表示给予别人东西,"与,赐予也,一勺为与,此与與同"②,《说文解字注》认为"义取共举"③,即共同抬起之义,如果是这样的话,"与"的本义就是

---

① 郭象注,成玄英疏:《庄子注疏》,曹础基、黄兰发点校,中华书局 2011 年版,第 220 页。
② 许慎:《说文解字》,中华书局 1963 年版,第 299 页。
③ 许慎撰,段玉裁注:《说文解字注》,上海古籍出版社 1981 年版,第 715 页。

给予。与其说"与"是施予对方一种东西,不如说它是共同抬起,即给予不是单方面的,而是双方的,是相互给予;同时所给予的也不是一物,对于朋友而言,那就是"道",唯有如此,相互给予才有可能。因此,唯有那些可以和自己一起行走在通往大道的路上的人,我们才可以结交他,因为唯有这样的人,才能和我们在一起,相互给予、相互启发、一起达道,否则就不能得道,也不可能成为真正的朋友。

总之,朋友是被"道"所规定的朋友,不仅于此,人乃至于万事万物都是被"道"所规定的,否则人就不是人,人不人化;物不能成为物,物不物化。

(二)"道"存于"有"

那么,作为一种"有",特别是作为万"有"之根据的"有","道"又存在于何处呢?"道"就存于万"有"之中,即"道"存在于万事万物之中,并通过万事万物得以显现,且在其中实现和完成自身。

"东郭子问于庄子曰:'所谓道,恶乎在?'庄子曰:'无所不在。'""道"之所以"无所不在",正是因为它是万物存在的根据,如果"道"不存在,"物"将不成其为"物"。所以蝼蚁有蝼蚁的"道",稊稗有稊稗的"道",瓦甓有瓦甓的"道",甚至屎溺有屎溺的"道"——只是它们不能意识到这个"道"而已,但是只要它们是存在的,它们就有其存在的根据,这个根据就是"道"。

对于庄子而言,不仅每况愈下的"物"有"道",为人所不齿的"盗"贼身上也有"道"。"'盗亦有道乎?'跖曰:'何适而无有道邪……'由是观之,善人不得圣人之道不立,跖不得圣人之道不行。"(《胠箧》)人与物的不同在于,人是有意识的,唯有如此,才有了"有道"和"无道"之分——当他们依照自己的本性而存在时,他们是得"道"的,否则他们是无"道"的。所以即便是"善人",也有得道的"善人"和无道的"善人",即便是盗跖,也有得道的"盗跖"和无道的"盗跖",关键在于他们是否是被"道"所规定。当然,"道"也有"大道"和"小道"之分,盗跖所遵循的只是"仁义勇知圣"等儒家的"道",所以这只是一种"小道",距离庄子之道还很遥远,或者说,就根本而言他只是表面上有道,而实际上是无道的。

尽管如此,"道"是无所不在的,它就在万物之中。这不仅是它的现实性,也是它的可能性,更是它的必然性。那么作为一种"有","道"为何不存于自身,而是存于万物呢?换言之,"无所不在"又何以可能呢?

二、"道"与"无"

(一)"道"作为"无"

"道"虽然是存在着的"有",但是这个"有"却迥异于万事万物之"有",因为它既不是具体之一物,不具有物的特征,也不是万物之整体,它也不存在于特定的时空之中。在此意义上,它就是一种"无"。但此"无"不是纯粹的虚空,并不意味着什么也没有,恰恰相反,它是一种"有",是一种真实的存在,而且比万有更为永恒、更为真实。

1. "道"以"无"的形态存在

这一方面是因为,在《庄子》中,如果说"物"主要是以"有"的形态出现的话,"道"则主要以"无"(或"不")的形态出现:

"夫大道不称"(《齐物论》);"道无终始,物有死生"(《秋水》);"夫道……无为无形……不可受……不可见……在太极之先而不为高,在六极之下而不为深,先天地生而不为久,长于上古而不为老……莫知其始,莫知其终……""道可得学邪?"曰:"恶!恶可!"(《大宗师》)

"使道而可献,则人莫不献之于其君;使道而可进,则人莫不进之于其亲;使道而可以告人,则人莫不告其兄弟;使道而可以与人,则人莫不与其子孙"(《天运》);"道不可闻,闻而非也;道不可见,见而非也;道不可言,言而非也。知形形之不形乎!道不当名","视之无形,听之无声"(《知北游》);"言之所尽,知之所至,极物而已。睹道之人,不随其所废,不原其所起,此议之所

止……吾观之本,其往无穷;吾求之末,其来无止。无穷无止,言之无也,与物同理。"(《则阳》)

首先,就存在性而言,如果说"物"是有形、有声的话,那么"道"是无形、无声的("视之无形,听之无声");如果说"物"是可见、可闻的话,"道"是不可见、不可闻的("道不可闻,闻而非也;道不可见,见而非也");如果说"物"是有生死、有始终的话,那么"道"是没有生死、没有始终的("道无终始,物有死生")。这意味着,如果说"物"是一种感性存在的话,那么"道"则是一种超感性的存在,因为它超越了我们的感官所能感知的范围——这在于"道"既不在日常的空间之中,也不在日常的时间之内("在太极之先而不为高,在六极之下而不为深,先天地生而不为久,长于上古而不为老")。因为"道"不在时空范围之内,所以我们也就无法知道它的生死和始终("吾观之本,其往无穷;吾求之末,其来无止。无穷无止,言之无也,与物同理")。在此(感性)意义上,如果说"物"是"有"的话,那么"道"就是"无"。

其次,就思想性而言,因为"道"不在时空范围之内,这本身就超出了我们"知"的范围("知之所至,极物而已"),所以对于"道",我们"莫知其始,莫知其终"。也正是因为如此,如果说"物"可以通过学习而"知"的话,"道"则是不可以通过学习而"知"的("'道可得学邪?'曰:'恶!恶可!'")

再次,就语言性而言,如果说"物"有感性特征、能被人思考,所以可以被语言描述的话("言之所尽……极物而已"),那么"道"却是不可称呼、不可命名和不可言说的("夫大道不称""道不可言,言而非也。知形形之不形乎!道不当名""睹道之人,不随其所废,不原其所起,此议之所止")。

最后,就工具性而言,如果说"物"因为其现实的存在性而可以被人或他物所用的话,那么"道"是不能被人或物所用的,究其根源,"道"不是现实之"有",而是"无",因此它不可能被用来"献""进""告""与"于他人,从而给自己及亲近的人带来利益("使道而可献,则人莫不献之于其君;使道而可进,则人莫不进之于其亲;使道而可以告人,则人莫不告其兄弟;使道而可以与人,则人莫不与其子孙")。

总之,从广义而言,"道"作为一种"有",它本身属于"物",是一种特殊的"物"。但是从狭义而言,"道"与"物"又是相区分、相对待的,"物物者非物"(《知北游》),"物物者"就是"道","道"是不同于"物"的。"道"之所以不同于"物",关键在于"物"为"有",而"道"为"无"——"物"有为、有形,所以可受、可见;而"道""无为""无形"。所以对于人而言,"道"可遇而不可求;对于"道"而言,它可传而不可受——"可传"是因为"道"的无私性,"道"的本性为"无",所以无私;"不可受"是因为"道"的无为,它本身没有意志和目的,也不会打扰、干扰外物,因此它不会主观地去教授他人他物。

2. "道"始源于"无"

另一方面,如果就现实性而言,"道"是以"无"的形态显现出来的话,那么就逻辑性而言,"道"则是从"无"开始的。在此意义上,"道"无中生有。

这在于,如果"有"是"道"的起源的话,人们可以继续追问,"有"本身又起源于什么?以此类推,最初的起源只能是"无",因为再也没有一个比"无"更为本源的存在。正是基于此,庄子认为"夫道……自本自根"(《大宗师》),虽然"道"生万物,是万物的根源、根据,但"道"自身却没有一个外在于它的根源、根据,它只是以自身为自身的根源、根据,也就是无根源、无根据——这意味着,如果从"有"和"无"的角度来看的话,"道"是以"无"为其根源和根据的,因为"道"如果为"有"的话,那么它就不可能自本自根,而必须依赖于另外的一个"有"或"无"。

"泰初有无,无有无名。一之所起,有一而未形。物得以生,谓之德;未形者有分,且然无间,谓之命;留动而生物,物成生理,谓之形;形体保神,各有仪则,谓之性。性修反德,德至同于初。同乃虚,虚乃大。合喙鸣。喙鸣合,与天地为合。其合缗缗,若愚若昏,是谓玄德,同乎大顺。"(《天地》)

庄子认为宇宙之初是不存在"有"的,所存在的只是"无",这个"无"就是本源性的"无",万事万物就起源于此。因为这种"无"不含有任何"有",所以它无法被命名。虽然如此,它却是存在的,因为正是由于它,才生成了作为"一"的"有"("道"之"有"),正是因为这个"有",才生成了万事万物。庄子将这种"道"之"有"称为"一",正是因为有了这个"一",万事万物才得以生成。他细致地描述了这个生成的过程:"无"("道"之"无")、"一"("道"之"有")、"德"(万物获得"道"的本性)、"命"("道"的命令,即天命)、"形"(万物顺应天命而获得自己的形体)、"性"(万物获得自身的本性),然后通过心性(精神)的修养,人又复返于源初的"道"之"无"境。因此,如果说黑格尔的"绝对理念"是一个不断地自我丰富、自我完成的过程,即肯定——否定——否定之否定的过程的话,庄子之"道"却是自身圆满、完美无缺的。因此他强调,人只要通过心性的修养复返于"道",他就能成为得道之人,而得道之人本质上就是得"无"之人,即理解了"道"之虚无本性的人。

总之,正是因为"道"之"无",所以才生成了"道"之"有";正是因为"道"之"有",才显现了"道"之"无"。其中,"道"之"无"是具有规定性的,它规定了"有"——正是因为"道"的虚无本性,"道"才能超越万物的有限性,到达无限,所以"道"至大无边;正是因为"道"之"无"的否定性,所以万物之"有"才能克服自身的局限性,让其保持在自身的边界之内,成为自身;正是因为"道"之"无"的根本性,所以"道"才能超越万物之"有",让其成为生之"有",而不是死之"有"。

但是,"道"的这种特性恰恰有悖于常人的看法,因为对于他们而言,世间万物之"有"才是具有规定性的,因此万物之"无"乃至"道"之"无"是被遮蔽的。这种遮蔽,一方面是因为"道"容易被他者所遮蔽:首先,它容易被人的偏见所遮蔽,如被儒家和墨家的思想所遮蔽,"道隐于小成,言隐于荣华。故有儒墨之是非,以是其所非而非其所是。"而所谓"小成",是指"仁义五德也。小道而有所成得者,谓之小成也"①,儒家也认为自己是有道的,但在庄子看来,

① 郭象注,成玄英疏:《庄子注疏》,曹础基、黄兰发点校,中华书局2011年版,第34页。

儒家之道不仅不是"道",而且有违真正的"道",因为真正的"道"是无所谓是非、真伪的——"言道本不隐,但隐于小知之人。所成者小,故大道不彰耳。"[1]但是儒墨之徒却以己之见,以己之标准,人为地规定了所谓的是非、真伪,但是"道恶乎隐而有真伪?"(《齐物论》)其次,"道"容易被人的贪欲所遮蔽,贪欲之所以产生,是因为人有形体和私念,所以庄子强调要"离形去智"。

另一方面是因为"道"容易被自身所遮蔽,这之所以可能,是因为道的虚无本性给遮蔽的产生创造了天然的条件,"至道之精,窈窈冥冥;至道之极,昏昏默默"——"道"自身是精微深远、沈潜静默的,它微不可见,静不可闻,远不可及,深不可测,所以容易被遮蔽。

(二)"道"的"无"之本性

在《庄子》中,"道"不仅作为"无"而存在,而且被"无"所规定。之所以如此,是因为"道"的本性为"无",这表现在存在、思想和语言三个方面。

1. 存在性之"无"

(1)"道"之虚静

"气也者,虚而待物者也。唯道集虚。虚者,心斋也。"(《人间世》)气之所以能够容纳万物,是因为它的"虚"为万物的存在提供了广阔的空间。如果气是接近于"道"的存在的话,那么"道"也是虚而待物的。"道"之所以能够"虚而待物",是因为它聚集了虚——"唯道集虚",它自身是被虚所充满的,而且是唯一能被虚所充满的存在(气虽然接近于"道",但是气并非纯粹之"虚",它还含有"实"的部分)。正是这种唯一性将"道"与"物"相区分开来——"道"是"集虚"的,"物"则不能"集虚"。"物"中虽然也存在着"虚",但并不是"物"聚集了"虚"("有"聚集了"无"),毋宁说是"虚"聚集了"实"("无"聚集了"有"),然后生成了"物"。

---

[1]　释德清:《庄子内篇注》,华东师范大学出版社 2009 年版,第 32 页。

"道"之所以能够聚集"虚",是因为它本身即为"虚",而且是纯粹之"虚"。这意味着完全为"实"的"物"是不能聚集"虚"的,因为它缺少空间容纳万有。除非"物"被"虚"所规定,即被"道"所规定,如得道之人。就形体而言,得道之人是"实"之"物",但是就心灵而言,得道之人又是"虚"之"物";所以如果人被形体所规定,即被形体之"实"所规定,那么人是无道的;如果人被心灵,特别是被"虚"之心灵所规定时,那么人是得道之人——"虚其心,则至道集于怀也"①。概言之,得道之人之所以得"道",就其本质而言,不是因为他的形体之"实",而是因为他的心灵之"虚"。当他的"心"达到纯粹之"虚"时,他的形体之"实"也将被超越,即形体越出了自身之"实"的有限性,而获得了新的意义和无限的可能性;形体不再是生理性或物理性的存在,而成为了富有灵魂的存在,在此人的真正生命才得以出场和绽放。

在此意义上,"虚"就是"道"的本性,"虚乃道之体也"②。正是基于此,庄子又将"道"称为"四虚之道"(《天运》),这不仅意味着"道"聚集了"虚",以及"道"被"虚"所包围、所充满,而且意味着它自身就是"虚"——"道"被"四虚"所规定,并表现为"四虚"。

正因为"道"的本性为"虚",所以一方面,在形而下的意义上,"虚"之地是"道"之所在,"虚"之"物"是"道"之所存;另一方面,人要达"道",就必须通过"虚"的方法——从消极意义上而言,就是否定人为、超越本能;从积极意义上而言,就是顺其自然——"顺自然而待物以虚,虚即为道矣"③。因此,这里的"虚"不是身体之"虚",而是心灵之"虚";"虚"不是要否定身体,而是要超越身体;"虚"不仅是达道的目的,而且是达"道"的方法;"虚"不仅是"道"的显现,而且是"道"的本性。

正是基于此,"性修反德,德至同于初。同乃虚,虚乃大。"(《天地》)所谓

---

① 郭象注,成玄英疏:《庄子注疏》,曹础基、黄兰发点校,中华书局 2011 年版,第 81 页。
② 释德清:《庄子内篇注》,华东师范大学出版社 2009 年版,第 78 页。
③ 林希逸:《庄子鬳斋口义校注》,周启成校注,中华书局 2009 年版,第 63 页。

"同","合会也"①,其本义为聚集。这意味着,通过心灵的修养,人返回到自己的本性,即聚集于泰初。聚集于泰初也就是居于"虚"之中,"虚"则容纳万物,所以"道"广大无边。

也正是因为"虚"是"道"的本性,"道"是"四虚之道",所以"道"是没有边界的。"夫道未始有封……为是而有畛也。"(《齐物论》)"道"原本没有分界、界限和封域,只是人们为了区分"是非"才划出了的界限,所以"是非"之分是人为的结果。"道"则超出了这种分别,但"道"的"超出"不是越过"是非",而是说它原本就没有"是非",所以严格说来,"是非"不是被超越的,而是自行消解的。这个自行消解的地方就在道域中,也即"虚"之中。在"虚"中,不仅是非自行消解,美丑、善恶、大小、精粗等所有的对立将不复存在,正是在此意义上,"道"自身是统一的,而不是分裂的,更不是对立的。"道"自身就统一于"虚"之中,唯有如此,"道"才具有聚集的力量,乃至生成万物。相反,对立和分裂将破坏"道"的原初统一性,它们用人为之"有"占据"无"的聚集之地,万物在这种"占据"中将失去其聚集而成的本性,从而失去其本源的生命和力量。

"夫虚静恬淡寂漠无为者,天地之平而道德之至也……虚则静,静则动,动则得矣。静则无为,无为也,则任事者责矣。"(《天道》)"道"不仅是"虚"的,而且是"静"的。在《庄子》中,"静"作为宁静、静默之义,被赋予了神奇的功效,它既可以用来治愈人的身体的疾病——"静然可以补病"(《外物》),也可以用来抚慰人的心灵的躁动——"宁可以止遽"(《外物》)。之所以如此,庄子认为"贵富显严名利六者,勃志也;容动色理气意六者,谬心也;恶欲喜怒哀乐六者,累德也;去就取与知能六者,塞道也。此四六者不荡胸中则正,正则静,静则明,明则虚,虚则无为而无不为也"(《庚桑楚》),"静"可以照亮人的心灵("静则明"),使人心免于人道之患,当人的心灵被照亮以后,人心就会返

---

① 许慎:《说文解字》,中华书局1963年版,第156页。

回"虚"("明则虚")的状态中,当人心处于"虚"的状态时,人就不会产生人为之举——"有",正是这种"无为",最终使人能够"无不为"。

问题在于,"静"何以能够照亮人的心灵呢? 根本原因在于,"静"就是"道"的本性。"道"在根本上不是"动"的,而是"静"的,因为在躁动中,"道"容易被遮蔽,只有在"静"中,"道"才能显现自身,"人莫鉴于流水而鉴于止水。唯止能止众止"(《德充符》)。因此,心之"静"不是将心灵置于一种宁静的外在环境之中,而是因为它原本就是宁静的,所以"静"不是外在的,而是内在的;不是现象的,而是本质的;不是某一特性的,而是本性的;不是人的意愿,而是人的存在——"圣人之静也,非曰静也善,故静也。万物无足以挠心者,故静也"(《天道》)。在此基础上,才产生了"动"("静则动,动则得矣")。

那么,"道"何以为"静"呢? 这又是因为"道"之"虚",正是在"道"的"虚"之本性基础上,产生了"静"的特性("虚则静")。"虚"则无声,所以静默;"虚"又无为,所以宁静。

(2)"道"之恬淡

所谓"恬淡","恬,安也"[1],其本义为安静;"淡,薄味也"[2],与浓相对。在庄子看来,"五味浊口,使口厉爽……生之害也"(《天地》),五味特别是浓味不仅容易损伤人的舌头,使人失去味觉,而且容易诱发人的贪欲,使人心躁动,失去宁静,所以它是"生之害也"。因此对于人而言,他不能厚味,而应该"薄味",但"薄味"不是"无味",因为五官和五味的产生是自然的结果,我们并不能完全否定它。需要否定的是"厚味"和"浓味",因为它们超出了自然的限度,是人心奢欲、人为追求的结果。"薄味"就是"淡味","淡"使人口"安",所以对于味觉而言,它需要恬淡。但是对于庄子而言,"淡"不仅指口腹之淡,更是指心灵之淡,"淡"不仅能够使口安,而且能够使心安。唯有在心灵的恬淡中,人才能真正持守自身的本性,口腹之淡也才能成为可能。进而人才能处

---

[1] 许慎:《说文解字》,中华书局 1963 年版,第 218 页。

[2] 许慎:《说文解字》,中华书局 1963 年版,第 236 页。

于"道"之中,成为得"道"之人。因此,"虚无恬淡,乃合天德"(《刻意》),人的恬淡是由"道"的恬淡所决定的,"恬淡"即为"道"的本性。

(3)"道"之寂寞

所谓"寂寞","寂,无人声"[1],寂也就是寂静之义,而"寞"也是"寂"之义——"寂,嘆也"[2],而"嘆""寞"同义[3]。这意味着"寂寞"与"虚静""恬淡"的含义相互涵摄,只是其强调的重点不同:"虚静"相对于躁动而言,"恬淡"相对于浓重而言,"寂寞"相对于喧闹而言,它们都强调了"道"的虚无本性。"夫道不欲杂,杂则多,多则扰,扰则忧,忧而不救"(《人间世》),杂则不纯粹,多则不统一,挠则喧闹失其本性,所以成玄英认为"夫灵通之道,唯在纯粹;必其喧杂,则事绪繁多。事多则心中扰乱,心中扰乱则忧患斯起"[4],唯有在"寂寞"——静之中,事情才能纯粹、统一、保持自身,只有保持在自身之中,事情才能不被外物所干扰。

(4)"道"之无为

所谓"无为",对于庄子而言,它首先指的是无人为,即反对人为的干涉,因为人为是建立在人的欲望和意愿基础上的,而非建立在事情本身的基础上,所以人为的结果往往是与事情本身背道而驰,从而导致"事与愿违"——其根源在于"愿与事违"。在此意义上,庄子反对"为",强调"无为"。其次,这同时也意味着,如果我们能够按照事情的实情去作为,这种"作为"就是符合"道"的,所以"无为"不是一般意义上的游手好闲、毫无作为,而是顺势而为、因势利导,它只是看起来仿佛是"无为"的。最后,对于无道之人或无道之物而言,如果说他们还需要我们的引导的话,那么对于行走在"道"(本性)之中的人或物而言,他们无需我们的"导",这时我们只需顺其自然、泰然任之即

---

① 许慎撰,段玉裁注:《说文解字注》,上海古籍出版社 1981 年版,第 61 页。
② 许慎:《说文解字》,中华书局 1963 年版,第 34 页。
③ 宗福邦等主编:《故训汇纂》,商务印书馆 2003 年版,第 373 页。
④ 郭象注,成玄英疏:《庄子注疏》,曹础基、黄兰发点校,中华书局 2011 年版,第 73 页。

可,这是最根本性的"无为",正是这种"无为"守护着万物的本性,让万物如其所是的成长。其时,"无为"就是人的最大作为,因为它是符合"道"的"无为"本性的作为——"夫道……无为无形"(《大宗师》)。

(5)"道"之冥暗

"夫道,渊乎其居也,澄乎其清也。"(《天地》)"澄,清深也"①,意为水清澈。"道"就居住于"渊"之中,也即深水之中。这一方面暗示了生命之起源,另一方面也显现了"道"之本性。《庄子》中作为"道"之居所的"渊"不是一般的深水,而是大海,如"北冥"等。"道"之所以能居于此,一是因为此"渊"之大,它海纳百川,具有无尽的包容性;二是因为此"渊"之虚,它提供空间,为海纳百川提供了无限的可能性;三是因为此"渊"之清,它不藏私,所以能清澈澄静、澄然恒洁——"至理深玄,譬犹渊海,澄然清洁,明烛须眉。渊则叹其居寂以深澄,澄则叹其虽动而恒洁也"②;四是因为此"渊"之深,它能孕育、含藏无尽的生命;五是因为此"渊"之"冥",所以生命的孕育和含藏才得以可能,即"渊"之深孕育了"渊"之冥,"至道之精,窈窈冥冥"(《在宥》)。

"冥"就是幽暗之地,与光明之地相比,它在日常生活中是为人所避之的,但就其本性而言它并不消极。其一,它是自然地发生,它因为其无用性而与利害无缘,所以没有人去人为地制造冥暗、破坏冥暗。其二,它是包容我们的安身之地,光明只存在于光明之中,但是冥暗却能发生在任何角落。其三,它是最私密的地方,没有人愿意去打扰它,也没有人能够去打扰它,因此它是人的逍遥之所,人在此可以无碍地实现自己、完成自己。其四,无数的生命因此在其中孕育、成长,冥暗是孕育生命的地方。③ 所以《逍遥游》从"北冥"开始,它既是生命的开端(鱼),也是自由的开始。

---

① 许慎:《说文解字》,中华书局 1963 年版,第 229 页。
② 郭象注,成玄英疏:《庄子注疏》,曹础基、黄兰发点校,中华书局 2011 年版,第 222 页。
③ 参见吴光明:《庄子》,东大图书公司 1992 年版,第 111—112 页。

2. 思想性之"无"——"道"之"愚"

"卒之于惑,惑故愚;愚故道,道可载而与之俱也。"(《天运》)"愚"与"知"相对,对于常人而言,他们所重视的是"知",而所轻视的是"愚"——因为"知"显现了人的聪明和才智,而"愚"则显示了人的愚笨和无知。

但是,在"道"的视域中,情况正好相反,所谓的"知"只是一种小知,甚至是无知。这是因为,一方面,小知往往以对象之"有"为目标,以拥有和占有对象为目的,从而遗忘了对象之"无"及其统一性。基于此,小知所追求的往往是"有"的清晰性,它甚至试图将不可精确的"无"也精确化,以期占有,从而使事物失去了其原初的统一性和模糊性——冥暗性,也即失去了其原初的生命力。另一方面,因为以功利为目的,这种"小知"往往建立在人的主观意识基础之上,所以它是偏狭、片面的,同时也是不客观的,不符合事物本身。

而"愚"则正好相反,一方面,它不试图占有事物之"有",所以它也不寻求对"有"的清晰性的"知",因此它不会像常人一样去切割、区分事情本身,从而避免将事情变得支离破碎、失去其统一性。正是在"愚"的统一之中,新的生命和力量开始聚集,这种聚集不是精确的"知"所能感知到的,因为"知"所寻求的是外在的知识、算计和利益,而不是内在的生命和力量——唯有外在的东西才是清晰的、精确的。这意味着,内在的生命和力量并不发生在清晰的"光亮"之中,而是发生在模糊的"冥暗"里,正是在这里生命得以孕育,所以我们需要反对"知",而换以"无知"去感悟、体悟这种生命和力量,这种"无知"就是与"知"相对的"愚"——"以无知为愚,愚乃至也"①。另一方面,因为"愚"不"寻求",所以它没有主观意识——"惑而愚,是意识俱亡,'六用不行'之时"②,因此它没有人为的偏狭和偏离,这是从否定意义上说;从肯定意义上说,"愚"是原初的未分状态,这意味着它原本就无所偏狭和偏离。

因此,"愚"成为了"道"的本性。只是这里的"愚"不是真的愚笨,而是一

---

① 郭象注,成玄英疏:《庄子注疏》,曹础基、黄兰发点校,中华书局2011年版,第276页。

② 林希逸:《庄子鬳斋口义校注》,周启成校注,中华书局2009年版,第233页。

种大智慧。这种智慧就表现为它的"若愚","若愚若昏,是谓玄德,同乎大顺"
(《天地》),即看似为"愚",却因"愚"使事物免受世人人为地打扰和伤害,从
而让事物居于自身之中,守护、保持自身的纯一,所以它符合事情本身的真实,
"同乎大顺"。

也正因为"道"的本性为"愚",所以得道之人——"圣人"也呈现出"愚
钝"的特征,"众人役役,圣人愚钝,参万岁而一成纯"(《齐物论》)。之所以如
此,在庄子看来,是因为世人常常奔波于是非、曲直的分别和对立之中,圣人则
远离这种分别和对立,这看起来是不分是非、曲直,因而显得"愚笨",但正是
这种"远离"和"不分",正好符合了"道"的本性。因为万事万物原本是没有
分别和对立的,它们只是人为区分的结果,而世人往往被这种"区分"所"役"。
因此世人看起来是"知"人,他们工于计算,长于区分,知晓外物,却远离了天
性,迷失了真我,故而他们实际上为"愚"人;圣人看起来是"愚"人,但是他们
却"参万岁而一成纯",守护了其自身的纯粹性和统一性,所以实际上为"知"
人——即真正的智者。

因此,在庄子的理想国中,不仅圣人是以"愚"的面貌出现的,而且普通的
理想之"民"也是如此。"南越有邑焉,名为建德之国。其民愚而朴,少私而寡
欲;知作而不知藏,与而不求其报;不知义之所适,不知礼之所将。猖狂妄行,
乃蹈乎大方。"(《山木》)这在于,正是在"愚"中,人的人为之欲才能被否定,
人的自然之欲才能减少乃至寡淡;也正是在"愚"之中,人的意识心、分别心才
能被超越,或者说被消解——当"藏"的意识产生时,就有了"藏"与"不藏"的
区分,人就会被"藏"所"役",从而远离了"作"的初衷;当"报"的意识产生
时,就有了报答与不报答的区分,人就会被"报"所"役",从而远离了"与"
(给予)的初衷;当"义"和"礼"的意识出现时,就产生了义和不义、礼和无
礼的区分,人就被"义"和"礼"所"役",从而远离了"义"和"礼"的初衷。
"知其愚者,非大愚也;知其惑者,非不惑也。大惑者,终身不解;大愚者,终
身不灵。"(《天地》)

3. 语言性之"无"——"道"之"默"

"至道之极,昏昏默默。"(《在宥》)所谓"昏","日冥也"[1],意为冥暗,"默"意为沉默。一方面,"道"处于冥暗之所,并不显现自己;另一方面,"道"保持沉默,并不言说。这就是"道"的本性。

"道"的沉默和人的言说正好构成了鲜明的对比。对于世人而言,"言"是人的世俗存在的证明,因为"言"不仅可以传递信息、交流情意、表达思想,而且是自身权力、才能、地位的象征,所以才有了语言的炫耀和争斗——"大言炎炎,小言詹詹"(《齐物论》)。人们无法忍受沉默,是因为沉默意味着自己无法融入到众声喧哗的社会之中,或者说在社会中自己是没有话语权、失去发言权的弱者。

但是从"道"的视域看来,这种"言"正好是无道的。其原因在于:一,这种"言"是一种人为之言,或是主观欲望之言,或是主观情绪之言,或是主观成见之言,它们都偏离了事情本身,所以这种"言"是需要被否定的;二,这种"言"是一种工具之言,即承载某种思想和情感的工具,问题在于,一方面,思想、情感和它们所思所感的事情本身之间还存在着一定的距离,另一方面,语言和它所要言说的思想、情感之间也存在着一定的距离,在这种情况下,作为工具的语言是有其局限性的,所以工具性的语言需要被超越。

基于此,庄子认为与其言语,不如沉默,"辩不若默"(《知北游》)。但是这种"默"还只是一种形而下的沉默,它与日常的言说相对。实际上,还存在着一种形而上的"默",这种"默"就是"道"之"默",或本性之"默"。人在社会中之所以能保持沉默,是因为"默"是存在的,而且是存在的本性,所以"天"才能"示朕以默"(《在宥》)。而且,人只有在沉默中,才能保持自身的本源性、完整性、统一性。

"道"之所以呈现出"默"的本性,一方面是因为"道"起源于"默",并且

---

[1]　许慎:《说文解字》,中华书局 1963 年版,第 138 页。

"默"贯穿于"道"。如果说"言"可以自行消失,是短暂存在的话,"默"则是永存的,即便是在言说之中,"默"也是存在的,只是它没有显现出来而已。因此我们可以逃避"言",但是无法逃避"默"。"默"无处不在,无时不有,只是所"在"、所"有"皆以"无"的形态出现。

另一方面是因为"默"的世界是一个完整、自足的世界,它无需外物来填充自己,相反它是万物得以充满的根据——万物唯有将"默"置于自身之中,毋宁说,万物唯有将"默"从自身之中激发出来,万物才能成为万物自身,生命才能显明,力量才能充满。这是因为,在沉默中生命的力量才能得以聚集,在闲谈中生命的力量则被涣释;在沉默中生命才能得以无阻地成长,在言语中生命则被规范和限制。在沉默中万物才能被守护和呵护,在喧嚣中万物则被言语所抛弃。

综上所述,如果我们将"道"强行区分为存在性形态和虚无性形态的话,那么,庄子所强调的无疑是其虚无性形态,也就是说,他的"道"是被"无"所规定的——正是因为此,"道"的基本特性呈现为无限、无为、无用、无言、虚静、朴素、平淡之貌。所以庄子的智慧就其本性(规定性)而言,就是"无"的智慧。

如果"道"可以被理解为规律的话,那么这个规律就是无规律,或者说是关于"无"的规律。说"道"无规律是指它没有通常意义上的规律,因为通常意义上的规律是经由人归纳或分析的结果,并且作为一种"有"成为人们追求的对象,而"道"事实上是对于这种"有"的否定,它要打破人们惯常的归纳或分析的思维,回归"道"的原初统一状态;因为"道"无规律,所以我们如果强行以规律来言之的话,那么"道"就是关于"无"的规律:首先,"无"作为否定性的动词,它是对于任何作为"有"的规律的否定;其次,"无"作为名词,万事万物都源于"无",最后又终于"无",他们因为"无"而"有",因为"无"而存在——这就是"道"的规律,也就是"无"的规律。

如果"道"可以被理解为本性和本源的话,那么这个本性和本源就是"无"。具体而言,这个"无"表现在存在性之道中就是无形、无情、无欲等,表现在思想性之道中就是无知、无思、无虑等,表现在语言性之道中就是无言、无名等,表现在作为方法的道中就是无法、无技等。

当然,庄子对"虚""静""恬淡""寂寞""无为""冥暗""愚"和"沉默"的强调并不意味着他要去追求这种"无",因为它们只是存在自身的自然而然的呈现,一旦成为人们所追求的对象,它们就会成为一种新的"有",庄子认为这种"有"也应该被否定——即"无无"。在此意义上,庄子既不追求"实",也不追求"虚";既不追求"动",也不追求"静";既不追求"厚味",也不追求"恬淡";既不追求"寂寞",也不追求"喧闹";既不追求"有为",也不追求"无为";既不追求"炫目",也不追求"冥暗";既不追求"聪明",也不追求"若愚";既不追求"闲谈",也不追求"默"——既不追求"有",也不追求"无"。只是相较于前者,后者更为本源。或者说,从现实角度而言,因为世人无止境地追求前者,为了摇醒、警醒世人,庄子强调了后者。但是庄子所追求的既不是前者,也不是后者,这既是因为一旦有了前者,就必然会产生后者——即庄子所反对的分裂和对立;也是因为前者、后者都是存在的,我们不能肯定一者而否定另外一者,从而走向极端——如果说世人肯定前者而否定后者是应该被否定的话,那么如果我们肯定后者而否定前者也是应该被否定的。因此庄子对后者的"强调"也称不上是真正的"强调",他的目的是将一个颠倒的世界重新颠倒过来,让无道的世界归于有道。

第二章　"无"

第一节　庄子之"无"

因此,虽然"道"是《庄子》中最为核心的概念,但是当我们追问"道"是什么时,我们却陷入了沉默。"道"之所以让人捉摸不透,究其根源,就在于它与同样让人难以捉摸的"无"之间的紧密联系,如安乐哲、郝大维就认为"无"是道家最具规定性的概念①;冯友兰甚至提出"在道家的系统中,道可称为无"②;唐君毅则更为直接、具体地指出庄子的"道"就是"绝对之无"③;牟宗三在《中国哲学十九讲》中这样阐释到:道家是通过"无"来了解"道"、规定"道"的,所以"无"是重要的关键④;王中江则认为"有""无"都属于"道",但是道家实际上又把"无"看得高于"有",似乎使"无"与"道"同位⑤……也许正是因为如此,陈来指出"以东方哲学为无的哲学,在比较文化研究中已成了一个相当普遍的看法"⑥……

---

① 安乐哲、郝大维:《道不远人:比较哲学视域中的〈老子〉》,何金俐译,学苑出版社 2004 年版,第 46 页。
② 冯友兰:《新原道·中国哲学之精神》,生活·读书·新知三联书店 2007 年版,第 46 页。
③ 唐君毅:《中西哲学思想之比较论文集》,台湾学生书局 1988 年版,第 270 页。
④ 牟宗三:《中国哲学十九讲》,上海古籍出版社 2005 年版,第 74 页。
⑤ 王中江:《道家形而上学》,上海文化出版社 2001 年版,第 110 页。
⑥ 陈来:《有无之境》,人民出版社 1991 年版,第 4 页。

如果是这样的话,我们要理解庄子之"道",首先要理解庄子之"无"。

一、何谓"无"

关于"无"字,根据对已出土文献的考察,庞朴认为"秦以前尚无'无'字"①。然而这并不意味着秦以前的人们就没有关于"无"的意识,毋宁说,"无"字的出现,正好是人们关于"无"的认识的总结。而在此之前,人们完全有可能会用其他的文字来表达他们关于"无"的认识,例如刘翔就认为"表达有无之无的语义,最先使用的文字符号是'亡',其后增多了'無',最后由'無'演变出一个'无'"②,这与庞朴在上文中的观点不谋而合——这意味着在文字符号史上,"无"字其实有三种形态即"亡"、"無"和"无"。因此,如果我们要考察"无"的含义,就不能只是从"无"字本身开始,而需要追溯到更早的"亡"和"無"。

"亡",《说文解字》解释为"逃也"③,这意味着原本存在一个"有",只是这个"有"后来逃走了,然后才变成了"无",否则一个原本为"无"的东西是无所谓逃与不逃的。段玉裁则认为"亡……谓入于迟曲隐蔽之处也"④,认为"无"不是"有"的失去,而只是"有"的隐藏。庞朴则反对这两种说法,认为甲骨文中的"亡"实际上是"有"字的一半,即"有"去掉一半就是"亡"⑤,这实际上意味着"亡"就是"有"的缺失。刘翔则认为"亡字本义当指刀刃亡失。刀刃本来是有的存在的,由于失钝而亡失"。⑥ 虽然几种观点之间是有差异的,后两者

① 庞朴:《说"无"》,载深圳大学国学研究所主编:《中国文化与中国哲学》,东方出版社1986年版,第71页。
② 刘翔:《关于"有"、"无"的诠释》,载汤一介主编:《中国文化与中国哲学》,生活·读书·新知三联书店1991年版,第75页。
③ 许慎:《说文解字》,中华书局1963年版,第267页。
④ 许慎撰,段玉裁注:《说文解字注》,上海古籍出版社1981年版,第634页。
⑤ 庞朴:《谈玄说无》,《光明日报》2006年5月9日。
⑥ 刘翔:《关于"有"、"无"的诠释》,载汤一介主编:《中国文化与中国哲学》,生活·读书·新知三联书店1991年版,第76页。

其至明确否定了前两者的观点,但是其核心之处却是一致的——即它们首先都强调了"有",然后强调了"有"的不在场,这种状态就被称为"亡"。因此,"亡"首先是以"有"为基础的,没有"有",就无所谓"亡";其次,"亡"与"有"是相对的,"有"是"有"的在场,"亡"是"有"的不在场;最后,"亡"所强调的是有而后无。这种观点反映了人们对"无"的最初的认识和理解,作为结果,也反映了当时人们的认识和理解水平,即此时的"无"是与现实世界中的万有联系在一起的,人们首先经验到了"有",然后才能经验到"有"的不在场,即"亡"。因此,这种"无"还只是与"有"紧密联系在一起的"无",富有经验性的特征,是形而下的"无"。

随着人类抽象思维的发展,人们逐渐超越了这种经验性的思考而具有了超验性的特征,于是就产生了"无"的第二种形态:"無"。庞朴认为甲骨文中的"無"就是舞蹈的"舞",而人类最初的舞蹈实际上是人与神灵交流的方式,但神灵的存在是人的感性经验所不能达到的,所以"这个'舞'字,作为动作,叫做'舞';作为侍奉的那个对象……就是繁体字的那个'無',它是从跳舞的'舞'字演化出来的"。[①] 这样一来,可见的舞蹈的重要性就逐步让位于其背后不可见的内容。因此,舞蹈动作作为"有",它虽然也显现了其背后的"無",但是,"有"的地位逐步让位于"無","無"成为了更高、更为根本的内容;"無"不再是"有"的不在场,而是成为了比"有"更为可靠的"有";"無"甚至能够成为"有"的主宰,"無"能生"有"。

由此可见,在"亡"之后,人们之所以还要创造出一个"無"字来表达无的含义,并不是人们的心血来潮,而是因为人们对"无"的认识和理解已经进入到了一个新的阶段,所以"無"字便应运而生。与此相似,随着人类抽象思维能力的进一步发展,当"無"也不能完全代表无的含义时,历史就需要有新的文字来反映人类的新的思维水平,于是"无"字也应运而生。它是对"無"的补

---

① 庞朴:《谈玄说无》,《光明日报》2006 年 5 月 9 日。

充和纠正——因为"無"虽然为"有"背后的"无",但它实际上是"有"背后的"有",即"無"还是"有""无"相对待的"無",也就是说,这个"无"完全可能变成另外一种"有",所以这个"無"还不是纯粹之"无"、绝对之"无"。

综上所述,在"无"作为概念被创造出来时,人们关于"无"的意识实际上已经经历三个发展阶段:第一个阶段是与"有"相对的"无"的意识阶段,人们从现实经验出发,发现了"有"之外的"无",这个"无"是形而上的"无"("亡");第二个阶段是超出了"有"的抽象的"无"的意识阶段,随着人类抽象思维的发展,人们发现了"有"之上的"无",这个"无"是形而上的"无"("無");第三个阶段则是超出了作为"有"的"无"的意识阶段,即"无无"的阶段,这个"无"是绝对之"无"。

具体到庄子之中,"无"共出现了 800 余次,其中,既有与"有"相对的形而上的"无",它表现为"物"之"无";也有作为名词出现的形而上的"无",它表现为"道"之"无";还有作为动词出现的绝对之"无",它表现为"道"之"无"的自我否定。

(一)形而下的物之"无"

对于人而言,他所直接面对的无疑是一个"有"的世界,人首先有身体,然后有身体的基本需求——身体性的欲望;其次,作为社会性的人,人还有非身体性的欲望,如对功、名、情等的需求;除此之外,人还有欲望的欲望即贪欲——即人生天地间,他的现实存在就呈现为"有":有形、有欲、有己、有功、有名、有情等。

但是,对于庄子而言,他所强调的正好是"有"的对立面——"无",即"无形"("察其始……本无形"《至乐》)、"无欲"("同乎无欲,是谓素朴"《马蹄》)、"无己""无功""无名""无情"("惠子谓庄子曰:'人故无情乎?'庄子曰:'然'"《德充符》)等。显而易见,这里的"无形""无欲""无情"等是与有形、有欲、有情相对的,所以这里的"无"也就是与"有"相对的"无",是一种形而下的"无"。因此,这里的"无"与其说是一种动词性的否定,毋宁说是一种名词性的存在状态。

在庄子看来,首先,从始源上讲,人原本为"无"(无形),所以人之死就是回归于"无",因此我们不能执着于"形";同时,我们也不能拘囿于"形",而应该忘(超越)"形"——就现实而言,人虽有形,但是却不能以"有"为"有",只有当我们忘记这种"有"——即超越("无")形时,我们才不会被形所缚,同时也不会人为地去束缚形,因此唯有"无"形才会让"形"成为自身。在此意义上,人如果要复返自身的本性,就要"无形"——不执着于"形"、"忘"自然之"形"。正是因为如此,在《庄子》中,那些得道之人在形体上往往是被"无"所规定的,他们或者是有形体的残缺,如叔山无趾、闉跂支离无脈等;或者干脆是无形体可言的,如无有、伯昏无人等——庄子无非是强调,一方面,人不要执着于形体,另一方面,人要"忘"(超越)自然之"形",而不要拘囿于形体,这样才能达到"逍遥游"和"至乐"的境界——得"道"。其次,人原本还是素朴的,并没有人的基本生理需求之外的欲望,当然就更没有欲望的欲望——贪欲。再次,如果说情感也是人的一种需求的话,那么情感也是人的一种特殊的欲望,对于人为的情感,庄子所持的也是一种否定的态度,对于自然的情感,庄子则认为我们不能否定它们,但是也不能囿于它们,而是要"忘"(超越)它们,以达到天地之情的境界——即"道"之"淡""漠"的境界。这不仅表现在他与惠子的对话中,而且还表现在他对各种具体的情感的态度上,如"至乐无乐,至誉无誉"(《至乐》),"至仁无亲"(《庚桑楚》)等。

如果说"无形""无欲"等"无"都属于人的存在性之"无"的话,那么庄子还强调了人的思想性之"无"——即"无知"("夫至德之世……同乎无知,其德不离"《马蹄》),以及与之相关的"无思"、"无虑"("德人者,居无思,行无虑,不藏是非美恶"《天地》)等。在它看来,人原本是"无知"的,本没有是非、善恶、美丑的分别之心,所谓的"知"只是人主观地"谋""思""虑"的结果,所以人如果要回到本性自然的"至德之世",就要反对人为之"知",即反对那些源于主观欲望、主观意愿的"知",同时也要"忘"那些自然之"知",以达到"道"之"愚"的境界。

在存在、思想之外,庄子还强调了语言之"无",即"无言"("无言而心说,此之谓天乐"《天运》)、"无辩"("是若果是也,则是之异乎不是也,亦无辩"《齐物论》)、"不议""不说"("天地有大美而不言,四时有明法而不议,万物有成理而不说"《知北游》)等。人不仅是无知的,而且是无言的,"知者不言,言者不知"(《天道》),真正的智者之所以是无言的,是因为他原本就处于"无知"的原初状态之中,他本无可言,反过来,如果他言说,则表明他已经远离了自身,如此一来他就不再是智者了,所以"言者不知"。也就是说,"无言"正好符合了人的自然本性,不仅于此,它还符合了"天地""万物"的本性,正是在这个意义上,人与天合,获得"天乐",所以"无言"而"心说"。因此,"无言"首先意味着要反对人为之言,即反对那些源于主观欲望、主观成见、主观情绪的言;其次它还意味着要忘言,即忘记那些作为工具的"言";最后它意味着"道"的沉默,正是基于此,我们才能说人的本性是"无言"的。

正是因为人被"无"所规定,所以在《天地》中,"黄帝游乎赤水之北……还归遗其玄珠。使知索之而不得,使离朱索之而不得,使喫诟索之而不得也。乃使象罔,象罔得之。"(《天地》)在庄子看来,人如果要得道("玄朱"),首先不能依靠"知",因为人原本就是"无知"的;其次也不能依靠感官("离朱"),因为人原本是"无形"的;最后也不能依靠言辩("喫诟"),因为人原本是"无言"的。相反,他需要做的,首先就是要否定或忘却"知""离朱""喫诟"的存在,即否定或忘却这些"有",在"无"的状态中,他才能得"道"——返回"道"。

这样,庄子从存在、思想、语言三个方面规定了人生在世的"无"的状态。当然,这种"无"是与人生在世之"有"相对待的,这还只是一种形而下的"无"。

(二)形而上的道之"无"

"有有也者,有无也者。"(《齐物论》)如果说作为名词的"有"可以分为形而下的"有"和形而上的"有"的话——所谓形而下的"有"指的是世间具体存在的万有,而这里的作为名词的"有"很显然并不具体指向某物,所以它是形而上的"有",那么与之类似,这里的"无"也不指向某一种具体的存在状态,所以此处作为名词出现的"无"不再是形而下意义上的"无",而是更具有普遍意义的形而上的"无"。

对于这种"无",庄子明确赋予了其至高无上的地位,"泰初有无,无有无名。"(《天地》)这既不同于西方"太初有言"的思想,甚至也与老子的思想产生了一丝微妙的差异——虽然老子思想也强调了"无"对于道的重要性,但是只是到了庄子这里,它才明确地提出了"泰初有无"的说法。

作为始源的"无",因为不可能还有一个"有"与之相对,所以它也不可能是形而下意义上的"无",否则它就成为了一个"有",所以它只能是形而上意义上的。而且,因为它不是一个"有",所以它也不可能被命名,因为一旦被命名它就成为了一个"有",所以"无有无名"。

（三）绝对之"无"

但是,在《庄子》中,即便是形而上的道之"无",它也不是最高或最后意义的无,因为在"无"之后,还有"无无"。这个"无无"就是绝对之"无",即道之"无"的自我否定。

"予能有无矣,而未能无无也;及为无有矣,何从至此哉!"(《知北游》)对于光曜而言,他能达到"无"的境界,但是却不能像无有那样达到"无无"的境界,原因就在于,他将"无"作为一个新的目标——即另外一个"有"去追求,所以"及为无有矣"。因此,对于庄子而言,真正的"无"是绝对之"无",是不能成为"有"的"无";这个"无"不是名词性的,而是动词性的。

无独有偶,在《庚桑楚》中,庄子用"无有一无有"的表述再次强调了这种"无无"的思想:"天门者,无有也,万物出乎无有。有不能以有为有,必出乎无有,而无有一无有。"对此,宣颖解释为"有不能生……必生于无……并无有二字亦无之,乃众妙所在也"。① 林希逸也有类似的解释:"有不生于有,而生于无,故曰有不能以有为有,必出于无有。而此无有者,又一无有也,故曰无有一无有。"②

除此之外,《齐物论》还从万物起源的角度再次证明了这种"无无"的思想,"有有也者,有无也者,有未始有无也者,有未始有夫未始有无也者。"即这个源头既不是"有",也不是"无",而是"无无",甚至是"无无无"乃至于无限。

总之,这个"无"是动词性的"无",虽然在它之后,还可以延伸出无限多个"无"来,但是我们可以统称之为"无无"。

二、为何"无"

那么,在大千世界之中和之外,庄子为何要强调"无"的重要性,并且把它放在"有"之上,成为至高无上的乃至可以规定"道"的存在呢?

(一)为何要有形而下的物之"无"

1. 否定人为之"有"

"有"不仅可以分为形而上之"有"和形而下之"有",而且可以分为自然之"有"和人为之"有"。所谓自然之"有"就是本然存在并因此而合乎本性的"有",与之相反,人为之"有"就不是人的本然存在,而是越过了自身的边界并因此而可能伤害人的本性的"有"。庄子所谓形而下意义上的"无",首先就是针对这种人为之"有"而言的,如"有形"("所苦者……形不得美服"《至乐》)、"有"欲("其耆欲深者,其天机浅"《大宗师》)、"有"情("吾所谓无情者,言人之不以好恶内伤其身"《德充符》)、"有"知("故天下每每大乱,罪在于好知"《胠箧》)、"有"言("夫两喜必多溢美之言,两怒必多溢恶之言"《人间世》)等。

人们所需要的不再是"形""欲""情""知""言"自身,而是超出("好"

---

① 宣颖:《南华经解》,曹础基校点,广东人民出版社2008年版,第163页。
② 林希逸:《庄子鬳斋口议校注》,周启成校注,中华书局2009年版,第364页。

"溢")它们之外的"美服""奢欲"等,这种远离自身的世俗人为之"有"最终不仅不会对自己有益,反而会伤害自己——"天机浅""内伤其身",而且会伤害"天下"——"天下每每大乱"。

在这个意义上,我们可以说正是"无"让"有"成为了"有",即"无"让"有"保持在自身的边界之内,而不是越过自身的边界,成为非己的存在——这意味着正是"无"保存了、守护了"有"。

2. 超越("忘")自然之"有"

如果说《庄子》中形而下的"无"首先针对的是人为之"有"的话,那么对于与之相对的自然之"有",庄子之"无"又是如何言说的呢?

对于庄子而言,自然之"有"自身也包含着一种"有"与"无",这种"无"具体表现为"有"的隐藏和缺失。"堕肢体,黜聪明,离形去知,同于大通,此谓坐忘。"(《大宗师》)就现实而言,"形"是原本存在的,所以"离形"不可能是离开形体、抛弃形体,而是说人让"形"隐藏起来了,这种隐藏就表现为"忘",忘了形体也就是说形体被隐藏起来了,它似有实无,似无实有。在《庄子》中,除了"忘",这种隐藏还表现为"外""丧"等,如《大宗师》所讲的"外天下""外物""外生"等——这并非指要消灭它们,而是说让它们在我们心中隐藏起来,即忘掉它们,这样它们就不会扰乱我们的心灵,进而我们才能"朝彻""见独""无古今""不死不生"。

当然,"形"除了被隐藏,还有一种可能性就是由真"有"变成真"无",即有形之物的由生到死的转变——这甚至是"形"在所有的可能性中所具有的最大的可能性。这时事情就不再是"形"的隐藏,而是"形"的缺失——这种缺失或者是"形"的夭折("中道夭"),或者是"形"的完结("终其天年")。因此,如果说隐藏是一种假无的话,缺失就是一种真无。"形"作为一种"有",它的缺失意味着一种"无",这实际上是向"形"的原初形态复返的过程,即万物从"无形"到"有形",最后又返回"无形"的过程。对于庄子而言,这是一个自然的过程。

总之,自然之"有"的存在虽然是合理的,但是从根本上讲,一方面,人不只是动物性的存在者,人之为人,还要超越这种动物性的存在——即超越"有"自身的"有",而达到"有"之"无",这个过程就不是表现为否定的过程,而主要是表现为"忘"或"外"或"丧"的过程,也即隐藏的过程;另一方面,自然之"有"的存在本身就意味着其"无"的存在,这既是其所具有的一种可能性,也是其所具有的最大的可能性,即天命所归。

在这个意义上,正是"无"完全实现了"有",让"有"的内涵得以完成。

3."无"中生"有"

自然之"有"除了自身所包含的"有"与"无"之外,其本身作为一种"有"还与它之外的世界构成了另外一种"有"与"无"的关系。也就是说,"无"既可以理解为"有"的缺失,也可以理解为"有"的隐藏,而且可以理解为"有"的补充或共生形态。如果说隐藏之"无"只是"有"自身所包含的"有"与"无"——一种可能性的"无"的话,共生形态的"无"则是在"有"之外的"无"——一种必然性的"无"。

这种必然性就表现为一个"有"的世界必然要和它之外的"无"的世界一起才能共同构成一个世界整体,如"形""声"就必然要和"无形""无声"一起才能共同形成一个形和声的世界,因为如果只有"形"而没有"无形"的话,"形"将无处安放,如果只有"声"而没有"无声"的话,"声"将无处发声。因此,世界有一个"有",就必然存在一个"无"。如果没有"无","有"就失去了其依托,从而也就不成其为"有"了。正是在这个意义上,我们说"无"中生"有",这意味着"无"让"有"成为了"有"。

只是在这种共在的"有""无"中,常人所注重的往往是"有",庄子所强调的则是"无"。这不仅在于"无"中生"有",而且在于最大的"有"就是"无"。因为"有"的极致就是无边无界,所以大"有"就是"无"。正因为如此,在庄子看来,最大的快乐就是"无乐",最高的荣誉就是"无誉"("至乐无乐,至誉无誉"《至乐》),最好的言语是不言,最大的爱就是不爱("大辩不言,大仁不仁"

《齐物论》)。相反,"言辩而不及,仁常而不成"(《齐物论》),这是因为最大的爱既是爱无限,也是无限之爱,而人自身的局限性又决定了人之爱的有限性,以有限之爱去爱无限,这几近于不可能,故而"仁常而不成"。因此,最大的爱不能是有爱,如果不能是有爱的话,那么我们就只能保持在"无"之中。因为只有保持在"无"之中,我们才能做到虚而待物,而只有虚而待物,我们才能超越自身的局限性,包容万物,从而实现最大的"有"——"无"——"性修反德,德至同于初。同乃虚,虚乃大"《天地》。

因此,"无"不仅能让"有"成为"有",而且能让"有"成为最大的"有",即"无",这是"无"让"有"成为其自身的完整含义,并因此也是"无"中生"有"的完整含义。

(二)为何要有形而上的道之"无"

如果说形而下的"无"一方面是为了否定世俗人为之"有",另一方面是为了忘掉自然之"有"或者说它就是自然之"有"的天命所归,再一方面是为了"无"中生"有"、补充由"有"所构成的世界、弥补"有"的局限性,那么,形而上的道之"无"又究竟如何可能的呢?

如前所述,这首先是因为,在《庄子》中,"道"是以"无"的形态存在的,它"无形""不可受""不可见""不可闻""不可言""不可名",同时它"无情""无仁""无乐""无为""无知""无言"……之所以如此,又是因为"道"本性"虚静""恬淡""寂寞""冥暗""愚""沉默"……前者是从否定方面言"道",后者则是从肯定方面言"道"。因此"无"就是"道"的本性,或者说"道"是被"无"所规定的,

也正是因为如此,"道"因为其"无"而成为其自身,"夫道,于大不终,于小不遗,故万物备,广广乎其无不容也,渊渊乎其不可测也。"(《天道》)"道"之所以能够"于大不终,于小不遗,故万物备",就是因为其"广""渊",而它之所以能够如此"广""渊",则在于它的"无",因为任何"有"都是有边界的,只有

"无"才能无"终"无"遗"、无边无际;也正是因为"无","道"才能为万物腾出空间,以至于"无不容""万物备"。正是在这个意义上,庄子认为"道"的真正的"精""极"就是"无","至道之精,窈窈冥冥;至道之极,昏昏默默。"(《在宥》)郭象认为"窈冥昏默,皆了无也"①,即所谓"窈窈冥冥""昏昏默默"就是一种"无"的状态和表现,大道之为大道,就是因为其"无"。

也正是因为"道"被"无"所规定,而"道"又存在于万物之中,乃至于成为万物之规定,所以实际上万物也是被"无"所规定的。因此,形而下的"物"之"无"实际上是来自于形而上的"道"之"无"。也正是因为万物被"无"所规定,所以保持在"无"的状态中乃万物之本。"夫虚静恬淡寂漠无为者,万物之本也。"(《天道》)所谓"虚静""恬淡""寂漠""无为"实际上都是"无"的一种具体的形态。

因此"无"是人乃至万物的最为本质的存在状态,只是当他们失去这种状态之后,"无"才对这种"失去"进行否定——即"无"首先是存在性的,然后才是动词否定性的。

其次,"道"源于"无",即"泰初有无",也正是因为这种本源性之"无",所以庄子才能说"察其始而本无生,非徒无生也而本无形,非徒无形也而本无气"(《至乐》),在他看来,"有"一开始原本是没有生命的;不仅没有生命,连承载生命的形体也没有;不仅没有形体,连和合生成形体的气也没有,因为其"始"——"泰初"所有的只是"无"。所以,从逻辑上讲这个顺序应该是由"无"生"气",由"气"生"形",由"形"生"生"。因为"气"是一种特殊的存在,它介于"有"与"无"之间,既是一种特殊的"有",也是一种特殊的"无"——它无形无色无味,为我们的感官所感觉不到,所以它是一种"无";但是它确实又是存在着的,且为人所不可或缺,所以它又是一种"有"。正是因为"气"的这种特殊性,一方面使它成为了无与有之间一个通道;另一方面也使它和"道"

——————————

① 郭象注,成玄英疏:《庄子注疏》,曹础基、黄兰发点校,中华书局 2011 年版,第 208 页。

具有了一定的类似性,所以在《庄子》中,"气"成为了几近于"道"的存在,"通天下一气耳。"(《知北游》)如果说"道"神妙莫测,人无法认识的话,"气"则似无实有,是人的认识能力所能达到的。所以庄子可以通过可知的"气"来说明不可知的"道"。

因此,如果说从宇宙论的角度来看,"道"起源于"无"的话,那么从本体论的角度来看,"道"则被"无"所规定。

(三)为何要有绝对之"无"

如上所述,所谓道之"无"的自我否定实际上就是"无"的自我否定,即绝对之"无"。从根本上讲,绝对之"无"是形而上之"无"的一种,虽然如此,它却是真正的形而上之"无",也是真正的"无"。因为它不仅要否定与"有"相对的形而下之"无",而且要否定形而上之"无"中有可能成为新的"有"的"无",也就是说它不仅要否定"有",而且要不断地否定自身,正是"在无自身的自我否定中,无一方面保持了与自身的同一,另一方面也确定了与自身的差异。于是,无自身的否定正是无最本原性的生成。在这种意义上,无自身不是死之无,而是生之无,这样它才是道的本性"。①

只是对于"无"而言,这里的"生"不再是生活世界中生殖意义上的生,而只是让,它腾出空间,让"有"聚集而"生"。"人之生,气之聚也;聚则为生,散则为死。"(《知北游》)在庄子看来,人只是作为"有"的"气"的聚集而已,"气"聚集起来就有了人的生命,"气"离散而开就有了人的死亡,那么是什么让"气"的聚集和离散成为可能的呢?"气也者,虚而待物者也。"(《人间世》)"气"之所以能够如此,是因为它的"虚"(即作为"无"的"气"),而"虚是道的无的本性的一种形态"②,因此归根结底,正是"无"为"气"的聚集腾出了空间,从而让"生"成为可能。

---

① 彭富春:《论中国的智慧》,人民出版社 2010 年版,第 157 页。
② 彭富春:《论中国的智慧》,人民出版社 2010 年版,第 159 页。

同样的道理，"天不产而万物化，地不长而万物育，帝王无为而天下功。"（《天道》）"万物"之所以能够"化""育"，"天下"之所以能够"功"成，就是因为天"不产"、地"不长"、帝王"无为"，也就是说，是因为天、地、人保持在"无"的状态之中，正是这种"无"为万物、为天下的活动腾出了空间，从而"让"它们化育生长乃至功成，推而论之，万物之自然本性实际上是"无"让出来的，并且让其成为其自身。

综上所述，庄子之所以强调"无"，从形而下的角度而言，它是为了否定人为之"有"，忘掉自然之"有"或者说它就是自然之"有"的天命所归，并且让"有"成为"有"乃至于"无"；从形而上的角度而言，它为形而下之"无"提供了基础和源泉；在最高和最后的意义上，"无"不仅可以因为其无"有"，所以能泰然让之；而且能依靠其"无"，为万有腾出空间，让之生长；最后，因为它的自我否定，所以让其自身乃至整个世界生生不息。

因此，庄子之"无"的现实意义也可以分为三个方面：就形而下之"无"而言，它可以依靠其对世俗社会之"有"的否定，而使其远离现实的功利性而始终保持其批判性的本质；就形而上之"无"而言，它在"有"之上给人提供了另一个更为广阔的意义空间，从而使得人能够超越"有"的世界而具有了更为高远的人生境界；就绝对之"无"而言，它作为"道"之"无"的自我否定，从而使其自身成为了最本原性的生成，它让人和世界生机勃勃、生生不息。

第二节　存在性之"无"——"不仁"

一般而言，哲学有三个基本主题：存在、思想和语言。因为"物"之为"物"，它首先必须是存在着的，我们无法去探讨一个不存在之"物"。其次，这种存在着的"物"还必须经由人的思考和沉思——思想（知），它的本性才能显现出来，也即"物"的真实、真相、真理才能显明出来，其存在才有意义。最后，思想也需要语言的显明，它才可以被理解，否则思想也将处于无明之中。

基于这种理解,我们将《庄子》中的"无"("无欲""无形""无情""不仁"
"无亲""无用""无心""无乐""无誉""无忧""无穷""无涯""无极""无始"
"无终""无常""无声""无私""无作""无古今""无有""无己""无功""无名"
"无知""无思""无虑""无言""无辩"……)又具体地分为三类:存在性之
"无"——如"不仁""无欲""无形""无情""无亲""无乐""无誉""无忧"等;
思想性之"无"——如"无知""无思""无虑"等;语言性之"无"——如"无言"
"无辩""无声""不议""不说"等。

当然如果就广义的存在而言,它实际上也包括思想和语言,甚至包括
"无"。但是这里的"存在"指的不是广义的存在,而是指与思想和语言相对的
"存在",或者说是被思想和语言所显现和照亮的"存在",在此意义上,它主要
指的是人的存在,这具体包括人的欲望、情绪、情感等——对于庄子而言,这种
被思想和语言所显现、照亮的人的存在就是人的本性的存在——即"不仁"
"无欲""无形""无情""无亲""无乐""无誉""无忧"……

其中,就存在形态而言,庄子之"无"集中地表现在"不仁"("无仁")中。
我们之所以选择"不仁"进行分析,是因为《庄子》文本对"不仁"或"仁"的论
述和分析是最多、最着意的,"不仁"最集中、最充分地体现了庄子之"无"的思
想,因此它是最有代表性的。

"夫大道不称,大辩不言,大仁不仁……道昭而不道,言辩而不及,仁常而
不成。"(《齐物论》)

所谓"不仁",陈鼓应解释为"没有偏爱"①,这意味着"仁"在此指的不是
爱自身,而是一种偏爱,"不"则是对这种偏爱的否定,因此"大仁不仁"就意味
着大仁是普照天下而没有偏私的,正是在此意义上,庄子又提出了"至仁无
亲"的思想。

郭象和成玄英则认为"仁"在此指的不是偏爱,而是爱,但这种爱不是自

---

① 陈鼓应:《庄子今注今译》,中华书局1983年版,第78页。

然而然之爱,而是含有主观意愿和意志的爱,"不"就是对这种主观之爱的否定,"皆自尔耳,亦无爱为于其间也,安所寄其仁义……至如素秋霜降,碎落万物,岂有情断割而为义哉? 青春和气,生育万物,岂有情恩爱而为仁哉? 盖不然而然也"①。因此"大仁不仁"被理解为"无爱而自存也",即认为大仁不是有意之爱,而只是自然而然的存在。

林希逸、刘凤苞提出了第三种解释,认为仁是存在的,但它不是以"有"的形式存在,而是以"无"的形式存在,即"无仁之迹"——"无仁之迹而后为大仁"②、"仁自浑全,无仁之迹"③。基于此,"大仁不仁"在这里就意味着大仁(爱)是没有痕迹的,我们不能将仁作为一个对象去追求。

这三种解释都不是空穴来风,因为它们都有《庄子》文本的依据。与其说它们是对"大仁不仁"的不同解释,不如说它们共同构成了对"大仁不仁"内涵的完整理解,也即对庄子仁学思想的完整理解。同时,因为庄子的"不仁"正好切中了孔子之仁的三大病症,所以"不"("无")正好是对这个意义上的"仁"的三重否定。

一、人的"不仁"

(一)否定人为之"仁"

1. 否定差等之爱

孔子之仁的问题首先在于,它是一种差等之爱。所谓"差"指的是差别,"等"指的是等级。孔子的仁爱首先是有差别的爱,即亲疏有别的爱,而不是一视同仁的爱——在此意义上,我们甚至可以说,孔子的仁爱是有所偏私的爱,而不是公正的爱;是有所偏狭的爱,而不是完全、完整的爱。其次,它还是

---

① 郭象注,成玄英疏:《庄子注疏》,曹础基、黄兰发点校,中华书局 2011 年版,第 154—155 页。
② 林希逸:《庄子鬳斋口义校注》,周启成校注,中华书局 2009 年版,第 36 页。
③ 刘凤苞:《南华雪心编》,方勇点校,中华书局 2013 年版,第 49 页。

一种有着上下尊卑等级的爱,而不是平等的爱,基于此,它特别强调了下对上的爱——即孝悌的思想,甚至将其作为"为仁"之本,而与之相对,上对下的爱则没有被突出出来。

这种差等之爱就来自于孔子之仁所建基的现实性需求及其功利性基础——孔子为了恢复周礼,创造性地提出了以仁释礼的思路,在他看来,人们之所以将礼作为人的生活世界的基本规定,不再是因为对原始巫术礼仪中的至上神的敬畏,也不是因为此后出现的与我们有关却不在场的祖先神或祖先,而是基于对与我们朝夕相处的父母的敬爱。即在父母去世之后,我们之所以要有"三年之丧",是因为在我们出生之后,有父母的"三年之养"。推而论之,我们不仅有父母的养育,而且有兄长的扶持,故而我们不仅要孝,而且要悌;不仅要孝悌,而且还要"泛爱众";不仅要"爱人",而且还要爱物——就是因为在我们的生命成长过程中,他们或它们都或多或少地帮助过我们,所以我们要"爱"他们或它们。

但问题在于,现实中我们所获得的帮助是有大有小、有多有少、有重有轻的,所以我们对他们的爱也就相应地具有了一定的差异性。归根结底,爱之所以有差等,原因就在于被爱有差等。

这种解释看似合情合理,但是却忽略了一个问题,即当爱父母和爱他人之间发生冲突的时候,我们应该怎么办?按照孔子的逻辑,他会毫不犹豫地选择前者——其极端形态就是"亲亲互隐",这是因为父母对我们的帮助是最大、最多、最重的。但是这种"亲亲"虽然维护了亲情,却可能损害正义;它在爱我们的父母时,却可能伤害他人。所以它虽然合情,却不合理。它虽然也强调"泛爱众""四海之内皆兄弟",却是有前提的。因此,这种爱不是平等的爱,而是有差等的爱。

这种差等之爱不仅表现在人与人的差别上,而且表现在人与物的差别上,即孔子虽然也强调爱物,如"子钓而不纲,弋不射宿"(《论语·述而》),表现出他对幼小生命的独特的关怀,但是在爱物和爱人之间,孔子首先考虑

的还是爱人,而不是爱物,"厩焚,子退朝,曰:'伤人乎?'不问马。"(《论语·乡党》)

也就是说,虽然孔子之仁包含了亲亲、仁人、爱物三个方面的内容,但是在实践过程中,他对这三个方面并不是一视同仁、等量齐观的,其中,亲亲优先于仁人,仁人又优先于爱物,进而由这种优先性导致一种私爱和偏爱就顺理成章了。从本质上讲,这种爱是一种以"我"为中心或者以扩大化的"我"为中心的爱,是一种偏狭的爱。因为这种偏狭,它在爱一物之时,必然会对另一物造成不公,所以这种仁在带来爱的同时,也必然会带来恨,世界于是纷乱不堪——"夫利于彼者或害于此,而天下之彼我无穷,则是非之竟无常……故行仁履义,损益不同,或于我为利,于彼为害,或于彼为是,则于我为非。是以从彼我而互观之,是非之路,仁义之绪,樊乱纠纷……"①

正是基于此,庄子才反复强调"有亲,非仁也""至仁无亲"。如果仁只是一种私爱的话,这种爱就不能代表真正的仁。因此,当商大宰荡问仁于庄子时,"庄子曰:'虎狼,仁也。'曰:'何谓也?'庄子曰:'父子相亲,何为不仁?'曰:'请问至仁。'庄子曰:'至仁无亲。'"(《天运》)庄子首先认为虎狼和人都有亲情,所以如果亲情就是仁爱的话,那么虎狼和人一样也具有仁爱——这实际上与孔子的仁学思想大相径庭,因为在孔子看来,仁不仅是得道之人和无道之人相区分的界限,而且是人与动物相区分的界限——动物是无所谓仁与不仁的,只有人才有仁;而在人中,也只有得道之人才怀有真正的仁,无道之人是没有仁的。据此,庄子以孔子之矛攻击孔子之盾,指出了孔子仁学思想的内在矛盾,并显明了自己的思想:亲情还不是至仁。

当然,这并非意味着我们要否定亲情,而只是说亲情还没到达至仁之境,它还不能代表至仁,"大宰曰:'荡闻之,无亲则不爱,不爱则不孝。谓至仁不孝,可乎?'庄子曰:'不然,夫至仁尚矣,孝固不足以言之。此非过孝之言也,

---

① 郭象注,成玄英疏:《庄子注疏》,曹础基、黄兰发点校,中华书局2011年版,第95页。

不及孝之言也.'"(《天运》)亲情只是仁的一部分,而且只是层次比较低的一部分,因为这种亲情只是来自于人的与生俱来的血缘情感。从否定方面而言,如果我们否定了这种血缘之爱,那么人禽兽不如;从肯定方面来讲,如果我们将这种爱当成仁,那么人就如同禽兽。所以庄子强调"夫至仁尚矣,孝固不足以言之"。

在这种语境下,庄子的"不仁"就意味着:否定差等之爱,而"大仁不仁"则意味着:真正的仁是没有偏爱的。

2. 否定主观之爱

孔子之仁的另一内在缺陷在于,它是人为之爱,而非自然之爱,它带有一种强烈的主观意愿和意志。这种主观性突出地表现为:它是一种推己及人、以己度人的爱,这表现在"夫仁者己欲立而立人,己欲达而达人"(《论语·雍也》)的表述中。但孔子只看到了人与人之间的同一性,而忽视了他们之间的差异性。如果说孔子强调的是"己所不欲,勿施于人"的话,庄子则强调"己之所欲与无欲,都勿施于人"。

也正是这种强烈的主观意愿和意志使得孔子之爱天然地具有一种强制性——以行仁为是、以不行仁为非,从而对人构成了一种有形或无形的压制和束缚,"这种仁义荒谬不堪,因为它以应为的形式出现,成为要求的对象;然而爱则是不能要求的,通过要求而得到的爱,只会造成不幸与痛苦,它与人本性的心地善良相悖,它玷污善良的纯洁,并破坏它的直接性。因此鼓吹仁义的那些人天天靠抱怨世道之恶度日,正是他们破坏了万物的整体性和真实性"①。这样一来,于己、于人、于物,孔子之仁都对其构成了一种伤害。

首先,这种伤害表现为孔子之仁对仁爱者自身的强制,进而扰乱其心性。"夫孝悌仁义,忠信贞廉,此皆自勉以役其德者也"(《天运》),"德"在这里不是指孔子意义上的伦理道德,而是指人得之于天的本性,从庄子的角度来看,

---

① [德]马丁·布伯:《道教》,载夏瑞春编:《德国思想家论中国》,陈爱政等译,江苏人民出版社1996年版,第209—210页。

人应该顺其本性。但是孔子却正好相反,他要"自勉"以行仁义,"勉"是指力所不及而强作之义。庄子认为这就是人为对象所役,"德"为仁所"役"。于是仁就成了劳苦人性、甚至是伤害人性的东西。这种仁不仅会内在地伤害仁者的自然本性,而且有可能会外在地伤及其生命。因为当所谓的仁爱现象发生时,仁者往往会站在一个伦理道德的高地上,形成一种自我优越感,从而与被给予者形成一种不平等的关系,这种不平等甚至会形成前者对后者的心理压制,所以这种仁爱不仅不会让被爱者亲近仁爱者,反而会让被爱者远离仁爱者,从而远离真正的仁爱。"而强以仁义绳墨之言衒暴人之前者,是以人恶有其美也,命之曰灾人。"(《人间世》)庄子借孔子之口劝诫颜回不要用所谓的"仁"强行去行谏卫君,原因就在于颜回因为拥有"仁"所具有的优越感会对卫君构成一种压抑,从而惹恼卫君,最终不仅不会实现自己的目的,反而会危及到自己的生命。

其次,孔子之仁不仅会扰乱、伤害仁者自身,而且会扰乱、伤害他人。"尧谓我:汝必躬服仁义而明言是非。"(《大宗师》)对于孔子而言,人之为人必须要有仁爱之心、要行仁爱之事。而对于庄子而言却并非如此,因为人的本性并不在于仁义,而在于自然,人为之仁恰恰是对人的自然本性的扰乱与伤害。同时,也正是由于这个带有强烈的道德律令意味的"必",使得人不再是仁爱的主人,而成为了仁爱的奴隶。

再次,这种仁义不仅会扰乱个人的本性,还会扰乱天下人的本性,"自虞氏招仁义以挠天下也,天下莫不奔命于仁义。是非以仁义易其性与?"(《骈拇》)虞舜企图将仁义作为工具来要结人心、治理天下,诱使天下人都去追求超出了自然之性的仁义之名,这样一方面让天下人疲于奔命,另一方面也扰乱了天下人的本性和天性。故而,庄子认为"仁义……乱人之性也"(《天道》),不仅于此,"爱民,害民之始也"(《徐无鬼》),当我们怀着主观的意愿和意志而不是"民"自身的自然本性去爱"民"时,就会扰乱"民"的本性,乃至于伤害"民"的本性。因此在《应帝王》的结尾,南海之帝和北海之帝为了"谋报浑沌之德",按照自己的意愿,为浑沌开凿七窍,结果这种爱反而害死了浑沌。

最后,孔子之仁不仅会伤害人,而且会伤害物。在《至乐》中,鲁侯以"太牢""九韶"款待海鸟,结果最后害死了海鸟。庄子认为根本原因就在于,"此以己养养鸟也,非以鸟养养鸟也",真正的爱鸟是让鸟回归到大自然中,实现其自然本性,而不是正好相反,以人为的方式去干涉鸟的自然本性,这时"仁"反而成为了骈枝赘疣——"多方乎仁义而用之者,列于五藏哉,而非道德之正也"①。

因此在这种语境下,"不仁"意味着:否定人为之爱,而"大仁不仁"则意味着:真正的仁不是人为之爱。

3. 否定虚伪之爱

如果说差等之爱、主观之爱是孔子之仁的内在缺陷的话,那么虚伪之爱则是它的外在流弊。这种爱虽然不是出于孔子的本意,但是由于他提出了仁与不仁的区分与对立,将原本统一的世界人为地割裂开来,从而为虚伪打开了一扇堂而皇之的大门。

"君虽为仁义,几且伪哉!"(《徐无鬼》)在庄子看来,孔子之仁不仅是人为的行为,而且是接近于虚伪的行为。之所以如此,是因为仁作为一种爱,它可以给所爱的对象一种心灵的抚慰,所以"夫民不难聚也,爱之则亲,利之则至,誉之则劝,致其所恶则散"(《徐无鬼》)。同时,仁不仅可以让人产生亲近之情,而且可以依靠这种由之所产生的亲近之情给统治者带来实际的利益——"聚"民。统治者仁民、利民则民"聚",反之民则"散"。所以统治者为了"聚"民而行仁,如有虞氏"藏仁以要人",陈鼓应认为"藏"在这里为"标榜"、"要"为"要结"②之义,即有虞氏之所以标榜仁,是因为他要结人心。

---

① "仁义乃性命之骈枝赘疣,非道德之本然也……【补】归震川曰:凡有所增减造作,无论善恶,皆失性命本然之正也。"(刘凤苞:《南华雪心编》,方勇点校,中华书局2013年版,第208页)

② 陈鼓应:《庄子今注今译》,中华书局1983年版,第213、212页。

如果是这样的话,这就意味着统治者行仁并不是出乎爱本身,而是出于功利目的,此时仁就成为了一种伪,"爱利出乎仁义,捐仁义者寡,利仁义者众。夫仁义之行,唯且无诚,且假乎禽贪者器"(《徐无鬼》),在庄子看来:第一,在现实生活中,仁不仅可以给予人以"爱",而且可以给予人以"利";第二,然而,就仁的本性而言,它只相关于"爱",而不相关于"利",所以出乎"爱"的仁为"诚",而出乎"利"的仁则为"无诚";第三,"无诚"就是伪,这种出乎"无诚"的仁不仅是人为的行为,而且是虚伪的行为,它的目的不是舍弃自己而奉献仁爱,而是要从虚伪的"仁爱"中获取利益;第四,在现实生活中,真正出乎"诚"的仁是"寡"的,而出乎"无诚"的仁是"众"的——"禽贪者"。

因此,虚伪之仁的实质是将仁作为一种工具来满足自己的贪欲。而且这个工具不仅可以被统治者加以利用,还可以被阴谋窃取统治权力的人加以利用,"为之仁义以矫之,则并与仁义而窃之"(《胠箧》),统治者本来是用仁义来矫正时弊,但是窃国者却连同仁义一起盗窃去了,仁义反而成为了其作恶并维持其恶的工具。而且不仅是仁,包括一切"美德",在庄子看来都会有此可能——"凡成美,恶器也"(《徐无鬼》),凡是能够成就美名的东西,在一个虚伪的世界中,都会成为作恶的工具。这是因为在分裂世界中,并不存在本源性的美,美只存在于统一之中。

最后,人们不仅可以将仁作为一种可资利用的工具,还可以将它作为一种有形的实体去追求。但仁只是一种由衷的情感,只相关于人的存在本身。它所依靠的是人的内在体悟,而非某种外在的、形式上的追求,所以当人们将仁作为某种外在的实体和对象去追求时,不仅不会得仁,反而会被其所缚。

因此,真正的仁是以"无"的形态出现的——它不仅"无私",而且"无为",同时也"无形"。它虽然存在,却并不为人所意识。相反,当它在我们的意识中被突出出来时,这种爱就不再是"大仁"了——这或者是因为这种爱有意地突出了自身,并因此而成为了一种不自然乃至居心叵测的爱;或者是因为这种爱无意间遮蔽了我们对自己本性的实现和完成的感觉,从而破坏了我们的真实感和统一感。总之,"被意识的爱是爱的破绽的开始。"①

在此意义上,"大仁"就是"无"仁,而孔子之仁之所以能够被否定,从根本上讲,也是因为"大仁"原本是被"无"所规定的,在"无"中仁才能不被"有"所束缚,"在'无'境中我们可以无阻地成长入世,自由地逍遥游心。"②

所以,庄子之仁不可能是一种虚伪之爱,因为它既不是出于功利目的,也没有爱的痕迹,不是人所能够追求的对象。正因为此,它虽然"利泽施于万世",而"天下莫知也"(《天运》)。同时,这种无迹之爱不仅存在于天对万物的爱之中,而且存在于万物之间的相爱之中,"相爱而不知以为仁"(《天地》),相反,如果两者之间存在着爱之痕迹——"相濡以沫",那么这种爱就还不是真正的爱。对于人与人而言也是如此,踩了他人的脚就会忙于道歉,踩了父母的脚却不道歉,真正的爱是没有痕迹(外在的仪节)的,爱之愈深,痕迹愈轻;爱之愈浅,痕迹愈重。

在这种语境下,"不仁"意味着:否定虚伪之爱和作为"有"的爱,而"大仁不仁"则意味着:真正的仁爱既不是人的工具,也不是人们所追求的对象,这就从根本上要求它应该是没有痕迹的,因为"爱民之迹,为民所尚,尚之为爱,爱已伪也"。③

(二)超越自然之"仁"

天地之间除了存在着人为之仁外,还存有自然之仁,这种仁不是来自于人,而是来自于天,不仅人生而有之,而且虎狼也天性具有——如"父子相亲"。对此,我们不能否定它,但也不能局限于它,而是要超越它,要实现这种超越就需要"忘"——至仁忘亲,这意味着至仁超越了亲情。"以敬孝易,以爱

---

① [日]福永光司:《庄子:古代中国存在主义》,李君奭译,专心企业有限公司出版社1978年版,第82页。
② 吴光明:《庄子》,东大图书公司1992年版,第112页。
③ 郭象注,成玄英疏:《庄子注疏》,曹础基、黄兰发点校,中华书局2011年版,第592页。

孝难;以爱孝易,以忘亲难;忘亲易,使亲忘我难;使亲忘我易,兼忘天下难;兼忘天下易,使天下兼忘我难。夫德遗尧、舜而不为也,利泽施于万世,天下莫知也,岂直太息而言仁孝乎哉!"(《天运》)

第一,就亲情之爱而言,它不仅有亲疏、远近之别,而且有真假、诚伪之异——有的爱只是表现为形式上的"孝"——"敬",它出于外在的规范和仪则;而有的爱则表现为内心的"孝"——"爱",它出于内在的真情实感。前者只需要外在的遵守,后者则需要内在的培养,因此,前者"易",后者"难"。人如果心中有"爱",则自然会产生"敬"和"孝";但如果反过来,却并非如此,"人亲莫不欲其子之孝,而孝未必爱"(《外物》)。

第二,亲情之爱还只是一种狭隘的爱,而不是真正的仁,真正的仁要超越——"忘"这种血缘亲情。之所以"爱孝易"而"忘亲难",就在于这种爱一旦建立起来,要"忘"掉它并不容易——人必须超越自己的私心而不断地扩充自己,这是一个不断地与自身分离的过程。

第三,不仅"忘"亲难,而且让亲"忘"我更难。之所以如此,一是因为要忘掉亲情本身就"不易",特别是父母对子女的爱,这是一种与生俱有的情感;二是因为用世俗之爱去爱亲人容易,而用超越了世俗的爱去爱亲人则难,因为对于前者,亲人很容易感受到,对于后者,亲人则不容易感受到。所以,对于世俗之爱,亲人不容易忘掉;而对于超越了世俗的爱,亲人甚至都察觉不到。而这种被所爱的对象察觉不到的爱,在庄子看来,才是真正的爱,因为它排除了功利目的,是真正的给予。在这里,"使亲忘我"的"忘我"与其说是忘记我这个人,不如说是忘记我的爱——甚至不是忘记,因为忘记本身就意味着对方已经察觉到了我的爱,然后才能忘,而在庄子那里,真正的爱不是人为的,而是自然的,它本身表现为让,即让事物成为事物本身,在这个过程中,与其说爱表现为忘记,还不如说人根本就没有觉察到这种爱。这种爱在文学中的表述为"润物细无声"。因为"无声",所以人察觉不到,之所以如此,是因为这种"润"的行为完全是自然的,没有人为的目的和干预,它只是让物生长。

第四,对亲情的"忘",是要超越它的有限性,将其扩充为一种对"天下"的爱。所以不管是"亲忘",还是"忘亲",它们都还只是有限的忘,相比于"天下"之忘,它们都是"易"的——因为亲情只是生活世界里众多关系中的一种,忘记它,人还可以在其他的关系中寻找补充,但是忘天下就意味着我们不仅要忘亲情,而且要忘掉所有人与人、人与物之间的关系。只有彻底地忘记,人才能复返于道,这种爱才能从有限之中解放出来,成为无限之爱和爱之无限。

第五,"忘天下"虽不易,然而人还是可以凭借不断地自我修养来实现它。可是,如果要让"天下兼忘我",却是更为不易之事。因为我"忘天下"只是一己之事,它主要关涉到人的心灵;而"天下兼忘我"则关涉到天下和我之间的关系,天下之所以需要忘我,是因为我对天下存有一种主动的关系——我爱天下。所以"天下兼忘我"的完整含义就是天下忘记我的爱,如上所述,这里的"忘记"与其说是忘,不如说是察觉不到,因为我爱天下并不是要人为地改变天下,而只是让天下成为天下,所以这种爱是必然的,也是必须的。只因这种爱是自然地发生,所以百姓日用而不知,滋润万物而无声——"利泽施于万世,天下莫知也"。

第六,庄子之爱不是孔子的尧舜之爱——人为之爱,而是"不为"之爱,它任物无为,宛若"无"爱——"利泽施乎万世,不为爱人""泽及万世而不为仁"(《大宗师》),"夫白日登天,六合俱照,非爱人而照之也"①,"泽及万世"就是天地日月的本性,它们由此实现并完成其自身。因此从否定方面讲,庄子反对"为",反对人为地干涉;从肯定方面讲,它就是"任"和"让",让物自然生长成为自身。

综上所述,"不仁"之"不"具有两种含义:一方面,它指的是否定,即否定偏爱——爱"亲",这是因为"亲"在此指的是任人唯亲之亲,这是一种人为的行为,所以它不是真正的仁,不仅如此,在日常生活中它还会阻碍甚至伤害真

---

① 郭象注,成玄英疏:《庄子注疏》,曹础基、黄兰发点校,中华书局 2011 年版,第 129 页。

正的仁,所以我们要否定它;另一方面,它指的是忘记,即"忘""亲",这是因为对于"亲"的爱事实上又是一种自然的行为,所以我们不能肯定它,亦不可否定它,而是要超越它。

基于此,人只有"忘"仁才能让仁成为真正的仁,而且让它成为最高的仁——"至仁""大仁"。反之,人的仁不仅遮蔽他物,而且遮蔽自己,让其自身成为"不仁"。因此真正的仁是"不仁"——"不仁"是"大仁"的存在形态;真正的爱是不爱,不爱是大爱的存在形态。

二、道的"淡""漠"

而人的"不仁"之所以可能,在于道的"不仁"。这是因为道原本既无是非,也无爱与不爱,"是非之彰也,道之所以亏也。道之所以亏,爱之所以成"(《齐物论》),在此仁不仅不是得道的象征,反而是失道的产物——"失道而后德,失德而后仁"(《知北游》)。基于此,不是仁,而是"不仁"更切中道的本性,这种"不仁"表现为一种淡漠。

"夫虚静恬淡寂漠无为者,天地之本,而道德之至"(《天道》),在庄子看来,恬淡寂漠就像虚静无为一样,它是天地的本原和道的极致——天地既没有爱,也无所谓恨,既没有主观的意志,也无所谓人为的意愿,它只是依照事物自身的秩序自然运行,让自身隐去,让自然发生,因此它不是浓烈的,而是恬淡的;不是热情的,而是漠然的;不是喧嚣的,而是寂寞的;不是闭塞的,而是敞开的;不是躁动的,而是宁静的;不是有为的,而是无为的。

相反,由主观之爱所产生的热情则会导致一种偏离——它不仅会使对象偏离自身的轨道,而且会使自己偏离自身的完整和统一、宁静与平淡,两者之间互不干涉的淡然关系也会发生人为的改变。因此,"独那偏爱才是纷争之源,独那优宠才是有缺陷的。偏爱和优宠使自然运作失去其透明澄清,使事物之间合宜的分配因此混乱",在此意义上,不是仁爱,而是淡漠才是世界的本源和道的本性,"漠然的阶段就是一切之本源又是一切之终归",因为只有它才能"让生存内在的逻辑自然运作。"①

同时,唯有淡漠才能使事物完全敞开自身,让事物"自成于"自身的统一之中(统一意味着事物自身原本没有、因此也拒绝任何二元区分与对立),而不是"被成于"人们帮它在二元中作出的"正确"选择,这种"正确"因为是人为地分离、区分中的"正确",所以它不是事物的真相。基于此,事物(淡漠)拒绝一切外在的关心和操心——因为它们不是促成事物的统一,而是导致事物的分离;事物没有成于自身,而是在干涉中失去自身。因此不是热情而是淡漠,让事物成为自身。

当然淡漠并不意味着对世界的绝对冷漠——冷漠意味着人的心灵就像冰冷的石头,毫不关心、无动于衷;但是淡漠中的心灵却暗含温暖、温情脉脉,它只是"若"不关心、仿佛无动于衷,这种温暖就表现为它的"让"和"顺",它让事物成为事物自身。在此基础上,它与事物保持了一种若即若离又不离不即(若即却离,若离却即)的关系——它不远离事物,却从不干涉、打扰它们;它从不接近事物,却温暖了它们——而仁爱则只有即,没有离;冷漠则只有离,没有即。所以前者产生了扰乱,后者则丧失了温暖。故而庄子认为"虚无恬淡,乃合天德"(《刻意》)。

如果说淡漠是道的本性的话,道又显现在万物之中,所以淡漠也是万物的本性,"夫虚静恬淡寂漠无为者,万物之本也。"(《天道》)因此,作为万物之一的得道者也被淡漠所规定。"士成绮见老子而问曰:'吾闻夫子圣人也。吾固不辞远道而来愿见,百舍重趼而不敢息。今吾观子非圣人也,鼠壤有余蔬而弃妹,不仁也!生熟不尽于前,而积敛无崖。'老子漠然不应。"(《天道》)老子之所以以"漠然"回应士成绮,是因为士成绮的心中充满了成见和偏见——世俗之仁,当士成绮将之作为一种法则,而忘记了事情本身时,它就成为了一种束缚和限制,所以老子不能肯定他。同时老子也不能完全否定他,这在于对仁的

---

① [法]余莲:《淡之颂:论中国思想与美学》,卓立译,桂冠图书股份有限公司2006年版,第22页。

否定可能会使事情朝向更糟的境遇,即不及仁。

当老子既不能肯定也不能否定,既不即又不离时,他选择了"漠然",或者说"漠然"选择了他。事情的真实和真相就存在于世,只有不偏不倚的"漠然"才能明之——"凡是偏倚,就不完整,就代表着同等的断裂或抽离……因为只有这个中立才容许他们对全局作出合宜的反应,因而避免过度与不及,同时又提升整体'成'的能力"①。同时,只有超越了仁的人才能明了事情的真实和真相,即得道。

因此,老子的"漠然"不是因为他冷漠而拒不回答,而是因为事情的真相和真实超越了对与错、正和反、善与恶、仁与不仁的区分与对立,唯有处于原初统一中的"漠然"才能不偏不倚,超越这些分离。因此"漠然"不是不回答,恰恰相反,它就是符合事情本身的最好的回答,在"漠然"中,物各自正,清者自清——"我既无心,呼马呼牛,听汝而已"②"尘垢之言,岂曾入耳?漠然虚淡,何足介怀!"③因此,"漠然"正是得道的体现。

不仅老子如此,"古之人"都是如此,"古之人,在混芒之中,与一世而得淡漠焉"(《缮性》)。"古之人"之所以淡漠而互不相求,是因为他们还处于原初的统一之中,"其时淳风未散,故处在混沌芒昧之中,而与时世为一,冥然无迹,君臣上下不相往来,俱得恬淡寂寞无为之道也"④,没有区分,没有对立,所以"当是时也,阴阳和静,鬼神不扰,四时得节,万物不伤,群生不夭,人虽有知,无所用之,此之谓至一"。而他们之所以没有区分和对立,则是因为"当是时也,莫之为而常自然",区分和对立就来自于人为,因为正是人为产生了"知",从而使人失去了自然,也失去了原初的统一性。

而人为之所以产生,是因为人的私心和私欲,"游心于淡,合气于漠,顺物

---

① [法]余莲:《淡之颂:论中国思想与美学》,卓立译,桂冠图书股份有限公司2006年版,第27页。
② 林希逸:《庄子鬳斋口义校注》,周启成校注,中华书局2009年版,第221页。
③ 郭象注,成玄英疏:《庄子注疏》,曹础基、黄兰发点校,中华书局2011年版,第262页。
④ 郭象注,成玄英疏:《庄子注疏》,曹础基、黄兰发点校,中华书局2011年版,第299页。

自然而无容私焉,而天下治矣"(《应帝王》)。只有当人没有私心和私欲时,人才能真正地顺物自然,做到"无为",而要做到真正的"不容私",就需要让心灵处于淡漠之中,心灵处于淡漠之中就是处于"无"之中,"无"就是对于"有"的超越,"有"导致分别,"无"则走向统一。对于个人而言,淡漠能够治心,对于帝王而言,淡漠则能治国,所以"天下治矣"。

三、绝对之"不仁"

最后,"不仁"自身也要被否定,因为"不仁"也有可能成为人们追求的对象,成为一个新的"有",这时"大仁"就要否定它,而成为"不不仁"。正是因为此,庄子在强调"不仁"的同时,又允诺了仁,"无为为之之谓天,无为言之之谓德,爱人利物之谓仁"(《天地》),这种仁之所以被允诺,并不是因为它对人、对物有利,也不是因为它有这种良好的意愿,而是因为这就是其天性。基于此,"爱人利物之谓仁"在这种语境中的另一种表达是"无爱爱之之为仁"。

"子独不闻假人之亡与? 林回弃千金之璧,负赤子而趋……'彼以利合,此以天属也。'"(《山木》)在"千斤之璧"和"赤子"之间,逃亡中的林回选择了舍弃玉璧而保护"赤子"——这就是林回之爱,而庄子赞同了林回的爱,因为这种爱是自然而然、合乎人的本性的爱——即林回之所以选择"赤子",并不是因为功利的诱惑、道德的强制,甚至也不是因为他个人的喜好和美好的意愿,而是因为他的自然天性。如果在这种境遇中,林回为了强调庄子的"不仁",选择了玉璧而不是赤子,这恰恰是对人性的背离,是对庄子思想的不合常识的误解。

这种事情甚至也发生在庄子身上,"庄子妻死,惠子吊之,庄子则方箕踞鼓盆而歌。惠子曰:'与人居,长子、老、身死,不哭亦足矣,又鼓盆而歌,不亦甚乎!'庄子曰:'不然。是其始死也,我独何能无概! 然察其始而本无生……故止也。'"(《至乐》)通常人们只注意到了庄子所讲的道理,而没有注意到他的第一反应——"我独何能无概",这说明庄子并非铁石心肠、六亲不认,而是心怀深情——这是"与人居"之后的人之常情,即自然之爱。相反,如果没有这种慨然,倒是表现出庄子所刻意表现出来的一种"不仁"——表现出他要与孔子之仁相区别的姿态。当然,庄子在最后又"止"住这种自然之情,这是因为人不仅是有情的动物,而且是有理的动物,人甚至要超越人的动物性存在而转化为人性的存在——即人不能止于情感,而是要通过理性转化、超越这种情感——这个过程也是一个自然而然的过程——它既合常情,又合常理。

因此,庄子既没有人为的"仁",也没有人为的"不仁",而是顺其自然,让人性的情感和理性自然流露、自然转化,所以"仁"与"不仁"都是自然地发生,而不是刻意的结果。

很难想象,当父子相亲在虎狼身上都展现得温情脉脉时,人类却要否定这种自然的情感——庄子所要否定的对象并不是父子相亲,而是"唯"父子相亲、"伪"父子相亲和过度的父子相亲,最后他还要超越父子相亲——对于其他种类的爱也是如此。

所以,庄子不仅反对人们去追求孔子之仁,而且反对人们去追求仁自身,最后还反对人们去追求仁的对立面——"不仁"。这首先在于,人们"追求"的对象虽然是相异的,但这种"追求"行为本身却是相同的,它们都是人为的;其次,不论人们注重是"仁",还是"不仁",都是将"仁"与"不仁"相区分、对立,而这种区分和对立实际上是对世界整体的割裂,它破坏了世界的统一性;最后,"不仁"作为道的显现,它本身也被"无"所规定,如果我们把它作为另外一种"有"去追求的话,它就会失去其本性。因此对于庄子而言,人与人的区分并不在于仁与不仁,而在于自然与人为;理想的社会也不是人人为了爱而相爱的社会,而是人人各遂其性的社会——"所谓'大仁'、'至仁',就是使人人都能遂其性命之情,象江湖中的鱼那样自由自在地生活。"①

综上所述,与其说庄子之仁是对孔子之仁的否定,毋宁说它是对孔子之仁

① 李泽厚、刘纲纪主编:《中国美学史》第一卷,中国社会科学出版社 1984 年版,第 231 页。

的超越。它不仅是对孔子之仁的超越,也是对仁的超越。但是,这种"超越"并不是要越此而去,并非要远离这个世界、背离孔子,相反它就是在这个世界中、在孔子思想的基础上所生发出来的,它是对仁自身的完善,并期望达到完美,以最终完成仁自身——"大仁"——这也是人自身的实现。在此基础上,一个本源的世界归于自身,它光明而宁静,统一而完整,万物"游"于其中,并生生不息。

因此庄子并不完全是孔子仁爱思想的反对者,毋宁说,他是真正的仁爱思想的完善者、完成者和守护者,唯有如此,庄子之仁才能被称之为"至仁""大仁"。正是庄子将仁爱思想自身的各种可能性显现了出来,从而在突出其自身的仁爱思想的主题的同时,也揭示了孔子思想在有意无意之间对仁的遮蔽。在此意义上,儒道互补。

第三节 思想性之"无"——"无知"

如上所述,对真正的"仁"的揭示——即对存在自身的揭示,需要人的思想(思考和沉思),否则"仁"可能被误认为"无仁",而"无仁"则可能被误认为"仁"。这种"思想"在《庄子》中具体地表现为"知"——即人要"知""仁",或者人要有关于"仁"的"知"。

就词性而言,"知"可以为动词,也可以为名词(知觉①、知识、智慧)。作为动词它指的是知道,也就是对于"道"或者真理的体认和沉思;作为名词,它是体认和沉思的结果,即真理、真相的获得。在此意义上,真正的"知"就不是一般的知识,而是大智慧;真正的"知道"也不是知道一般的知识,而是知道真理和真相——知"道"。

概言之,在《庄子》中,"知"可以分为两类,即关于"道"和"物"的认识及

---

① 《庄子》中的"知"主要是指知识或智慧之义,而不是指知觉之义。

其结果——对于"物"的表象或假象的认识及其结果是一种"小知"或"巧知",因为它所获得的是一种假知(它以为知道了事情的真相,实际上却不知道),或者说是一种关于"物"的外在的"知";对于"物"的真相的认识也就是对于"道"的认识,是一种"大知",因为它所获得的是一种"真知"(知道了事情的真相、本性),或者说是一种关于"物"的内在的"知"。

对于庄子而言,其"真知"就是"无知",即他的"知"是以"无知"的面貌出现的。"夫至德之世,同与禽兽居,族与万物并。恶乎知君子小人哉!同乎无知,其德不离;同乎无欲,是谓素朴。素朴而民性得矣。"(《马蹄》)

陈鼓应认为此处"无知"中的"知"应理解为"智巧"①,即一种取巧之智。因为它关注的既不是事情本身,也不是达到事情本身的自然通途,而是如何通过人为,甚至是如何通过伪装的办法来满足自己的需要,所以这既是对事情的遮蔽和伤害,也是对人自身的遮蔽和伤害。因此,"无知"在这里意味着:在"至德之世"并没有人为乃至虚伪的"智巧",故而物和我的本性也没有远离自身——"素朴而民性得矣"。

成玄英则将"知"的产生理解为人的分别之心作用的结果,"既无分别之心,故同乎无知之理。又不以险德以求行,故报一而不离也"②。如果是这样的话,"无知"就是无分别之"知"。这是因为分别之"知"远离了人和世界的原初的统一性,远离了"道",而唯有"无知"才能不离其德("道")。这与郭象的解释"知则离道以善也"③殊途同归,他们都认为"知"是远离"道"的产物,所以"无知"就是返回"道"的过程。

林希逸则将"无知"理解为"不识不知"——"无知,不识不知也。无欲,纯乎天理也,举世皆然,故曰同乎无欲,不离浑全也"④,他认为"无知"就是人的

---

① 陈鼓应:《庄子今注今译》,中华书局 1983 年版,第 292 页。
② 郭象注,成玄英疏:《庄子注疏》,曹础基、黄兰发点校,中华书局 2011 年版,第 185 页。
③ 郭象注,成玄英疏:《庄子注疏》,曹础基、黄兰发点校,中华书局 2011 年版,第 185 页。
④ 林希逸:《庄子鬳斋口义校注》,周启成校注,中华书局 2009 年版,第 149 页。

原初状态,是人的"浑全"之性。因此只有在"无知"中,人才能守护自己的本性。

这三种解释看似不同,却从不同角度、不同层面揭示了"无知"在《庄子》中的多重意蕴。其中,陈鼓应所揭示的是形而下的物的层面的"无知"——人的"无知",林希逸所揭示的则是形而上的道的层面的"无知",而郭象和成玄英的解释则构成了前两者沟通的桥梁。此外,在他们的思想中,还含有一种隐而不宣的"无知"——绝对的"无知",即"无知"的自我否定,因为唯有如此,"无知"才能成为其自身——"真知"。具体而言,它含有以下三重意蕴。

一、人的"无知"

(一)否定人为之"知"

人为之"知"之所以需要被否定,是因为这种"知"不是源自事物自身,而是源于人的主观欲望或意愿。这种"知"以人为中心,事实上成为了人对世界的一种人为地构建和切割,从而遮蔽、偏离了事情的真实、真相,进而扰乱事情本身。

1. 否定源于主观欲望的"知"

"故古之王天下者,知虽落天地,不自虑也……天不产而万物化,地不长而万物育,帝王无为而天下功。(《天道》)"在庄子看来,真正的"知"("王天下者"之"知")不是为了一己之私,而是为了"万物""天下",所以它的智慧虽然泽及天下,却不是为了自己;相反,人为之"知"却往往是为了满足自己的贪欲——"自虑"。此时,对于人而言,外物的意义就不在于物自身,而在于它能否满足人的需要——即它是否对人有"用";与之相应,人能知道、实现这种"用"就是"知"(智慧),不能知道、实现这种"用"就成为了"愚"(愚蠢)——"若然者,以用为知,以不用为愚"(《庚桑楚》)。

因此,为了实现自己的贪欲,人需要占有、拥有更多的对象,于是各种索取性的"知"随之产生——"弓弩毕弋机变之知""钩饵罔罟罾笱之知""削格罗落罝罘之知"等,但是这些"知"只是人为了满足自己的私欲而挖空心思构造的,而不是为了揭示"物"的真相,更不是为了泽及万物,所以它们不是顺应了"鸟""鱼""兽"的生活,而是扰乱了它们的生命节奏乃至于整个世界的秩序,所以导致天下大乱——"夫弓弩毕弋机变之知多,则鸟乱于上矣;钩饵罔罟罾笱之知多,则鱼乱于水矣;削格罗落罝罘之知多,则兽乱于泽矣"(《胠箧》)。

不仅人与物之间是如此,人与人之间也亦然如斯。如果说前者只是为了满足人的身体性的欲望(口腹之欲)的话,后者则明显超出了这种欲望的范围——人不仅要满足自己的身体性的欲望,而且要满足自己的非身体性的欲望,如名誉、地位、财产、功业等。因为人们对它们的获取不是源于人的顺其自然,而是源于与他人的竞争,于是就形成了各种或明或暗、或邪或正、或大或小的争斗。为了在这种争斗中取胜,各种各样的"知"便应运而生——"德荡乎名,知出乎争。名也者,相轧也;知也者争之器也。二者凶器,非所以尽行也。"(《人间世》)在这里,"知"成为了人与人之间争斗、倾轧的工具,所以庄子称之为"凶器"。这种"知"不仅没能揭示人的真相,反而遮蔽了人的真相,扰乱了人的心性;而且,它不仅破坏了人的内在的统一,也破坏了人的外在的统一——人与物、人与人之间的统一。

当然,人的欲望不仅包括身体性和非身体性的欲望,而且还包括对于欲望自身的欲望,这表现在"知"上,就是对于"知"本身的欲望。"知士无思虑之变则不乐;辩士无谈说之序则不乐;察士无凌谇之事则不乐:皆囿于物者也。"(《徐无鬼》)当"知"本身成为了贪欲的对象时,"知"与事情本身就毫无关系,而完全成为了人的欲望的游戏及其表达。

因此,如果说"知"只是一种欲望之"知"或源于欲望的"知"的话,那么"无知"在这里就可以具体化为没有(或否定)源自人的贪欲和作为人的贪欲的认知及其知识。

2. 否定源于主观意愿的"知"

人为之"知"之所以不是真知,不仅是因为它可能源自人的贪欲,而且是因为它可能源自人的偏见和成见。

偏见意味着人只能看到事情的一隅,而不能洞察事情的原貌和全貌,因此它是片面的,不是全面的;是有偏狭、有局限的,而不是完整的。"物无非彼,物无非是。自彼则不见,自知则知之。"(《齐物论》)如果"物"只是从自身的角度来"知"世界的话,它就只能知道自己所能了解和理解的一面,而不能知道自己所不能了解和理解的一面,所以"物"之"知"有视角、视野的限制。这种"知"不仅不是真知,甚至会遮蔽真知。

不仅对于它物的"知"是这样,对于自己的"知"也是这样,"庸讵知吾所谓知之非不知邪?庸讵知吾所谓不知之非知邪?"(《齐物论》)庄子在对于人之"知"与"不知"的不可知的论述中凸显了人之"知"的相对性。从主观而言,这是因为人之"知"往往是建立在分别、比较、区分和对立的基础上的,而人们用来区分的标准却不是统一的,这些标准来自于各种各样的价值观、人生观和世界观,也就是人为的、主观的标准,而不是自然的、客观的、事情本身的标准,所以分裂之中无真知,真知只会显现于事物自身的统一之中;从客观而言,这是因为"知量无穷",人无法判定自己的所知就是"知"的全部或真相。

成见则意味着人的一种先见,它会阻碍后见的形成,因为它不是以"所见"即实存的事情本身为标准,而是以"谁见"即人的主观意识为中心,所以它不是真理的发生,而是意见的陈陈相因;它是先于事情而存在的一种意见,因此可能与事情并无关系。所以用成见来看事情,很可能会与事情本身风马牛不相及,甚至南辕北辙。故而,成见会遮蔽事情本身的真相。当然,偏见和成见如影随形,只有偏见才能成为成见,而成见本身就是一种偏见,它们往往出双入对。

在种种成见和偏见之中,庄子所着重批判的是名辩学派的逻辑之知和儒家的仁礼之知。在著名的濠梁之辩中,惠子对庄子的两次反驳,从逻辑学的角度而言都无可厚非。但在庄子看来,这种思维看似严丝无缝,事实却并非如此,因为惠子思想是建立在主客分离的基础上的,他将鱼作为一个对象来认识,这本身就是将人和鱼从世界的统一之中分裂开来;而庄子则是在人与鱼的统一、相融中,直觉到了鱼的快乐——他的"知"不是主客二分的认知性的"知",而是统一中的存在性之"知",因为只有在统一中才有真知——"人们所谓的认识其实并非认识。分裂之中无认识。唯有未分裂者才有认识"①。所以从万物一体的角度来看,名辩学派的逻辑之知只是一种偏见,当它自以为是时,它就成为了成见。

　　儒家的仁礼之知同样也是庄子所要批判的对象。对于儒家而言,礼是人的基本规定,是社会秩序的基本保障,否则就会礼崩乐坏。但对于庄子而言,儒家之礼是人为的,它非但不是秩序的维护者,反而是秩序的破坏者。这是因为自然世界并不是无序的,而是井井有条的,"我们以为宇宙如果不是以规则规定统治,就是完全混乱不堪……我们没有想到我们向来一直居住的世界是有秩序的,而这世界(大自然)却一直没有显然的规则,更没有抑制性的规则,这是个不可否认的'事实'"②。自然世界的秩序就存在于日出日落、春秋代序之中,只不过它是以"无"的形式隐秘出现,因为这种秩序一旦成为"有",它就会成为人的束缚。因此儒家之礼所营造的秩序实际上是按照人(儒家)的要求所设计的,而不是顺应自然的结果,故而庄子对"礼"提出了异议,"子贡趋而进曰:'敢问临尸而歌,礼乎?'二人相视而笑曰:'是恶知礼意!'"(《大宗师》)如果说临尸而歌是人的情感的自然流露、自然表达的话③,那么儒家之礼就是对于人的自然情感的束缚和限制,是对人心内在秩序的破坏,所以孟子

---

　　① [德]马丁·布伯:《道教》,载夏瑞春编:《德国思想家论中国》,陈爱政等译,江苏人民出版社 1996 年版,第 208 页。

　　② 吴光明:《庄子》,东大图书公司 1992 年版,第 91—92 页。

　　③ 这既可能源自孟子反、子琴张对于人归于天命的豁达甚至是喜悦,也可能源自他们的异于常人的情感表达方式,虽然不合常情,但这种方式是属于他们的,因此是他们对于自身情感的自由表达。

反、子琴张嘲笑子贡不知真正的"礼"——它是以外在之"礼"束缚人的内在秩序,是以人为之"礼"限制自然之"礼"。庄子不仅反对儒家之"礼",而且反对这种"礼"的基础——"仁"学思想。这首先是因为"仁"自身是一种偏爱之情;其次,"仁"作为一种"有",它可能会成为一种虚情;最后,真正的"仁"是以"无"的形式出现的爱,它只是顺应万物,而不是干涉万物,儒家之"仁"则恰恰相反。在此意义上,儒家的仁礼之"知"也是一种偏见乃至成见。

而人之所以怀有偏见和成见,不仅有来自于内的主观原因,也有来自于外的客观原因,"吾生也有涯,而知也无涯。以有涯随无涯,殆已!已而为知者,殆而已矣!"(《养生主》)即人之"知"的有限性与"知"的无限性之间的矛盾。人不仅所知有限,而且一旦将所知作为一种"有",这种"知"就被限定了,而成为了人的偏见和成见。为了克服这种偏见和成见,人需要超越自身的有限性,这就需要否定人为之"知",以摆脱它对真知的遮蔽。

所以庄子要求"无为名尸,无为谋府,无为事任,无为知主。体尽无穷,而游无朕。尽其所受乎天而无见得,亦虚而已!至人之用心若镜,不将不迎,应而不藏,故能胜物而不伤"。(《应帝王》)人不仅要否定自己的求名之欲和专断的行为,而且要否定自己的谋虑及其所获得的智巧。这就需要人的心灵之"无"——"虚":唯有无心,人才能完全、彻底地抛弃自己的成见;唯有虚心,人才能像镜子一样广照万物,从而不仅不会被物所累、所伤,而且能将万物显明出来,让其置于自身的光亮之中——"像镜子那样去'认知',不是要重复这个世界,而是要将其投射于某种光亮中"①。基于此,人也得以超越自身的偏见。唯有无心,人的心灵才能真正地通彻,从而获得真"知"——"心彻为知,知彻为德"(《外物》)。这意味着,唯有"无知",才能"真知";唯有"真知",才能得道("德")。

综上所述,《庄子》中的"无知"在此语境下可以具体化为:没有(或否定)

———

① [美]安乐哲、郝大维:《道不远人:比较哲学视域中的〈老子〉》,何金俐译,学苑出版社2004年版,第49—50页。

源自人的主观意愿的认知及其知识,即没有(或否定)偏见和成见。而且正是由于对人为之"知"的否定,才使得真正的"知"得以显明并保持自身,而不是逾越其边界而失去自身,基于此,正是"无知"守护了"知"。

(二)超越自然之"知"

人不仅有人为之"知",而且有自然之"知",即"知天之所为者,天而生也"(《大宗师》)中的"知"——生而俱有的知识,也就是人关于"死生存亡,穷达贫富,贤与不肖毁誉,饥渴寒暑"(《德充符》)的体知和认识。对于这种"知",庄子认为它是"事之变、命之行也",就像"日夜相代乎前"一样自然而然。因此我们不能、也不可能否定它们,因为它们就是存在自身的显现。但与此同时,这种"知"所知道的存在状态又与动物无异,因为动物也具有自然之"知",所以如果我们只是局限于这种"知"的话,人将无法与动物相区分。因此对于自然之"知",我们既不能否定它,也不能局限于它,而应该超越它,对于庄子而言,这种超越就是"忘",即忘记自然之"知"。

"夫无庄之失其美,据梁之失其力,黄帝之亡其知。"(《大宗师》)无庄"失其美"并不是说无庄否定了他的美丽,据梁"失其力"也并不意味着据梁否定了他的力量,因为对他们而言,"美"和"力"原本就是存在的,人无法也不能否定它们,所以"失"在这里就不是指失去,而是"忘",即忘记了自己的"美"和"力",唯有如此,"美"和"力"才不会成为一种"有",进而干扰人的自然而然的生活。同理,"亡"也不应被理解为否定,而应为"忘"之义,即黄帝因为闻道而忘记了自己的自然之知。

因此对于尚未达道的人而言,他需要学会"忘",庄子称之为"坐忘","堕肢体,黜聪明,离形去知,同于大通,此谓坐忘。"(《大宗师》)"坐忘"不是完全否定,因为人的形体是存在的,人不可能否定它,人的自然之"知"也是如此,所以这里的"离"和"去"都应理解为"忘"。

也正是因为此,"古之真人"才能"不知说生,不知恶死"(《大宗师》),因为真人已经忘记了生和死,所以他既不会因为生而喜,也不会因为死而悲。

生死不入于心,喜怒不介于怀,世上的一切对立在真人这里都自行消解。之所以如此,是因为他"不知"(超越了)这些对立与区分,世界在他那里是一体的,而且世界原本就是一体的,它的"不知"或超越只不过是回到了世界的原初状态——在此意义上,超越就是返回。且世间的这些对立原本也并非对立,而只是自然的、客观的存在。甚至对于世界整体而言,它们不仅不对立,而且彼此共在、共存、共生。在生死存亡之间,世界才得以生生不息,所谓的对立只是人们从自身的角度人为进行区分的结果。

基于此,正是"无知"才能实现、完成真正的"知","自知耳,不知也。不知也,则知出于不知矣。自为耳,不为也。不为也,则为出于不为矣。为出于不为,故以不为为主;知出于不知,故以不知为宗。是故真人遗知而知,不为而为,自然而生,坐忘而得。"①真正的"知"是不知,而真正的"不知"却是"知"。

同时"忘"也意味着真人原本是"知"的,只是后来超越了这种"知"。所以庄子的"无知"或"不知"并不是什么也不知道,而是知道以后又超越了这种知道(自然之知)。对于人为之"知"而言,这种超越就是否定;对于自然之"知"而言,这种超越就是忘记。

(三)与"知"共存的"无知"

在《庄子》中,"无知"除了表示对"知"的否定和对"知"的忘记以外,还表示对"知"的补充,即在"物"的世界中,有三种"无知":一是与人为之"知"相对的"无知";二是自然之"知"自身所隐含的"知"的"无";三是与自然之"知"共在、共生的"无知"。

首先,这种"无知"是存在的,而且是必然存在的。因为人是有限的,而人的认知对象——"物"却是无限的,"夫物,量无穷,时无止,分无常,终始无故"

---

① 郭象注,成玄英疏:《庄子注疏》,曹础基、黄兰发点校,中华书局 2011 年版,第 124 页。

(《秋水》),"物"不仅在数量上是无限的,而且在时间和空间上也是无限的,同时它自身也在无限地发展和变化,所以以有限去知无限,注定有不及之处,故而在人的"知"之外,必定存在着"无知"。

其次,"无知"不仅是存在的,而且比"知"的存在更为普遍,"计人之所知,不若其所不知"(《秋水》),即人之"知"是有限的,而"不知"则是无限的。

最后,"知"与"无知"不仅是共在的,而且是共生的:"不知"为"知"提供了空间,提供了无限的可能性,而"知"则保养、指引了"不知","以其知之所知以养其知之所不知"(《大宗师》)。

基于此,正是"无知"让"知"成为"知",而且让它成为最高的"知"——"无知",这种"无知"就是"道"的原初状态。

反过来,正是"知"遮蔽了自己,让其自身成为"不知",甚至成为败坏自己的"知","目无所见,耳无所闻,心无所知,女神将守形,形乃长生。慎女内,闭女外,多知为败。"(《在宥》)既然"多知为败",那么人就要少知,最好是"无知",即"心无所知"。"心"之所以"无知",一方面是要排除外在之"知"的干扰,另一方面是因为它自身原本就处于统一之中,原本就处于"无知"的状态。这种本源的"无知"状态就是"道"的状态。

二、"道"之"愚"

这意味着,"物"的世界中的"无知"实际上来源于"道"的"无知"。这种"无知"在《庄子》中往往以"知"的对立面——"愚"的面貌出现,"愚故道,道可载而与之俱也"(《天运》)(郭象注曰"以无知为愚,愚乃至也"[1]),"若愚若昏,是谓玄德,同乎大顺"(《天地》)。

这是因为在庄子的思想中,"不知"("愚")比"知"更为深刻、本源和根本,"不知深矣,知之浅矣;弗知内矣,知之外矣"(《知北游》)。不是"知",而

---

[1]　郭象注,成玄英疏:《庄子注疏》,曹础基、黄兰发点校,中华书局2011年版,第276页。

是"无知"更符合道的本性,或"无知"比"知"更为真实,"弗知乃知乎,知乃不知乎"(《知北游》)。这在于人之"知"往往是建立在分别和对立基础上的——"照常识看来,知识的任务就是作出区别;知道一个事物就是知道它与其他事物的区别"①。而这种分别和对立恰恰是对"道"的统一性的破坏和分离,所以它不合于"道";同时,人之"知"往往源自人为的谋虑,而非自然的产生,这也不合于"道"。相反,"愚"则既保持了"道"的原初统一性,又保持了"道"的一以贯之的自然性,由此它比"知"更具有生命力和本真性。

因此,在人(物)的视域和"道"的视域中,"知"与"不知"("愚")的内涵正好相反:对于"道"而言,它的"知"正好是人的"不知",因此它被称为"不知之知"(《知北游》);对于人而言,它的"知"则是道域意义上的"无知",它看起来知道,实际上并非如此,所以人需要否定自己的"知",这样道之"知"才能显现出来——"去小知而大知明"(《外物》),故而刘笑敢认为"体道必须摒除一般的知觉思虑,所以真知对于常识来说实为无所知,用庄子的话来说就是'不知'"②。

正因为"道"被"无知"("愚")所规定,所以得道者也应该被"无知"所规定。"知谓无为谓曰:'予欲有问乎若:何思何虑则知道?何处何服则安道?何从何道则得道?'三问而无为谓不答也。非不答,不知答也……狂屈……中欲言而忘其所欲言……黄帝曰:'无思无虑始知道,无处无服始安道,无从无道始得道'……彼无为谓真是也,狂屈似之,我与汝终不近也。……知谓黄帝曰:'吾问无为谓,无为谓不应我,非不我应,不知应我也;吾问狂屈,狂屈中欲告我而不我告,非不我告,中欲告而忘之也……'"(《知北游》)"无为谓"的"不知"是因为他处于道的"无知"之中,他本身被"无"所规定,所以他不是不想回答知的提问,而是因为他既不知道作为"有"的"知",也不知道如何用人的思维习惯来回答("非不答,不知答也")。狂屈的"忘"表明他的"知"还没

① 冯友兰:《中国哲学简史》,涂又光译,北京大学出版社1997年版,第101页。
② 刘笑敢:《庄子哲学及其演变》,中国社会科学出版社1988年版,第167页。

有达到"道"的高度,而只是一种物之"知",因为他仍然将"知"作为一种"有",所以才有了"忘"的可能——纯粹之"无"是无所谓"忘"与"不忘"的,这种"忘"就是"知"的隐藏,这表明"知"仍然是有可能显现出来的,所以狂屈的"忘知"不是彻底的,也不是最高明的。黄帝将"知道"明确地规定为"无思无虑",这一方面将之与世俗世界中的谋虑之"知"相区分开来,从而具有了通向"道"的可能;但是另一方面,这种规定又树立了一种新的"有",即以"无思无虑"为标准来规定"道",这又偏离了"道",因为"道"自身既反对有思虑,也反对无思虑,它就是纯粹的"无"、纯粹的自然——任何将之"有"化的企图都是无道的。

在此意义上,唯有"无知"的"无为谓"才是合于道的,因为它不仅超越了物的"无知",而且维护了道之"无知"的纯粹性,基于此,它才能通达真正的"无知"之道。不仅合于道的无为谓是如此,得道的王倪也是这样,"啮缺问于王倪,四问而四不知。啮缺因跃而大喜,行以告蒲衣子"(《应帝王》),啮缺之所以大喜,就是因为他获得了"不知"之道。

同理,不仅得道者要被"无知"所规定,天地万物要成为自身的话,它们也应处于"无知"之中。"万物云云,各复其根,各复其根而不知。浑浑沌沌,终身不离。若彼知之,乃是离之。无问其名,无窥其情,物固自生。"(《在宥》)这是因为"知"会形成新的"有",从而导致物与自身的分离,而"不知"则能保持在"浑浑沌沌"的"无"之中,从而让物成为物自身,守护其统一性。

万物处于"无知"之中,也就是回复到了世界的原初状态,"当是时也,阴阳和静,鬼神不扰,四时得节,万物不伤,群生不夭,人虽有知,无所用之,此之谓至一。"(《缮性》)这是因为在此时期,天地万物都处于本源的统一之中,万物之间原本"和静""得节""不扰""不伤""不夭",没有争斗、打扰、区分和对立,因此"知"对于人而言是没有用的——当人不需要区分时,"知"也就失去了它的意义和价值。"故圣人有所游,而知为孽……圣人不谋,恶用知?"(《德充符》)。在此意义上,人原本不是"有知"的,而是"无知"的。"无知"不仅是人应有的存在状态,而且是人本有的存在状态。故而人通向应有的过程就是通向本有的过程,即通向道的过程。

因此,得道就是得"无",但得"无"并不是人为的追求,而是人的自然需要,即人的本性需要。它是人的本性在远离自己之后的复返,得"无"就是复返于"无",这既是知的原初状态,也是物的原初状态,毋宁说,"知"之"无"就来自于"物"之"无","古之人,其知有所至矣。恶乎至? 有以为未始有物者,至矣,尽矣,不可以加矣!"(《齐物论》)

概言之,真正的"知"是知"道",即知道万物的统一之道,统一而没有分裂,而不是恰恰相反,像小知一样只知道事物间的区分,甚至积极寻求事物的是非、美丑、善恶的区分。

三、绝对之"无知"

但是,"无知"并不完全等同于"真知",因为"无知"自身也可能被人当成一种"知",这时"无知"就成为了人们所追求的对象。因此,"无知"中的"无"不仅否定和超越"知",同时也否定和超越作为新知的"无知",即唯有不断地自我否定和自我超越,"无知"才能成为真正的"无知"——真知。因此,"无知"不仅是作为名词的一种状态,而且是作为动词的一种过程;同时,"无知"不是人刻意追求的结果,而是顺其自然的结果。

"无知"也不是要否定所有的"知"。这首先是因为,对于庄子而言,圣人之"知"也是一种"知"——"大知""至知"。这种"知"作为名词是指统一而没有分裂、自然而没有人为的知识,作为动词是指知道。对此,我们就不能、也不可能否定和超越这种"知"。而且人只有具有了这种"知"才能成为真人,"古之真人……登高不栗,入水不濡,入火不热,是知之能登假于道者也若此。"(《大宗师》)

其次,"忘"或超越本身也意味着真人原本是"知"的,只是后来超越了这种"知"。所以庄子的"无知"或"不知"并不是什么也不知道,而是知道以后又超越了这种知。

因此,和"无知"一样,"知"也是存在的,而且有"小知"与"大知"之分,即知"物"与知"道"之分——前者之"知"只是"外在的知识",而后者则是"反观内心"的智慧①;前者的实现在认识领域,后者的实现则在"精神修养领域"②,因此庄子的哲学又被称为"境界的哲学"③或"心灵转化"的哲学④,他的"知"又被称之为"不知之知""知无知"——这种看似自相矛盾的表述,一方面表达了两个层面的"知"与"无知"及其相互转化的关系,另一方面也表达了"知"或"不知"的境界的不同。所以我们不能完全否定"知",特别是不能否定对于道的"知"。"闻以有翼飞者矣,未闻以无翼飞者也;闻以有知知者矣,未闻以无知知者也"(《人间世》),这里的"有知""无知"中的"知"就是知道。

总之,庄子从"道"的视域出发,否定了物的世界中的"知",而肯定了其"无知",但这并不意味着这种肯定和否定是绝对的。毋宁说,知与不知的区分在《庄子》中还不是最重要的,更重要的是统一之知与分裂之知、自然之知与人为之知的区分,当知或不知是出于分裂、人为之时,它们是无道的;当它们是出于统一、自然之时,它们是有道的。因为只有在统一中,"至人的生命"才能"达到充满"⑤,"实在世界真相的根源"⑥或"世界真实的样子本身"⑦才会向我们显现——这就是知"道"。

---

① 吴怡:《逍遥的庄子》,广西师范大学出版社 2006 年版,第 38 页。

② 崔大华:《庄学研究——中国哲学一个观念渊源的历史考察》,人民出版社 1992 年版,第 118—130、292—301 页。

③ 陈鼓应:《老庄新论》,商务印书馆 2008 年版,第 402 页。

④ [美]爱莲心:《向往心灵转化的庄子:内篇分析》,周炽成译,江苏人民出版社 2004 年版,导言。

⑤ [德]马丁·布伯:《道教》,载夏瑞春编:《德国思想家论中国》,陈爱政等译,江苏人民出版社 1996 年版,第 193 页。

⑥ [日]福永光司:《庄子:古代中国存在主义》,李君奭译,专心企业有限公司出版社 1978 年版,第 133 页。

⑦ [日]池田知久:《道家思想的新研究:以〈庄子〉为中心》,王启发、曹峰译,中州古籍出版社 2009 年版,第 600 页。

故而绝对之"无知"——"无知"的自我否定在此并不意味着对道的"无知"的否定,恰恰相反,它是对道的"无知"的真正实现和完成,或者说这才是真正的道的"无知"。同时这也意味着道的"无知"是不断生成的,它要否定包括对"无知"的追求在内的一切人为——而对于这种不断生成的"无知"的认识,反过来才是真正的"知"。因此,在"道"的视域中,真知即无知,无知亦真知,无知的生成性也构成了真知的生成性。正是这种生生不息的生成性,使得庄子能够超越一切世俗的规定和心灵的束缚,而达至逍遥的境界。

第四节 语言性之"无"——"无言"

最后,存在和思想还需要在语言中显明自己。只是庄子之言是以"无言"的面貌出现的——如果说世人所重视的是"言",庄子所重视的则是"无言"("不言""去言""忘言"等)。因此人们一般认为庄子是怀疑语言的,甚至是反语言的,这在于人们认为"无言"就是否定语言之义。

不同于一般人的看法,首先,牟宗三认为道家的"无"并不是要否定所有的东西,"它所否定的就是有依待、虚伪、造作、外在、形式的东西,而往上反显出一个无为的境界来"[1],他认为道家所否定的只是有(人)为的东西。如果是这样的话,"无言"就不是要否定所有的言,而只是否定人为之言。

其次,周春生认为在庄子看来,道和万事万物在根本上是"无言"的,"它按其本分即'齐'而默然存在"[2],如果是这样的话,"无言"在此就意味着它是人和世界的一种原初的存在状态——默然。刘成纪也认为这种"无言"(沉默)"并不是彻底放弃语言,而是企图最大限度地拓展其能指的边界,以实现对道境……的逼近",因此它"是积极的,是指向语言的"[3]的"无言"。无独有

---

① 牟宗三:《中国哲学十九讲》,上海古籍出版社 2005 年版,第 72 页。
② 周春生:《〈庄子〉一书的语言结构》,《中国哲学史》1993 年第 2 期。
③ 刘成纪:《道禅语言观与中国诗性精神之诞生》,《求是学刊》2009 年第 6 期。

偶,池田知久也认为庄子是在积极意义上提倡"无言"的,因为"无言"才是"真实的'言'"①。

再次,唐君毅认为庄子不仅要求人要"无'有',而且要人无'无'"②,即认为庄子之"无"是"绝对之无",在此语境下,"无言"就不仅要否定人为之"言",而且还需要否定人为之"不言"(沉默),所以"无言"在此就意味着"无无言",其目的是让"言"和"不言"都回到其自身——自然之言。

本书认为,后三种解释都有着丰富的文本依据和诠释渊源,它们从不同层面揭示和阐释了庄子的"无言"思想。"言无言,终身言,未尝言;终身不言,未尝不言。"(《寓言》)陈鼓应认为"无言"在这里应理解为"没有主观成见的言论"③,林希逸则解释"无言"为"无心于言"④。如果说陈鼓应强调的是无成心之言的话,林希逸的"无心"之言的范围显然是大于无成心的,它还包括无机心、无执著心等。两者的相同之处在于,他们都认为"无言"中的"无"是否定之义,即对人为(成心、机心、执著心)之言的否定。这实际上是"无言"的第一层含义。

成玄英则认为"无言"就是"默","夫以言遣言,言则无尽,纵加百非,亦未偕妙。唯当凝照圣人,智冥动寂,出处默语,其致一焉,故能无言则言、言则无言也,岂有言与不言之别、齐与不齐之异乎!"⑤他认为人应保持沉默而"不言",因为我们不能用人为之言来解释事情,否则此言自身还需要新的言来进行解释,以此类推,往而不尽,因此我们只能用默来显现事情,在"不言"中让事情自己言说自己、显现自身。这就是至人之言,它以默的形式出现。这是"无言"的第二层含义。

---

① [日]池田知久:《道家思想的新研究:以〈庄子〉为中心》,王启发、曹峰译,中州古籍出版社 2009 年版,第 599 页。
② 唐君毅:《中西哲学思想之比较论文集》,台湾学生书局 1988 年版,第 269 页。
③ 陈鼓应:《庄子今注今译》,中华书局 1983 年版,第 840 页。
④ 林希逸:《庄子鬳斋口义校注》,周启成校注,中华书局 2009 年版,第 433 页。
⑤ 郭象注,成玄英疏:《庄子注疏》,曹础基、黄兰发点校,中华书局 2011 年版,第 496 页。

郭象认为"无言"对于物而言是自言,对于人而言则是自然而然之言,"言彼所言,故虽有言而我竟不言也。虽出吾口,皆彼言耳,据出我口"①,所谓言是事情本身的言说,它只是借人之口,所以它是自然之言,不是人为之言,因此这是一种道言。这正是"无言"的第三层含义。

因此,庄子的"无言"并不是简单的对于言的否定,而是蕴含着丰富的内涵,且这些含义不是彼此分离的,而是一个有机整体,它们之间有着内在的逻辑。

一、人的"无言"

(一)否定人为之言

1. 否定源于主观成见的言

这在于主观之言是建立在人的已有之知基础上的言:当人之知与事情本身相符时,这种言就是对于事情本身的言说,它是真言;但是当人之知与事情本身不相符时,这种言也就偏离了事情本身,因此所言就是谬言和谎言。

在庄子看来,世人习惯于从自我出发,而不是从事情本身出发,所以其所言都是一种主观成见之言。"夫言非吹也,言者有言。其所言者特未定也。果有言邪?其未尝有言邪?其以为异于鷇音,亦有辩乎?其无辩乎?道恶乎隐而有真伪?言恶乎隐而有是非?道恶乎往而不存?言恶乎存而不可?道隐于小成,言隐于荣华。故有儒墨之是非,以是其所非而非其所是。"(《齐物论》)第一,所谓"吹"就是指风吹洞穴所发出的声音,这是一种自然本有的声音,"言非吹"表明这种言并不是自然之言,而是人为之言;第二,因为人各不同,每个人都有自己的知识基础以及由此所建立起来的价值判断,所以"言者有言";第三,因为这些言都只是源于人的主观成见,所以他们所说的往往只是一种意见,而不是洞见,因此没有一个定准;第四,因为缺少洞见和定准,所

---

① 郭象注,成玄英疏:《庄子注疏》,曹础基、黄兰发点校,中华书局 2011 年版,第 496 页。

以世人看起来言说了,却什么也没有言说出来,因此产生了"果有言邪？其未尝有言邪"的疑问,这实际上是对这种言的否定。

在所有的意见中,庄子特别强调了儒、墨两家的意见,儒家强调仁爱,墨家则主张兼爱,两家虽然都强调了爱,但他们的思想却只是源于各自的知识传统,而不是事情本身——所以在墨家看来,儒家只能各私其亲,在儒家看来,墨家则无君无父。特别是,当他们各自是其所"是"时,危险就产生了,"而强以仁义绳墨之言衒暴人之前者,是以人恶育其美也,命之曰灾人。"(《人间世》)"绳墨"就是法度、规范,将自己的"意见"作为万事万物所必须遵行的规则,这就不仅仅是远离事情本身,而且是直接伤害事情本身了。

2. 否定源于主观欲望的言

这种言源于人的欲望,并指向人的欲望,为此人言往往会以虚伪的形态出现——虚伪之言,这是人为之言的极端形态,这种言在《庄子》中又被称为"矫言""小言"等。"缝衣浅带,矫言伪行,以迷惑天下之主,而欲求富贵焉。"(《盗跖》)"矫"和"伪"互文,"矫言"也就是"伪言"。虚伪之言之所以产生,是因为它可以迷惑他人,从而给自己带来"富贵"。因此,如果说道言是以言之真假为标准的话,虚伪之言则是以获得利弊为标准。

这意味着,为了趋利避害,人们可以放弃、隐藏真言。"彼所小言,尽人毒也。"(《列御寇》)"小言"因为只是顾及到言说者自身的利益,所以它对他人不仅无益,甚至有害,因为它不仅可以隐藏事情的真相,甚至可以颠倒真假、以假乱真,"辩足以饰非"(《盗跖》)。"辩"在《庄子》中是一种特殊之言,"此之谓辩士,一曲之人也"(《天道》),林希逸认为"一曲,一偏也"[1],"辩士"只能认识到事情某一个方面,而看不到事情的整体,所以他们的言不可能成为真言。但是"辩士"却要通过人的辩论强行将假言变成真言。这之所以可能,就在于"辩士"所面对的只是偏于一隅的世人,而不是洞察真相的真人。

---

[1] 林希逸:《庄子鬳斋口议校注》,周启成校注,中华书局 2009 年版,第 218 页。

同时,人的欲望不仅包括身体的欲望和非身体的欲望,而且包括对欲望的欲望——贪欲。这种贪欲表现在言中,就是对于言的执着,"知士无思虑之变则不乐,辩士无谈说之序则不乐,察士无凌谇之事则不乐,皆囿于物者也。"(《徐无鬼》)这种辩(言)已经超出了言说自身的范围,甚至超出了言说的对象,而纯粹成为了一种为了言而言的病态之言——当言的欲望被满足时则喜乐,当言的欲望不能被满足时则不乐,人被言所拘囿。此时人是不自由的——人即便有言说之乐,这种乐也不是自由的快乐,而是受制于言的小乐。这种现象同样也发生在"辩士"身上。故而所谓"辩士"就具有了三层含义,首先他的知识是有限的,他不懂真理;其次,他的语言能力是很强的,能够颠倒黑白;最后,他的欲望、情感甚至他的整个存在就建立在"言"的基础上,这也意味着他被"言"所困。所以说"辩"是"言"的极端形态,它偏离了"言"自身的边界,故而它不是真正的"言"。

3. 否定源于主观情绪的言

这种言不是出于事情本身,而是来自于人的情绪。"夫两喜必多溢美之言,两怒必多溢恶之言。凡溢之类妄,妄则其信之也莫,莫则传言者殃。"(《人间世》)当人高兴时容易产生"溢美之言",反之则容易产生"溢恶之言",这是世之常情。但是这种常情却违背了常理。因为"溢"为过满之义,即超出了事情本身。当言超出了事情本身之时,一方面会导致言不符实,另一方面会导致言不显现真实,甚至遮蔽真实。所以这种情绪之言既不切中符合论意义上的真理,也不符合显现论意义上的真理——在此意义上,它就是一种谎言。在现实生活中,这种谎言不仅会使人陷于烦恼之中,"故忿设无由,巧言偏辞"(《人间世》),而且会使人陷于危险之中,"凡溢之类妄,妄则其信之也莫,莫则传言者殃"。对于不了解事情真相的人而言,这种"溢"言会因为其隐蔽性而给溢言者带来利益,但是对于了解了事情真相的人而言,这种"溢"言的虚假性则会自行暴露出来,从而显露人的虚假,最终给溢言者带来危害。

综上所述,"无言"在此意味着人要否定基于人的主观欲望、情绪和成见的人为之言,这样他才能倾听事情本身的声音。在此基础上,一方面,言才能揭示、显现而不是遮蔽事情本身,从而与事情本身相符;另一方面,言才能作为真言去指引万物,而不是干扰万物。

因此,正是"无"(否定)让"言"持守自身,正是"无言"让"言"(人)保持在边界之内,而非越过边界,成为谬言、谎言和溢言。所以庄子认为"至言去言,至为去为"(《知北游》),"去"在这里即除去、去掉之义,也就是否定的意思,但是在这里它所要否定的不是"言"自身,而是除去、去掉、否定人为之言——它们不仅远离了事情本身,而且遮蔽了事情本身,甚至是干扰、伤害了事情本身。

(二)超越工具之"言"

一般认为,语言是传递信息、表情达意的符号系统,它由人所创造,而且正是由于这种创造,使人和动物从根本上相区别开来,因为动物是没有语言的,它们虽然能够发声,却不能创造出一个符号系统;同时人们还认为,语言是一种工具,它的功能就是传递信息、表情达意。

如果按照前者所言,语言由人所"创造",那么言就是一种人为的产物。只是与其他"人为"相比,它不是被用来满足人的欲望的工具,而是用来表述、传达事情本身的工具,如果"事情本身"可以理解为庄子意义上的"道"的话,那么这种表述、传达就是一个揭示和显示的过程,即显现"道"的过程。因此,言的产生虽然是人为的行为,但它却区分于一般的人为——当言显现了"道"时,它是合于自然的。所以虽然人为之言应该被否定,但言自身却不能被否定,因为"道"还需要言来显现和实现它,这在于不能被显现出来的"道"还只是处于黑暗中的"道",即尚未实现的"道"。

问题在于,"道"能否被"言"所显现?

在庄子看来,"言"是不能显现——即"达""道"的。因为按照一般的观点,"言"本身只是工具,它是显现事情的工具,而不是事情本身,在"言"和事情本身之间还存在着一条虽然细微却无法逾越的缝隙。

一方面,"言"不能表达"道",因为狭义的"言"只能表达"物",而不能表达"道";只能表达"物"之表,而不能表达"物"之"情"(实情);只能表达"有"之物,而不能表达"无"之物。归根结底,"言"是人为的,而"道"或物的实情、本性是自己如此、自然而然的,两者之间有着巨大的鸿沟。

在庄子看来,语言所能到达的范围只是"物",如果超出这个范围,就不是"言"所能把握的。"言之所尽,知之所至,极物而已。睹道之人,不随其所废,不原其所起,此议之所止。"(《则阳》)对此,郭象注曰:"废起皆自尔,无所原随也。极于自尔,故无所议"①,他认为"废"和"起"之所以不能被人所"言",是因为它们是自然而然产生的,它们原本如此,所以不需要人为地议论,但是这种解释是似是而非的,因为不仅"物"之"废""起"是"自尔","物"自身也是"自尔"的,这意味着"物"也是"议"之所止,这就和"言之所尽⋯⋯极物而已"产生了矛盾。实际上,如果我们联系上下文就会发现,所谓"起""废",一者指事物产生之前,一者指事物消失之后,它们都不是指当下的事物本身,而是超出了"物"自身的范围,所以它们都不能成为"言"所能"议"的对象。故而对于"睹道之人"而言,"起"和"废"就是"物"的边界,同时也是"言"和"议"的边界。这意味着,如果我们要"言""物",就要保持在"物"的边界之内,而不言"起"和"废";如果我们议论"起"和"废",那么就不能用"言"。

进而言之,如果说"物"的存在本身是"有"的话,那么它的"起"和"废"就是"无",这意味着,"言"的对象只能是"有",而不能是"无"。而"道"就是被"无"所规定的。

故而,对于庄子而言,"道"不是"言"的对象,是不能被言说的。"道不可闻,闻而非也;道不可见,见而非也;道不可言,言而非也。知形形之不形乎!道不当名。"(《知北游》)"道"不是用人的感官、感觉可以把握的,因为感官、

---

① 郭象注,成玄英疏:《庄子注疏》,曹础基、黄兰发点校,中华书局 2011 年版,第 478 页。

感觉只能把握到有形、有声、有色、有味的事物,"道"则正好相反,它是无形、无声、无色、无味的,所以用狭义的"言"根本无法表达、传达"道",正是在此意义上,庄子认为"道不当名",即认为道不可言,道本身不是用"言"可以表达的东西——它指的是道不能用狭义的言语来表达,但是我们可以用广义的语言(道言)来言说它。

而如果我们将"道"理解为"物"的本性和实情时,"言"(只能言"有"的"言")不能言"道"(作为"无"的"道")将会得到更为具体的解释。"故视而可见者,形与色也;听而可闻者,名与声也。悲夫! 世人以形色名声为足以得彼之情。夫形色名声,果不足以得彼之情,则知者不言,言者不知,而世岂识之哉!"(《天道》)人的感官只能把握到"物"的形色声名,也就是"物"的外表、表象,而不能洞察"物"的本性或实情,即"物"背后的"道"。所以真正的得道之人——即洞察"物"之本性的人是"不言"的,因为其能"言"的并不是其想"言"的,其想"言"的又不能"言";相反,那些擅长"言"的人往往是无道之人,因为他们所"言"的只是"物"的表象,而不能洞察"物"的本性。

另一方面,"言"既然不能表达"道",那么它就更不能传达"道",因为"道"是极其玄妙精微的,是事物中最高、最后、最精华的东西,而这些东西是不能用狭义的语言所传达的。"斫轮,徐则甘而不固,疾则苦而不入,不徐不疾,得之于手而应于心,口不能言,有数存乎其间。"(《天道》)

总之,人的"有为"之言因为偏离了事情本身,无法达"道",所以这样的"言"要被否定;语言自身则由于其自身的局限性,既不能完整、准确地表达"道",又不能全面、精确地传达"道",所以它也无法达"道"——所以马丁·布伯认为"任何有关道的言说既不真又不假"[1]。

如果说"言"既不能被完全否定,也不能被完全肯定,那么这样的"言"

① [德]马丁·布伯:《道教》,载夏瑞春编:《德国思想家论中国》,陈爱政等译,江苏人民出版社1996年版,第202页。

需要被超越,这种超越就是"忘"。"荃者所以在鱼,得鱼而忘荃;蹄者所以在兔,得兔而忘蹄;言者所以在意,得意而忘言。吾安得夫忘言之人而与之言哉!"(《外物》)"忘"首先是指心灵不执着于它的对象——言,所以"忘言"就是不执着、不拘泥于言。其次,"忘"指的是心灵的超越。如果说"不执着"是从否定方面言"忘"的话,"超越"则是从肯定方面言"忘"——不执着于言就需要超越言,即超越作为工具的言。那么这种超越最终要到达哪里呢?"意"——它不是一般的意见,而是事情自身之"理"[①],或"实在世界真相的根源"[②]。

综上所述,言首先是存在的,这样我们才可能忘言。其次,忘一方面是指不执着,另一方面是指超越。之所以要超越言,是因为作为工具性的言本身不是人的目的,它只是达道的工具和手段。最后,忘言不是要否定言,而是要超越或实现言,让言的事实在人身上和世界中发生和实现。

当然最高的"忘"就是人忘记存在自身——对内忘记自己,对外忘记世界,而回到原初的混沌状态——"无"之中,此时,"言"也就自失于这种"无"之中,因为这种状态中的人已言无所言,所以"言"也就归于"无"之中——沉默,"中欲言而忘其所欲言……"(《知北游》)

因此,"至言去言,至为去为"在这里又可以理解为"至言忘言",因为"去"在《说文解字》中被解释为"人相违也"[③],而《说文解字注》解释"违,离也"[④],这意味着"去"还有"离开"之义,所以"至言去言"就可理解为:真正的言不仅要否定人为之言,而且要远离作为工具的语言自身,但是这种远离不是否定,而是"忘"——不执着和超越,即不执着于语言,也就是超越作为工具的语言,甚至是超越作为"有"的存在自身,而归于"无"。

---

① 郭象注,成玄英疏:《庄子注疏》,曹础基、黄兰发点校,中华书局2011年版,第493页。
② [日]福永光司:《庄子:古代中国存在主义》,李君奭译,专心企业有限公司出版社1978年版,第133页。
③ 许慎:《说文解字》,中华书局1963年版,第104页。
④ 许慎撰,段玉裁注:《说文解字注》,上海古籍出版社1981年版,第213页。

二、道之"默"

在《庄子》中，还存在着一种更为根本的"无言"——"道"的沉默，人的"无言"之所以可能，就在于"道"是无言的，或者说万事万物的本性是无言的。

"至道之精，窈窈冥冥；至道之极，昏昏默默。"（《在宥》）"道"既微不可见、深不可测，又恍恍惚惚、潜静沉默，这是它的本性——"道"与物也由此相区别开来：物因为有形、有声、有状，所以它们可测、可见、可以被言说；"道"却相反，它以"无"的形式出现，所以不可测、不可见、不可言说。因此，庄子认为沉默就是"道"的本性，或者说沉默比语言更符合"道"的本性。

基于此，"道"不可言实际上有两个原因：一是"道"自身并不言说，二是"道"不能被人（无道之人）言说。前者是因为"道"本身就处于沉默之中，它以"无言"显现自身；后者是因为人（无道之人）没有能力去言说"道"。

正因为如此，对于得道之人而言，"彼至则不论，论则不至；明见无值，辩不若默；道不可闻，闻不若塞。此之谓大得。"（《知北游》）首先，"道"保持沉默，我们无法通过人为的语言去闻道，相反人的语言只会让人远离道，所以"闻不若塞"；其次，当人通过人为的语言去闻道、论道时，此人是无道的，因为他违背了道的本性，故而有道之人是不论道的；最后，言不如默，默比言更为根本，"夫大辩饰词，去真远矣；忘言静默。"①

这意味着沉默比语言更为本源。"天降朕以德，示朕以默"（《在宥》），如果说语言来自于人的话，那么沉默则来自于"天"——自然，即沉默是自然而然而产生的，这意味着沉默本身就是世界的原初存在，它既不来源于什么，也不为了什么，世界在沉默中统一而完整。

但是当语言产生时，人类却远离了沉默，失去了自我——"知而不默，常

---

① 郭象注，成玄英疏：《庄子注疏》，曹础基、黄兰发点校，中华书局 2011 年版，第 398—399 页。

自失也"①。这种"远离"和"失去"首先意味着人们远离了人的原初统一状态;其次,它意味着人们失去了沉默的守护,因为人在沉默中更能持守自身的存在本性,在语言的喧嚣中人则常常迷失自己——因为巧言偏辞虽然可能给人带来利益,却使人背离了"道",而沉默却正好相反,它与利益无缘,"沉默是当今世界中唯一'没有利用价值'的东西。在现代这样一个讲究效用的世界里,沉默被视作一点作用都没有。沉默的意义只不过存在本身而已,此外,任何目的都没有。因此,没人能够从沉默中榨取些什么。"②也正是因为沉默的这种无所可用性,使它具有了本己的力量和不可侵犯性。

当沉默隐去,言语喧哗之时,人将会因为失去守护而受到伤害。此时就需要我们对语言进行否定和超越——"无言"。故而"无言"在此有两种含义:一是指原初的沉默,二是指对于"言"的否定和超越——前者是存在论意义上的,"无言"就是沉默,后者是方法论意义上的,"无言"通向沉默;前者是目的,后者是途径。

因此庄子认为"静然可以补病……宁可以止遽。虽然,若是,劳者之务也,佚者之所未尝过而问焉"(《外物》)。首先,静然可以成为调养疾病的工具,这种疾病既包括身体的疾病,也包括心灵的疾病。对于身体而言,静然是有利的,因为它能帮助人保存和恢复体力。对于心灵而言,它更是如此——从否定意义上讲它可以使人免受伤害;从肯定意义上讲它可以给人以存在之力,"沉默给予在沉默中生活的许多事物一种沉默所有的存在之力。于是,事物的存在性就在沉默中得到加强",因此"比起其他有效用价值的一切东西来,沉默却放射出一种更厉害的治愈力和援助之力"③。

---

① 郭象注,成玄英疏:《庄子注疏》,曹础基、黄兰发点校,中华书局 2011 年版,第 212 页。

② [瑞士]马克斯·皮卡德:《沉默的世界》,李毅强译,上海书店出版社 2013 年版,第 2 页。

③ [瑞士]马克斯·皮卡德:《沉默的世界》,李毅强译,上海书店出版社 2013 年版,第 4、3 页。

其次,静然不仅是治病的工具,更是一种原初性的存在。前者主要针对病人而言,后者则针对无病的人而言。"若是,劳者之务也,佚者之所未尝过而问焉",虽然静然可以治病,但这只是对于失去了沉默本性的世人而言的,对于得道之人而言,他本身就存在于沉默之中,静然就是其现实的存在,所以他不会去寻求另外一种静然。更重要的是,他也无病可补。

最终,"圣也者,达于情而遂于命也……无言而心说,此之谓天乐。"(《天运》)所谓"圣"(聖),其繁体字的构架就是听说之王,他倾听"情"(情实、实情)的声音——事情本身的真实,然后把所听到的言说给世人,所以"圣也者,达于情而遂于命也",圣人通情达理①、安于自然、达于大道。但是不同于儒家圣人的"立言",道家圣人的言说方式是"不言",因为正是在"不言"之中,他才能倾听天地的声音、万物的本性,才能体察道的沉默本性;正是在"不言"之中,他才能回到原初的、没有分离的统一的世界。这时,他就能体验到一种天乐,这是一种无言的心灵愉悦,这种快乐是精神充满的快乐,是无法、也无需用语言传达的快乐,"天地与我并生,而万物与我为一。既已为一矣,且得有言乎?"(《齐物论》)

如果说"道"的本性是"无言"——沉默的话,"道"又存在于物之中,所以万物的本性也是"无言"的。"天地有大美而不言,四时有明法而不议,万物有成理而不说。"(《知北游》)在庄子看来,世界万物都是不言、不议、不说的,但是大美、明法、成理却在其中,世界秩序就在其中,这就是得道的状态。这种状态的获得就在于,"大美"并不是"天地"所追求而来的,"天地"显现了自身,"大美"就自然产生了,它是自然的产物,而不是人为追求的结果,"天地"的"显现"也不是通过语言,而是通过"不言"——"天地"在沉默中让自身显现;同理,"明法"也不是"四时"追求的结果,而是"四时"自身的运行所呈现出来的,这意味着事情本身就是这样,它在根本上不是人们议论的对象;"成理"是

———————
① "聖,通也。"(许慎:《说文解字》,中华书局 1963 年版,第 250 页)

内藏于万物自身的道理,"万物"只是顺应自身的本性,所以它们也不需要喋喋不休的言说。

因此,人作为万物的一种,也应该效法万物,保持沉默——不言、不议、不说,即不人为地去言说不能言说之物——这既是遵循言说对象的本性,也是遵循自己的本性。基于此,得道之人也是无言的,"夫知者不言,言者不知,故圣人行不言之教。"(《知北游》)

三、绝对之"无言"

庄子虽然主张道的"无言"本性,但是当"无言"成为一种新的"有",即人们追求的对象时,这种"无言"也需要被否定——我们既不能执着于"言",也不能执着于"无言"。这意味着《庄子》中的"无言"具有了第三种含义:"无无言","无"在这里是一种动词,是彻底的、绝对的无,它是"无化"。

而当我们说"无无言"时,这本身又意味着:世界上还存在着一种特殊的言,它是可以被言说的,在《庄子》中它体现为"言无言"。也就是说,一方面,"无无言"中的"无"作为一种否定,它只是通达道的途径和方法;另一方面,其真正的原因在于"道"不仅以"无言"的形态出现,而且也以言的形态出现,但这个言不是"人言",而是"道言"或"天言"。

"立不教,坐不议,虚而往,实而归。固有不言之教,无形而心成者邪? 是何人也?"(《德充符》)"善哉! 吾闻庖丁之言,得养生焉。"(《养生主》)在前一语境中,"道言"以"不言"的形态出现,他虽然没有言语,却能潜移默化地感化人心,这强调的是"无言"的力量;而在后一语境中,"道言"则以"言"——"庖丁之言"的形态出现,此"言"虽然出自庖丁个人之口,却是他的得道之言,所以这里又强调了言的力量。

"庖丁之言"之所以能够成为"道言",就在于:首先,这种"言"不是庖丁的主观之言,而是来自于事情本身的言说;其次,这种"言"不仅是工具性的语言,更是指引性的语言,庖丁倾听事情本身的声音,然后用它来指引人的存在。

所以这种语言不是命令性的语言,而是启发性的语言,"已矣,夫子无所发予之狂言而死矣夫!"(《知北游》)林希逸认为"狂言,即大言也",也就是一种道言,"夫子在,则有启发予之大言,今既死,则无启发予之言。"①

那么这种启发性的语言是一种什么样的语言呢?寓言、重言、卮言。

"寓言十九,重言十七,卮言日出,和以天倪。"(《寓言》)寓言是寄托寓意的言论,它意味着言在此而意在彼,言有尽而意无穷,这样寓言就可以克服言自身的有限性,而接近于"道"的无限性;重言是借重之言,但它不是借重一般的世人之言,而是借重先哲时贤之言,他们倾听天地的声音,然后将其言说出来,所以此言是一种被传达的道言;卮言是一种无心之言,它避免了人的成心、机心等"有"心,所以它是一种自然之言,即自然而然的言论——道言。因为寓言、重言、卮言都是合道之言、合乎自然之言,所以"和以天倪"。

故而,《庄子》中不仅有"言"与"无言"之分,也有"人言"和"道言"之别。在"道言"看来,"人言"是无可理喻的,而在"人言"看来,"道言"是荒诞不经的——这就产生了这样一种现象:在庄子看来,世人之言是无道的,所以"以天下为沈浊,不可与庄语"(《天下》);而在世人看来,庄子之言也是无道的,是"谬悠之说,荒唐之言"(《天下》),是不着边际的无稽之言——"孟浪之言",是让人"狂而不信"的大而无当之言。

因此,对于庄子而言,最重要的不是"言"或"不言",而是"人言"或"道言"。其关键又在于所言是否显现"道"、是否因顺自然。只不过在庄子看来,在世俗生活中,"无言"更能显现"道","言"则因为其所浸染的世俗性,而往往不能显现"道",有时甚至还会遮蔽"道",在此意义上庄子是反对"言"的。但是庄子并不反对能够显现"道"的"言",所以庄子实际上也不反对"言"自身,虽然他也怀疑"言"的能力——但是"言"也有很多的形式,除了狭义的文字和声音,它还具有广义之"言"。故而它认为通过不同的方式,"言"还是能

---

① 林希逸:《庄子鬳斋口义校注》,周启成校注,中华书局 2009 年版,第 343 页。

够达"道"的。

"天地与我并生,而万物与我为一。既已为一矣,且得有言乎? 既已谓之一矣,且得无言乎? ……故自无适有以至于三,而况自有适有乎! 无适焉,因是已!"(《齐物论》)首先,当人与天地万物合为一体时,人是无言的,他既不能言,也无须言(事情本身就在那里);其次,但这种统一的状态还是被言说了出来,这在于它们需要显现,于是言得以产生;最后,"言"或"不言",只要因任自然,它们就是有"道"的,否则就是无"道"的。

在此意义上,"言"或"不言"都不是庄子所追求的对象,也不是其语言论的关键。"隐,故不自隐。古之所谓隐士者,非伏身而弗见也,非闭其言而不出也,非藏其知而不发也,时命大谬也。"(《缮性》)首先,古代的得道者——"隐士"并非完全"无言",而是有言的,只是他们将言隐藏——"闭"起来了;其次,他们的"言"或"无言"不是其主观的行为,而是顺任"时命"的结果,也就是遵"道"而行的结果。"道物之极,言默不足以载;非言非默,议有所极。"(《则阳》)当语言和沉默自然发生时,它们如日经天没有痕迹,就仿佛"非言非默";当其为人为之时,它们就不足以承载"道",所以郭象认为"夫道,物之极,常莫为而自尔,不在言与不言。极于自尔,非言默而议之也"[1]。在这种情况下,即便所言是"厚言""忠言",但如果它不是自然而然的,而是带有人为的意志和意愿的话,也会给人带来危险,"若殆以不信厚言,必死于暴人之前矣!"(《人间世》)

这种自然的言说又具体表现为庄子"言无言"的思想。从否定意义上讲,"言无言"强调的是不要言说人为的言说;从肯定意义上讲,"言无言"强调的是要言说自然的言说,而自然言说就仿佛没有言说——"无言",这正好切中了事物的沉默本性。无道之人看似在说,却没有"言"出任何真相;有道之人看似沉默,事情的真相却在"无言"中被"言"说了出来。故而,不仅"有真人而后有真知",而且有真人而后才有真言。

---

① 郭象注,成玄英疏:《庄子注疏》,曹础基、黄兰发点校,中华书局2011年版,第480页。

第三章　作为"无"的"有"

第一节　"无"与"物"

如果说"无"在《庄子》中有多种形态,那么"有"在《庄子》中也具有多种形态:首先是形而下之"有",这具体表现为可感之"物",即用感官可以感知的"物";其次是形而上之"有",这具体表现为不可感之"物",即用感官所无法感知到的抽象之"物"——它们本身可能并不存在,但是在人的世界中,它们是存在的;最后是"有"的自我否定,即抽象之"物"的自我否定。

正是基于此,《庄子》中的"物"几乎成为了"有"的代名词。如果说"有"和"无"相互关联的话,那么在《庄子》中"道"和"物"则彼此相对。如果说"无"规定了"有","有"显现了"无"——"无"也显现、实现、完成了"有"的话;那么"道"则规定了"物","物"显现了"道"——"道"也显现、实现、完成了"物"。如果说"道"是被"无"所规定的话,那么这又意味着,正是"无"显现、实现和完成了"物"。但这并不意味着"物"是可有可无的,相反,"物"不仅是"无"的显现者、实现者和完成者,也是"道"的存在的基础。

"达生之情者,不务生之所无以为;达命之情者,不务知之所无奈何。养形必先之以物,物有余而形不养者有之矣。有生必先无离形,形不离而生亡者有之矣。"(《达生》)对于生物而言,它要保持其生命,最重要的莫过于有形,如果形体不存在了,生命也就没有了依托;而对于形体而言,它不能用自身来保养自身,而必须依赖于外物,即必须有物质基础,否则形体不保,形体不保,则生命不生,所以庄子在这里实际上强调了"物"对于生命世界的重要性,虽然有"物"不一定有"形",有"形"不一定有"生",但前者是后者存在的基础和必要条件。

那么在《庄子》中,"物"究竟意味着什么呢?

在日常语义中,"物"有物质之义,它与心相对,在此基础上就产生了物件、物品、景物、财物等语义,在以上《庄子》的引文中,"物"就是指这种与心相对的物质;在字源学上,《说文解字》将"物"解释为万物,"物,万物也。牛为大物;天地之数,起于牵牛,故从牛"①,《玉篇·牛部》继承了此说法,认为"凡生天地之间皆谓物也"②,这意味着凡是在天地之间的存在者都是"物",而之所以用"物"来命名存在者,是因为"牛"之大和"牛"之多,它可以用来代表众多的存在者之存在以及它们的数量;正是基于此,在一般意义上,"物"成为了众多存在者的共名——"物也者,大共名也"(《荀子·正名》);具体到《庄子》文本中,"物"共出现了三百余次,这其中有多种形态、多种含义的"物"。

一、庄子之"物"

(一)何谓"物"

1. 可感之"物"

"凡有貌象声色者,皆物也,物与物何以相远! 夫奚足以至乎先! 是色而已。则物之造乎不形,而止乎无所化。夫得是而穷之者,物焉得而止焉! 彼将处乎不淫之度,而藏乎无端之纪,游乎万物之所终始。"(《达生》)貌、象、色是可视、可见的,声是可听、可闻的,这是人的五官感觉中最具人性化的两种感

---

① 许慎:《说文解字》,中华书局 1963 年版,第 30 页。
② 宗福邦等主编:《故训汇纂》,商务印书馆 2003 年版,第 1402 页。

官,所以它们能够代表人的五官——如果是这样的话,庄子在这里无非是想表明:凡是人的五官感觉可以感觉到的对象都是"物"。因此,这里的"物"就是可感之"物",即凡是我们的眼、耳、鼻、舌、身能够感觉到的有形、有色、有声、有味、有触感的存在都是"物",这也就是琳琅满目的大千世界——即我们通常所讲的物的世界,它包含有有机物、无机物,矿物、植物、动物等,当然它也包含了人。

因为他们数量繁多,所以我们又称之为万物。对此庄子是这样解释的,"不然,今计物之数,不止于万,而期曰万物者,以数之多者号而读之也。是故天地者,形之大者也;阴阳者,气之大者也;道者为之公。"(《则阳》)万物之"万",在这里并不是一个实数,而是一个虚数,表示物之无穷、无数,之所以用"万"而不是其他虚数,可能是因为在当时的条件下,人们所能认识到的最大的数字就是"万",所以以"万物"名之。

在万物之中,天地之形是最大的,阴阳之气是最大的,或者说在当时的人们看来,天地、阴阳是最大的,于是人们以天地言形,以阴阳言气。所以这里的天地是作为"万物"之一的天和地,即可感的天、地。阴阳之气虽然无形,但是它们却贯穿于天地之间,成为万物生存的基础,因此也为人们所感知,同时作为能够贯穿在天地万物之间的生命之气,它们也是最大的。万物就是在阴阳之气的和合中生育,并且存在于天地之间,所以"天地者,万物之父母也。合则成体,散则成始"(《达生》),这里的合、散就是气的聚散,这里的天地,就是万物的父母。

在万物之中,"人"无疑是一个特殊的存在者,毋宁说"人"才是庄子所论述的主题,他的关于"物"的叙述,主要是围绕着"人"展开的。即便不是这样,这种叙述也是在关于"人"的叙述的基础上的延伸。有时,庄子也试图用"物"来启发人关于"人"或世界的思索,但是很显然"人"才是这种叙述的目的;这时,"物"虽然也很重要,但是一个与"人"无关的"物"将处于无明之中——即自失于自身之中,同时失去它的意义和价值。基于此,一个与"人"无关的世界将是一个不能敞开自身的黑暗的世界。

如果是这样的话,"人"的特殊性就在于它既从属于万物,同时又在万物之外、之上。那么在《庄子》文本中,人和物到底是一种什么样的关系呢?

(1)包括人在内的"物"

"号物之数谓之万,人处一焉;人卒九州,谷食之所生,舟车之所通,人处一焉。"(《秋水》)在九州之内,人是众人之一;在天地之间,人是万物之一。人既是人,也是物,人是物的一种。在此意义上,人和动物、植物是没有区别的,它们都属于"物",或者说都是"物"。"故不终其天年而中道夭,自掊击于世俗者也。物莫不若是。……且也若与予也皆物也,奈何哉其相物也?"(《人间世》)"若"为"你"之义,在这里具体指的是匠石,"予"为"我"之义,在这里指栎社树。匠石和栎社树都是"物",并且都被"道"所规定,所以它们之间是平等的,并没有尊卑高低之别,其中任何一物都不能因其自身而妄议、贬损它物,所以林希逸解释道"匠石虽人,我虽栎树,皆天地间一物,汝何独以物相讥!"①

(2)与人相对待的"物"

但是人虽然为万物之一,却也区分于万物,对此庄子也有明确地区分,"夫圣人……天下有道,则与物皆昌"(《天地》),"古之真人……与物有宜而莫知其极"(《大宗师》),"庄周……独与天地精神往来,而不敖倪于万物"(《天下》)。

在《天地》中,当天下有道时,圣人便与"物"一起昌明,"物"在这里显然不包括圣人,而是指圣人之外的"物";在《大宗师》中,真人不人为地打扰"物",因此能与"物"相互适宜、彼此为安,在这里真人与"物"是相区分的;在《天下》中,庄周"独与天地精神往来",首先"独"字表明他是独立的存在者,其次"与天地精神往来"表明他是得道者,但即便如此,庄周却不敖视万物,这表明了他与万物的关系——一方面,他们是彼此相区别的,因为他们都是独

---

① 林希逸:《庄子鬳斋口议校注》,周启成校注,中华书局2009年版,第75—76页。

立性的存在;另一方面,庄周保持了对万物的尊重,因为在道的视域中他们都是平等的。

由此可见,与"物"相对的"人"不是一般之人,而是得道者("圣人""真人""庄周"),这是因为对于无道者(一般之人)而言,其自身的本性还处于被遮蔽的状态,它自身还处于无明之中,因此他们还不是自己,而与物无异。只有得道者才是统一于自身本性的人,在此基础上他才能与物相区分开来,而成为不同于他物的特殊存在者。

因此得道者首先是有独立性和个性的人,即存于自身本性的人,正是基于此,他才能不同于万物。其次,他尊重万物,因为万物也拥有自身独特的本性,在此意义上他和万物是平等的——"道通为一";所以他尊重万物,也是尊重自己;他不"敖倪"他物,也就是不"敖倪"自己。再次,得道者与"物"之间是相互适宜的,即"与物有宜"——因为尊重,所以他们不会相互干涉、相互打扰;因为没有干扰,所以他们和而不同,彼此和谐。最后,他们之间不仅能够和谐共存,而且能够彼此共生,共同生成,即"与物皆昌",因为一方面,真人可以"利泽施乎万世";另一方面,"縠食""鸟行"(《天地》)又可以启示圣人。得道者和万物由此而彼此昌明,所以"天地与我并生,而万物与我为一"(《齐物论》)。

总之,得道者与物是相互平等、彼此适宜、相互昌隆的,这意味着他们之间是统一的,而不是分裂的;同时,"统一"也意味着他们之间是有差异的,有差异的事物才能被统一,无差异的事物无所谓统一与不统一。

(3)由人所制造的"物"

除了与人相异的物和包含人在内的物之外,《庄子》中还有一种特殊之物——由人所创造的物。"至德之世……当是时也,山无蹊隧,泽无舟梁;万物群生,连属其乡;禽兽成群,草木遂长……夫至德之世,同与禽兽居,族与万物并。恶乎知君子小人哉!"(《马蹄》)

"蹊"为道路、小径,它原本并不存在,而是由人(足)所开辟的道路;"隧"

为隧道,它是人为了方便达到自身的目的地,而人为开凿的通道;"舟"为小船,"梁"为桥梁,它们和"蹊""隧"一样,原本并不存在,而是由人所制造出来的人工"物"。之所以如此,在庄子看来,是因为人们不再安于自己的本性,而产生了超出自身之外的欲望,即贪欲,为了满足自己的贪欲,人们制造了这些满足自己贪欲的工具。所以"蹊""隧""舟""梁"虽然是存在的,也是人的感官可以感觉到的,并因此也是"物",但它们不是自然物,而是人工物。它们的出现不是自然地发生,而是人的欲望的产物,并且推动了人的欲望的发展,进而损害了人的本性,同时也破坏了大自然的自然性。

所以庄子强调,在至德之世,"山无蹊隧,泽无舟梁",这是因为在源初之时,万物原本就是统一的,他们之间并没有产生彼此之区分,包括人也是如此,"恶乎知君子小人哉"。也正是因为这种统一,自然世界才能"万物群生,连属其乡……同与禽兽居,族与万物并"。而由人所制造、逆自然而成的"物"事实上成为了一种无道之"物",在庄子看来,它们破坏了世界的统一,而使万物之间产生了区分和对立。① 因此如果我们要复返世界之初,就需要否定人为,归于自然,"人知守分,物皆淳朴。不伐不夺,径道所以可遗;莫往莫来,舡桥于是乎废。"②

2. 不可感之物

（1）功名之物

在《庄子》中,除了有感官可以感知的"物"之外,还有感官所不能感知的"物",它们虽然无形、无色、无味、无声和不能触摸,但却是真实存在的。它们不仅真实存在,而且成为世人所追求的对象。"自三代以下者,天下莫不以物易其性矣! 小人则以身殉利;士则以身殉名;大夫则以身殉家;圣人则以身殉

---

① 当然这也是庄子之"自然"的问题所在——对于欲望和人为的片面认识:即人们只意识到了欲望的消耗性,而没有意识到其生产性;只意识到人为(创造)对于自然的损害,而没有意识到人为(创造)对于自然的揭示和敞开——自然也需要敞开和实现。

② 郭象注,成玄英疏:《庄子注疏》,曹础基、黄兰发点校,中华书局 2011 年版,第 184 页。

天下。故此数子者,事业不同,名声异号,其于伤性以身为殉,一也。"(《骈拇》)在庄子看来,自从三代以后,世人的本性便不复存在了,之所以如此,是因为"物"遮蔽了人的本性,而这个"物"就是"利""名""家""天下"等,它们虽然是无形的,但是却成为"小人""士""大夫""圣人"所追逐的对象,因而是真实存在的。这种"物"不仅存在,而且成为了规定人之存在的"物",甚至成为了让人以身殉之的"物"。

因此,对于庄子而言,这种"物"当然是要被否定的,它具体表现为"外物"——对于自然物而言,"外物"意味着忘却"物",因为自然物的存在是自然的,我们不能让之不存在,否则这也是违背自然;对于人工物而言,"外物"则意味着否定"物",因为它们原本不存在,它们的存在本身就是不自然的,因此只有否定它,与之相涉之物才能回归自己的本性。《骈拇》中的"名""利""家""天下"就是人为的产物——心灵的产物,它们原本并不存在,只是由于人的欲望而生起,其结果是使人越过了自身的边界,从而遮蔽乃至损伤了自身的本性,即"贪者忧""夸者悲""潜之万物,终身不反"——"钱财不积则贪者忧,权势不尤则夸者悲,势物之徒乐变……驰其形性,潜之万物,终身不反,悲夫!"(《徐无鬼》)

这种"物"在《徐无鬼》中得到了更为细致的描述,它几乎遍及人生的各个角落,"招世之士兴朝;中民之士荣官;筋国之士矜雅;勇敢之士奋患;兵革之士乐战;枯槁之士宿名;法律之士广治;礼乐之士敬容;仁义之士贵际",在此"朝""官""雅""患""战""名""治""容""际"都成为了束缚人的"物",究其根源,就在于人的贪欲——也就是人为的"兴""荣""矜""奋""乐""宿""广""敬""贵"等。甚至当人们将"无"和"道"作为一种"有"去追求时,它们也会成为人的一种欲望,这时它们也是一种"物"。

(2)事物

《庄子》中的物不仅包含有作为名词的物,即静止不动的物,或者作为固定对象的物,而且包含有作为动词的物,即发生的事情——事物。"之人也,之德也,将磅礴万物以为一,世蕲乎乱,孰弊弊焉以天下为事! 之人也,物莫之伤,大浸稽天而不溺,大旱金石流、土山焦而热。是其尘垢秕糠,将犹陶铸尧舜者也,孰肯以物为事!"(《逍遥游》)结合上下文我们可以看出,"孰肯以物为事"与"孰弊弊焉以天下为事"在此相互涵涉,其中"物"与"天下"彼此呼应,但是这里的"物"不是指"天下",而应指治理天下,因为在此前后,尧与许由、尧见四子的故事都意指如何治理天下,所以释德清认为这是"言此人其肯汲汲劳心,以治天下为事哉"①。因此"物"在这里应为事物,即发生的事情、行为、故事。"'万物'或'无数过程或现象'指涉建构这个世界所有特定过程和现象不汇总的总和:'万物'就是所有发生着的事情。《庄子》'物化'(过程和现象永远转化)的表达,描述一事物向另一事物的转化,正是表明了过程所有形式间的相互依存和彼此贯通。"②

不仅于此,在《德充符》中也出现了"以物为事"的说法,"彼且择日而登假,人则从是也。彼且何肯以物为事乎!"(《德充符》)从上下文来看,"以物为事"与"人则从是"相对,人们都乐意跟从、随从王骀③,而不是王骀要求、强迫、引诱人们跟随他,前者是自然的结果,后者则是人为的行为。人们之所以乐意"从"之,一方面是因为他的得道和超尘绝俗——"登假",因为他处于无待之境,不受外物变迁之影响,顺任事物的变化,执守事物的枢纽——"审乎无假而不与物迁,命物之化而守其宗";另一方面是因为他的"立不教,坐不议",虽然他胸怀大道,但是他从不强求他人,而是涵藏大道、顺物自然,即不肯"以物为事"——不肯以吸引众人、教育他人为事。也正是因为如此,才能形成最终的"不言之教,无形而心成"。因此"以物为事"的"物"在这种语境中,应理解为事物,它是指一种行为,而且是人为的行为,是有所待、不顺物的

---

① 释德清:《庄子内篇注》,华东师范大学出版社 2009 年版,第 13 页。

② [美]安乐哲、郝大维:《道不远人:比较哲学视域中的〈老子〉》,何金俐译,学苑出版社 2004 年版,第 78 页。

③ 陈鼓应认为他是"庄子寓托的理想人物。'王',取为人所敬崇之义,'骀',即驽,含有'大智若愚'的意思"。(陈鼓应:《庄子今注今译》,中华书局 1983 年版,第 145 页)

行为,它与自然相对。

在《庄子》中,事物之"物"不仅不能顺从事物,而且会扰乱人与人之间的关系。"举贤则民相轧,任知则民相盗。之数物者,不足以厚民。"(《庚桑楚》)显而易见,这里的"物"就是指"举贤""任知"之事。因为"举""任"贤者和智者,会给人们带来或隐或显的利益,而这种利益又会引起人们的争斗,从而使有能者相互倾轧,使无能者伪装诈盗①。因此"举贤"和"任知"虽然是出于善意,但是其结果却适得其反,正是它们让人们失去了淳厚的本性,所以"之数物者,不足以厚民"。这里的"物"指的就是"举贤"和"任知"之事。

而作为事物的"物"不仅会扰乱人与人之间的关系,而且会扰乱人自身的本性,使人失去自由的本性。"知士无思虑之变则不乐;辩士无谈说之序则不乐;察士无凌谇之事则不乐:皆囿于物者也。"(《徐无鬼》)由文本可知,首先,"知士""辩士""察士"的快乐不是建立在其本性的实现之上的,而是建立在"思虑之变""谈说之序"和"凌谇之事"上,从而遗忘了人的思虑、议论、区分本身就是有悖于人的本性的无知("愚")、无言("默")和混沌("昏")的本性的,如果是这样的话,无论他们"乐"与"不乐"都是无道的。其次,"知士""辩士""察士"还表现在他们都"囿于物"上,这里的"物"就是指"思虑之变""谈说之序"和"凌谇之事",当这些事情得以实现时,他们是快乐的——如上所述,虽然这种快乐只是虚幻的快乐,而不是得道的快乐。不仅"知士""辩士""察士"如此,"农夫""商贾""庶人""百工"也是如此,"农夫无草莱之事则不比;商贾无市井之事则不比;庶人有旦暮之业则劝;百工有器械之巧则壮"(《徐无鬼》),就其自身而言,"草莱之事""市井之事""旦暮之业""器械之巧"虽然都是实现他们、完成他们的事物,并因此也可以给他们带来快乐,但是一旦他们将其看成是一个可以追逐的对象时,事情就偏离了事情自身,而成为了一种人为之"有"。因此,它们也就成为了束缚人的事物,人们则成为无

①　"举贤则民必争,以知为任则民愈诈。"(林希逸:《庄子鬳斋口义校注》,周启成校注,中华书局 2009 年版,第 352 页)

道之人,进而丧失了自己的快乐。

3. 存在者整体中的"物"

尽管"物"在《庄子》中是一个含义丰富的概念,但是它并非无所不包,在《天道》和《刻意》中,它只是作为存在者整体中的一部分而存在。"故知天乐者,无天怨,无人非,无物累,无鬼责"(《天道》),"故无天灾,无物累,无人非,无鬼责"(《刻意》)。

也就是说,庄子的存在者序列是:天、人、物、鬼。在这种语境中"物"成为了与"人"相对的存在者,它们都是可感之物,是天地之间的存在者。但是"天"和"鬼"则成为了不可感之物,"天"是天地,它主宰"人"和"物"的生,是"人"和"物"的在世之所,"鬼"则主宰"人"和"物"的死,是他们的离世之所。它们虽然都不可感,但是因为都相关于人和物的存在,所以在古人看来它们也是存在的。总之,整个世界由此四者构成,这既不同于西方的天地人神的世界,也与传统的天地人的世界产生了细微的分别。

由此可以看出,"物"在《庄子》中是有着丰富内涵的一个词,它有时指存在者整体,有时又是指整体中的一部分;它有时涵括了人,有时又与人对称……就外在形态而言,《庄子》中的"物"可以分为可感之物、不可感之物以及存在者整体三种。但是就"物"的具体内容而言,"物"又可以分为自然物、人工物和事物三种。因此,对于《庄子》中的"物",我们需要从其上下文中进行细致而具体的区分,辨析其内涵。

(二)"物"与"道"

《庄子》中的"物"虽然有多种,但是如果就其根本而言,即从"物"与"道"关系而言,"物"可分为"有道"之"物"和"无道"之"物"两种。

1. "无道"之"物"

所谓"无道"之"物"是指被"有"所规定的"物"。就"物"自身而言,它是无所谓"有道"与"无道"的,毋宁说,作为自然的存在,它本身就是"道"的显现。它之所以"无道",是因为它与人建立了某种关联,即在人的世界中,如果"物"突出了自身之"有",它将丧失自身、失去自身的本性,从而成为"无道"之"物"。如上文所分析的人工物和事物,它们就是被"有"所规定的"物"。在此意义上,物只有保持在"无"的状态之中,它们才能保持自身、成为自身,并成为"有道"之物。

"夫楂梨橘柚果蓏之属,实熟则剥,剥则辱。大枝折,小枝泄。此以其能苦其生者也。故不终其天年而中道夭,自掊击于世俗者也。物莫不若是。"(《人间世》)楂、梨、橘、柚、果、蓏作为"物",之所以不能尽其天年,是因为它们是被"有"所规定的物,这里的"有"具体呈现为一种"有用",即《人间世》所说的"能"。当物成为一种可供人使用的"有"时,它就会被人所伤害。在庄子看来,这当然是人之过,但同时也是物之过——因为它"自掊击于世俗者也"。由此可见,当物为有用之物——被"有"所规定时,它容易失去自身,所以成为"无道"之物(物成为了非己的存在);当物是无用之物——被"无"所规定时,它才能持存自身,所以成为"有道"之物(物自身)。

如果说自然物因为"有用"而成为"无道"之"物",那么人工物(蹊、隧、舟、梁)则因为承载了人们的贪欲和意愿("有为""有欲")而成为"无道"之"物"。首先,人工物不是自然的,它甚至是有悖于自然的,因此它往往会对自然造成伤害;其次,人工物是欲望的产物,而且这种欲望往往不是自然的欲望,而是人为的欲望,即贪欲。这种出自于贪欲的"有为"决定了人工物的"无道"性质,因此庄子对人工物所持的是否定的态度,"有机械者必有机事,有机事者必有机心"(《天地》)。

如果说人工物是有形之物的话,还有一种物则是无形之物。这种物虽然无形,却是一种实实在在的"有",这种"有"就表现为一种执着之念,即"有执"。它既可能执着于有形之物——外物,也可能执着于无形之物——功名,同时也可能执着于一种执着,甚至可能执着于不执着。"驰其形性,潜之万物,终身不反,悲夫!"(《徐无鬼》)"潜"的本义为没入水中,所以林希逸解释

"潜之万物"为"汩没于万物之中"①,即人沉溺②于外物之中,以至于其形、其性被"万物"所淹没——这是对有形之物的执着。与之相对的是执着于无形之物,"小人则以身殉利;士则以身殉名;大夫则以身殉家;圣人则以身殉天下。故此数子者,事业不同,名声异号,其于伤性以身为殉,一也"(《骈拇》),"故乐通物,非圣人也"(《大宗师》),尽管他所执着的不是物本身,而是"通物",但这也是一种执着的行为,因此它是无道的——"有心要通于物,非自然矣。"③

综上所述,"无道"之"物"之所以无道,是因为它们被"有"所规定,这里的"有"就具体表现为与"物"相关联的人的有用、有为、有欲、有心、有执等。

2."有道"之"物"

与"无道"之"物"相对,"有道"之"物"则要排除这些"有"及其可能性,在此之后"物"才能成为被"无"所规定的"物",即回归自身的自然之物——得道之"物"。它纯粹自然,不含有人为之"有"。因此它保持了自身的本性。而这个本性就是"无"的本性。它来源于"无",也回归于"无",并且被"无"所规定。因此在现实生活中,否定之所以可能,就是因为这种本源上的"无"之存在。

"纪渻子为王养斗鸡。十日而问:'鸡已乎?'曰:'未也,方虚骄而恃气。'十日又问,曰:'未也,犹应向景。'十日又问,曰:'未也,犹疾视而盛气。'十日又问,曰:'几矣,鸡虽有鸣者,已无变矣,望之似木鸡矣,其德全矣。异鸡无敢应者,反走矣。'"(《达生》)真正的鸡不是"虚骄""恃气""应向景""疾视""盛气"之鸡,这是因为它们还存有"有",正是这种"有"成为了它们的羁绊,让它们远离自身的本性而不能成为自身;相反,似若"木鸡"的鸡表面看起来毫无

---

① 林希逸:《庄子鬳斋口议校注》,周启成校注,中华书局2009年版,第380—381页。
② 陈鼓应:《庄子今注今译》,中华书局1983年版,第736页;曹础基:《庄子浅注》(修订本),中华书局2000年版,第366页。
③ 释德清:《庄子内篇注》,华东师范大学出版社2009年版,第114页。

生气,仿佛丧失了"有",但正是这种无"有"使它"德全矣",这在于因为没有"有"的羁绊,它们反而得以返回自身,自性圆满。因此"有道"之"物"不是被"有"所规定的"物",而是被"无"所规定的"物"。

二、作为"无"的"物"

(一)本源之"无"

这意味着"物"并不是原本就存在的,而是后出之物。"古之人,其知有所至矣。恶乎至? 有以为未始有物者,至矣,尽矣,不可以加矣!"(《齐物论》)[①]在庄子看来,真正得道的人应该是能够意识到宇宙的初始是"未始有物"的人,这是人之"知"所能达到的极致,因此也是人的智慧的最高境界。之所以如此,是因为"未始有物"的知识或者判断正好符合了世界的真实情况,"泰初有无,无有无名。一之所起,有一而未形。物得以生谓之德;未形者有分,且然无间谓之命;留动而生物,物成生理谓之形;形体保神,各有仪则谓之性;性修反德,德至同于初。"(《天地》)在宇宙的始源,没有"有"的存在,而只存在着"无",所以也就不存在着"物"。"有"由"无"而起,这个"有"就是"一",但是"一"同样也不是"物",因为它还没有"形",而是混沌的世界。这个世界的边际就是天地,万物就是在天地之间生成的。这种生就是化生。

"天无为以之清,地无为以之宁。故两无为相合,万物皆化生。芒乎芴乎,而无从出乎! 芴乎芒乎,而无有象乎! 万物职职,皆从无为殖。故曰:'天地无为也而无不为也。'人也孰能得无为哉!"(《至乐》)"芒乎芴乎""芴乎芒乎"描写了混沌世界的状态,这表明万物就是在混沌之中生成的。具体而言,万物就是在天地之间的混沌中生成的,而生成之所以能够实现,是因为天地的无为,它没有将自己的主观意志强加于他者,所以万物才能自然形成,并且成

---

① 相似的内容在《庚桑楚》中又出现了一次,"古之人,其知有所至矣。恶乎至? 有以为未始有物者,至矣,尽矣,弗可以加矣!"(《庚桑楚》)

为万物自身。因此万物的产生是自然而然的结果。

如果说天地让万物生成的话，那么这种"生成"又是如何进行的呢？"至阴肃肃，至阳赫赫。肃肃出乎天，赫赫发乎地。两者交通成和而物生焉，或为之纪而莫见其形。"（《田子方》）在万物生成之前，天地之间产生了阴阳二气，正是阴阳二气的相互交通融合生成了万物。也正是因为如此，"天地者，万物之父母也。合则成体，散则成始。"（《达生》）天地之所以能够成为万物的父母，是因为天地产生了阴阳二气，二气相互聚集就构成了形体，而二气离散则终结了该形体。与此同时，有聚就有散，有散就有聚，形体的离散本身就意味着新的形体的聚集，所以散又意味着一种新的开始。因此，"然察其始而本无生，非徒无生也而本无形，非徒无形也而本无气。杂乎芒芴之间，变而有气，气变而有形，形变而有生。今又变而之死。是相与为春秋冬夏四时行也。人且偃然寝于巨室，而我噭噭然随而哭之，自以为不通乎命，故止也。"（《至乐》）在其中，庄子描述了天地之间大化流行的运行图：首先是阴阳二气的运行，构成了形体，由于形体的产生，于是有了生命，当生命走向终结时，也就是死亡到来之时，这时形体将消散，最终散而为气，气又重新聚集成新的形体……即形成了一个"气——形——生——死——形——气"的循环过程，也正是因为如此，庄子认为万物"以不同形相禅，始卒若环"（《寓言》）。

因此，就"物"自身而言，首先，它起源于"无"。其次，它的存在不是无限的，而是有边界的：它的存在是有空间限制的，而不是至大无边的，它不能逃于天地之间；同时它也是有时间限制的，而不是永恒的，它不能逃于生死之间。最后，它回归于"无"。

同时，就整体而言，万物也是无穷、无止、无常、无故的。"夫物，量无穷，时无止，分无常，终始无故。是故大知观于远近，故小而不寡，大而不多：知量无穷。"（《秋水》）这意味着不仅个体之"物"是被"无"所规定的，而且整体之"物"也是被"无"所规定的——没有穷尽、没有止限、没有一定、没有永恒，但也正是因为如此，万物才能新之又新，生生不息，所以唯有"无"才能成为万物的本性。

(二) 本性之"无"

"夫虚静恬淡寂漠无为者,万物之本也。"(《天道》)"虚静""恬淡""寂漠""无为"实际上都是"无"的具体形态,如果是这样的话,这意味着"无"就是万物的本性。

具体而言,这种"无"表现在存在、思想、语言三个方面。"故古之王天下者,知虽落天地,不自虑也;辩虽雕万物,不自说也;能虽穷海内,不自为也。"(《天道》)所谓"古之王天下者"也就是得道者,唯有得道之人才能成为真正的"王"。那么得道者有什么特质呢?从存在方面而言,他是有"能"的,但是这种"能"却"不自为";从思想方面而言,他是有"知"的,但是这种"知"却"不自虑";从语言方面而言,他是有"辩"的,但是这种"辩"却"不自说"。"不自为""不自虑""不自说"首先意味着他是无私的,他不是为了自己而为,也不是为了自己而思虑,同时也不是为了自己而言辩;相反他是为"海内"而"为",为"天地"而"虑",为"万物"而"说"。那么这如何可能呢?这又涉及"不自为""不自虑""不自说"的第二层含义,即他不是从个人主观的角度去"为"、去"虑"、去"说",而是从"道"的视域、天空的视角,也即"海内""天地""万物"的角度去"为"、去"虑"、去"说"。如果是这样的话,他就必须无为、无虑、无说:一方面,他必须否定私己,无己为、无己虑、无己说;另一方面,他必须超越自身,保持在"无"的状态中,因为一旦有"有",就会产生偏狭,而不能"穷海内""落天地""雕万物"。

基于此,首先,"物"之"无"表现为"无为"。"天不产而万物化,地不长而万物育,帝王无为而天下功。"(《天道》)天地、帝王作为有道之"物",它们虽然存在,却仿佛不存在;它们虽然为"有",却以"无"的形态出现——"不产""不长""无为",而且正是因为这种"无",使得"天"成为了真正的"天"——能化"万物"的"天","地"成为了真正的"地"——能育"万物"的"地","帝王"成为了真正的"帝王"——能功盖"天下"的"帝王"。这意味着,正是因为它们将自己置于"无"的境域之中——仿佛不存在时,万"有"才能生成出来;相反,当它们强调、突出自己的存在之时,万"有"将不能生成自身,同时它们自己也远离了自身。

因此,真正的得道者或合道者虽然是作为有的"物",但是他们却被"无"所规定。当他们突出自己的"有",或者远离自己的"无"时,他们将远离"道",也就是远离自身。"明王之治:功盖天下而似不自己,化贷万物而民弗恃。有莫举名,使物自喜。立乎不测,而游于无有者也。"(《应帝王》)真正的"明王"("物")应该将自己隐藏起来——"似不自己""有莫举名",让自己保持在无名之中,以至于让人感觉不到他的存在,唯有如此才能"民弗恃""使物自喜",也只有这样,他才能"立乎不测,而游于无有者也",所以郭象解释道"夫明王皆就足物性,故人人皆云'我自尔',而莫知恃赖于明王……虽有盖天下之功,而不举以为己名,故物皆自以为得而喜……居变化之涂,日新而无方者也……与万物为体,则所游者虚也"。① 只有在游于"无"时,"有"才能保持自身,并且生生不息,日新无方。在此意义上,"无"是"有"之本②。

其次,"物"之"无"表现为"无言"。这意味着,得道者的本性在于他的沉默——"无言"。"天地有大美而不言,四时有明法而不议,万物有成理而不说。"(《知北游》)天地之美就存在于那里,这种存在超出了"言"或"不言";四时之法也存在于那里,它超出了"议"或"不议";万物之理则超出了"说"与"不说"。无论"言"与"不言"、"议"与"不议"、"说"与"不说",天地、四时、万物都在那里,而且语言根本无法改变它们。相反,正是在本己的沉默中它们保存、持守了自身,正是这种保持,使得它们的"美""法""理"得以敞开。在此基础上,美才能成为"大美",法才能成为"明法",理才能成为"成理"。否则,当它们言说时,大美、明法、成理就会变成了小美、暗法和不成之理,甚至成为无美、无法和无理。

---

① 郭象注,成玄英疏:《庄子注疏》,曹础基、黄兰发点校,中华书局2011年版,第162页。
② 郭象注,成玄英疏:《庄子注疏》,曹础基、黄兰发点校,中华书局2011年版,第162页。

基于此,"物"既是无言的,也是无为的。"物"的显现在于它的隐藏;它的言说在于它的沉默("无言");它的作为在于它的无为。"可以言论者,物之粗也;可以意致者,物之精也;言之所不能论,意之所不能察致者,不期精粗焉。"(《秋水》)庞朴认为,"可以言论的是物(物之粗),可以意致的是理(物之精),不可言意的,是为道。"①"道"超越了精粗之对立,实际上物自身的存在也超越了这种精粗之对立,这种对立只是人的区分,物自身并没有这种区分,所以物保持自身、成为自身就是得道。"道"并不离物,而就是在物的自我保持中实现自己。

最后,"物"之"无"表现为"无知"。这意味着得道者的"知"就在于它的"无知"。反过来,它的"无知"就是它的"知"。"万物云云,各复其根,各复其根而不知。浑浑沌沌,终身不离。若彼知之,乃是离之。无问其名,无窥其情,物固自生。"(《在宥》)万物唯有"不知"——"浑浑沌沌",才能回到其本根之处,而且只有保持在"浑浑沌沌"的状态中,它才能不离本根;相反,当它"知"道时,则远离了"道"。这是因为当人产生"知"时,这实际上是一种人为之"知",在庄子看来,这种"知"并不是真知,它不是导致统一的知识,而是导致分裂的知识,所以它会使人远离"道",也就是远离自己的本性。当然就其根本而言,"真知"就是"无知",它自身处于统一之中,所以无所不知,但同时也一无所知,万物自存于自身之中,它们并不是他者的对象,所以万物并不需要去"知"他者,他们只是统一于自身的统一之中,并且和他者相互统一。世界是一个存在性的世界,万物存于其中,并统一于其中。世界不是一个对象性的世界,万物无须通过认识——"知"去存于世界。

因此"混沌"就成为了"道"的喻象,在"混沌"中万物一体,没有边界,没有彼此的区分;没有人为,没有相互的干涉,没有主观的意识。但是万物生存于其中,没有规则却秩序井然,彼此独立却相互统一,万物都成为自身——这

① 庞朴:《一分为三——中国传统思想考释》,海天出版社1995年版,第262页。

就是"道"的世界,也就是世界自身。

这个世界虽然存在万有,但万有却以"无"的形态呈现,并且在"无"的境遇中实现自身、敞开自身。因此,万物的"根"为"道"——在这里也就是"无",唯有如此,人才能仿佛处于"混沌"之中。当"道"显现为浑沌之道时,"物"复返于道也就是返回到浑沌之中,而且这种返回是自然的,而不是人为的,是在混沌之中的返回,是"不知"的,否则这种返回就不是真的返回,所返回之地也不再是浑沌之地——"不知而复,乃真复也。混沌无知,而任其自复,乃能终身不离其本也。知而复之,与复乖矣。窥问则失其自生也。"①

三、"无"对"物"的守护

(一)源于"物"的"无用"

和庄子的其他思想一样,其"无用"思想并不是来源于他的纯粹理性思辨,而是来自于他面对现实困境时的观察与沉思,即世人过度崇尚、追求物的"有用"性,而轻视、规避物的"无用"性——这具体表现为世人因为追求"有用",而"以用为知,以不用为愚"(《庚桑楚》);正是因为规避"无用",所以"人皆知有用之用,而莫知无用之用也"(《人间世》)。

基于这样的思想背景,庄子阐释了"有用"的无用性,以及"无用"的有用性:对人"有用"之物,对物则无所谓"有用"或"无用",相反此"用"还会分裂乃至伤害物自身;而对人"无用"之物,对物自身则"有用",因为正是这种"无用"守护了物的本性,使其免受人的伤害。基于此,庄子展开了对世之"有用"的否定和对世之"无用"的肯定。

一方面,是庄子对世之"有用"的否定。

"以用为知,以不用为愚……移是,今之人也,是蜩与学鸠同于同也"(《庚桑楚》),"今之人"以擅长"用"为"智者",以不擅长"用"为"愚者",但在庄子

---

① 郭象注,成玄英疏:《庄子注疏》,曹础基、黄兰发点校,中华书局 2011 年版,第 212 页。

看来这实际上是颠倒了是非,因此他将"今之人"比作浅薄无知的"蜩与学鸠",之所以如此,就在于他们只看到了物所呈现出来的表面功用,却看不到这种功用给物所带来的深层危险——这一方面是因为其浅薄和无知,其视野的局限性和思想能力的缺失使它们丧失了获得事情真相的能力;另一方面是因为它们的狭隘和自私,其所关心的只是自己的需要能否被满足,而不是物自身的实现。在这种境遇中,物不再归属于自身,并因此不再完整,它成为了供世人使用的工具和满足世人欲望的对象。其最终的结果是"有用"与"无用"成为世人判断物的价值的唯一或最高的标准,以至于物成为了人之物,而人则成为了物之人,人不人化,物不物化,人为物役,物为人役。

基于此,庄子对世之"有用"和擅长"用"物的人进行了批判。在世人看来,木之有用性在于它可以用来做船、棺椁、户枢、屋柱等器具,而这些器具又可以用来满足人的需要。与之相对的就是"散木""不材之木",它们因为其材质旋散而不能被做成任何器具,所以不能满足人的现实需要,因此它们是无用之木。但是对于庄子而言,那些对人有用之木,对其自身却是一种灾难,因为在它非常小的时候就会被人砍去做系猴子的木栓,即便能逃过这一劫的"木"也会在其成长的过程中,继续被人砍去做棺椁、屋柱横梁等。同样的事情也发生在桂树、漆树甚至是成熟的果实身上,桂树因为可以吃,所以遭到人的砍伐,漆树因为可以炼漆,所以遭到人的砍割,水果因为可以食用,所以遭到人的剥落,甚至连承载水果的树枝也遭到池鱼之殃。

因此庄子认为"故未终其天年而中道之夭于斧斤,此材之患也"(《人间世》),所谓"材之患"就是"有用"之患,这种有用性不仅不会给物自身带来利,反而会给它带来害。这种伤害一方面来自于人对物的使用,因为它实际上是以消耗物为前提的,物就在这种消耗中夭折,即便不是如此,物也会因此而失去其原初的统一性;另一方面来自于物对其自身的"有用"的炫耀和展示,"故不终其天年而中道夭,自掊击于世俗者也"(《人间世》),物因为显露自己的"有用"而招来危险,所以"山木,自寇也;膏火,自煎也"(《人间世》)。

概言之,庄子不仅否定了世俗意义上的有用性,而且否定物(人)以这种有用性自居的态度。

另一方面,是庄子对世之"无用"的肯定。

如果说庄子的思想一方面是否定,即否定了世之"有用"的话,那么另一方面则是肯定,即肯定了世之"无用",认为"无用"对于物自身而言才是真正的"有用",这种"无用"甚至成为了物的本性和物的意义。

对于世人而言,细枝弯曲之木是无用的,因为它不能做栋梁;花纹旋散之木是无用的,因为它不能做棺椁;有毒有异味之木是无用的,因为它们容易伤身。但正是因为它们的"无用",才让它们能够自然生长,而不受人为之砍伐,"此果不材之木也,以至于此其大也""散木也……无所可用,故能若是之寿"(《人间世》)。以世俗的眼光来看,树木如果不能成为栋梁,那么它就"无用"。但是以"道"的眼光来看,树木还有更高的"用",树木不是用来满足人的贪欲的,而只是实现、完成自身,并且依靠其自身的统一来显现人的统一和世界的统一。所以对于树木而言,它首先是要保存自身,然后才能实现自身。而它要保存自身,所需要的就不是对于他物的"有用"性,而是其"无用"性。正是在此意义上,林希逸认为"以无用为大用也"①。

不仅对于"无用"之植物如此,对于"无用"之动物也是如此,白额之牛、亢鼻之猪和痔病之人都是不祥之物,所以在祭祀之时,它们成为了"无用"之物,但正是因为这种"无用",同时也保全了它们自身,使得它们远离了被用作祭祀物的危险,从而得以全生,"故解之以牛之白颡者,与豚之亢鼻者,与人有痔病者,不可以适河。此皆巫祝以知之矣,所以为不祥也。此乃神人之所以为大祥也"(《人间世》)。

不仅对于"无用"之动物如此,对于"无用"之人——"支离者"等也是如

---

① 林希逸:《庄子鬳斋口议校注》,周启成校注,中华书局 2009 年版,第 79 页。

此,对于世人而言,支离者因为其身体的残疾,而无法像健全人一样行动,所以他们无法为社会作出贡献,故而他们是无用的;但是庄子的观点正好相反,支离者因为其形体的残缺,不仅可以免除兵役和劳役,从而使自己远离战场的危险和劳形苦身的痛楚,而且可以享受到政府的额外赈济,因此对于个体的安身立命而言,这种"无用"正好成就了其生命。

综上所述,对于庄子而言,如果物对人有"用",人就会"用"物,这样就会损伤物;如果物对人无"用",人则不会伤害物,所以物就能保存自身。同样的道理,人对于他人、他物有"用",人就会被他人、他物所"用",从而损伤自己;如果人对于他人、他物无"用",他就不会被他人他物所"用",也就不会损伤自己。

所以如果说世人所强调的是他者对自己或自己对他者的"用"的话,庄子所强调的则是两者之间的"无用"——唯有这样,两者才能保持各自的独立本性;如果说世人所说的"用"满足的是自己的外在欲望的话,庄子所说的"无用"所针对的则是物的内在本性的完成和实现。

概言之,世之有用与无用是从人出发、以人为中心的,而庄子的有用与无用是从物自身出发、以物自身为重心的。前者从主观出发,以主体的需要和意愿为中心,试图占物为己,而后者则从事情本身出发,以物的本性为重心,试图回到事情本身。所以这就导致了这样一种对立:在世人看来是"无用"的物,对于物自身而言却是"有用"的;在世人看来是"有用"的物,对于物自身而言却是"无用"的,甚至是有害的。这种对立表明,此时的人与物是分离的,原因在于作为自然的人没能超越自己——或者说没能实现自己,而只是以纯粹欲望和充满偏见的眼光看待物,只是将物作为欲望和意愿的对象,这不仅导致了物自身的分离,而且导致了人与物的分离。

然而,庄子对于"无用"的思考虽源于现实,却不局限于现实,而是对其进行了不同层级的思考,所以在《庄子》文本中,"无用"实际上是一个意蕴丰富的语词,它除了作为不同意味的名词出现以外,还以不同层级的动词短语出现。根本原因在于,它将"无用"作为"无"的一个维度,融入到了其"无"之思想的整体中:一是作为否定的"无",即对人为之"有"的否定;二是"有"之外的"无";三是"有"之中的"无";四是"无"自身;五是绝对之"无"。基于此,"无用"和"无用之用"在《庄子》的上下文语境中也相应地具有五重意蕴。

1. 形而下的"无用"

(1)否定人为之"用"

物既然为物,那么它就是存在的,而且有其存在的理由和价值,即物都是有用的。当人面对这种"用"时,就有自然之用和人为之用之别。自然之用尊重自然、顺物自然——"因物尽用"①,人为之用则以人为中心,破坏物的自然;自然之用是客观的使用,而人为之用是主观的使用;自然之用被用来实现人的自然的欲望,人为之用则被用来满足人的非自然的欲望;自然之用的主体对物自身的认识是完整、全面的,人为之用的主体则可能是狭隘、片面的——"任何物……其存在价值、具体的使用价值、功能与用途则是多方面的。当人们着眼于某物的某种具体用途时,此物的其他用途、其他使用价值是被忽视以至于完全掩盖了……"②

正是基于此,庄子的"无用"首先意味着要否定人为之"用"。一方面,人为之"用"掩盖、割裂、破坏了外物;另一方面,人为之"用"也会伤害作为特别之物的人的身体自身。"吾唯不知务而轻用吾身,吾是以亡足"(《德充符》),人对于自己的身体可以有两种使用:一是随顺身体自身的需要,按照身体自身的能力,自然而然地去使用身体;二是超出身体自身的需要,逾越身体自身的能力,人为地去使用身体——这种"人为"又表现为两个极端,即"轻用"和"重用",如果说"重用"是极端重视自己的身体,而导致谨小慎微一事无成的话,那么"轻用"则正好相反,轻率地使用自己的身体而导致自己的身体受损——

---

① 朱哲:《老、庄"无用之用"思想析论》,《宗教学研究》1996年第4期。
② 罗安宪:《"有用之用""无用之用"以及"无用"——庄子对外物态度的分析》,《哲学研究》2015年第7期。

叔山无趾因为自己的轻率,结果使自己失去了脚。两者的共同点是:都以自己的欲望和意志为中心,而没有客观地对待自己的身体,因而偏离了身体自身,最终伤害了身体。而人为之"用"不仅会伤害人的外在身体,也会伤害人的内在性情,"名实未亏而喜怒为用"(《齐物论》),庄子以猴子为喻,说明世人往往因为不了解事情本身的真相("名实未亏"),而妄用自己的情绪("喜怒为用"),这种"用"最终会伤害自己。

那么,这种人为之"用"所产生的原因何在?

一方面来自于人的贪欲。在世人那里,物之"用"与"无用"实际上只是来源于人的主观标准,即能否满足个人的欲望,而与事情本身无关——对于他们而言,能够满足人的欲望的物是"有用"的,不能满足人的欲望的物则是"无用"的;能够满足人之大欲的物,它是有大用的,能够满足人之小欲的物,它是有小用的。然而,在庄子看来,人并不需要超出自然本性的"用","鹪鹩巢于深林,不过一枝;偃鼠饮河,不过满腹。归休乎君,予无所用天下为!"(《逍遥游》)对于小鸟和偃鼠而言,真正对其有用的只是一枝和满腹,这符合它们的自然本性,所以是恰到好处的"用",相反深林和江河对于它们而言则是多余的。对于人也是如此,人的自然需要是有限度的,在此范围内,物是"有用"的,但是当人试图超出这个限度去追求更大的"有用"时,就可能会伤害到人自身,所以庄子"不用""天下",马不用"义台路寝"——"马,蹄可以践霜雪,毛可以御风寒。龁草饮水,翘足而陆,此马之真性也。虽有义台路寝,无所用之"(《马蹄》)。

另一方面来自于人的主观意愿和成见。"宋人资章甫而适越,越人断发文身,无所用之"(《逍遥游》),宋人以己度人,结果越人因为无发而"无所用之"。这种偏见和成见在蜩与学鸠那里也被突出了出来,它们从自己所生活的世界出发,嘲笑了鲲鹏的世界,认为鲲鹏的高飞和远游是无"用"的——"奚以之九万里而南为"(《逍遥游》),但正是这种偏见显现了蜩与学鸠的狭隘和无知,"他们(蜩与学鸠)安住在常识的价值和规范世界,以那个世界为它的全部,而被埋没在那些世界。他们,对于他们本来是怎么样的存在,对于人们的真正意义的'应该怎么样'是什么,人们的根源的真实生活方式是什么的种种问题,是无缘的……"①蜩与学鸠所强调"无用"的,却是鲲鹏所认为"有用"的;它们所强调"有用"的,却是鲲鹏所认为"无用"的,这是两种视野、心胸和境界的差异,也是两个世界的差异。

因为人的偏见、成见及其由以形成的视野、心胸和境界的差异,也会导致人的能力的差异。同一种药,在不同的人那里,有不同的功用,同一个大瓠,在不同的人手中,有不同的结局,这是由人的能力所决定的。因为物本身是敞开的,关键在于人如何去"用"它:有的人能顺物自然,发挥物的物性,发掘出物的最大潜能,这就是"大用";有的人则只能利用物,将物作为某种工具,这样虽然也是"用"物,但只是"小用";有的人则只能破坏物,因为在他的眼里,物不利己,所以"无用而掊之"。

因此,在世俗世界中,"用"因人而异,它不仅存在着"有用"和"无用"的不同,而且存在着"大用"和"小用"的差异——就客体而言,同一事物,可能对某些人有用,对另外的人却没有用,所以有人认为该事物有用,有人则认为无用,有人认为有小用,有人则认为有大用;就主体而言,对于同一物,有些人善用,有些人不善用,这也会导致不同的议论,由此便产生了"物论"的差异。庄子没有参与到这种讨论中去,因为在他看来,这些物论的产生本身是有问题的,他追本溯源,试图回到物自身,并以此釜底抽薪,对主体展开审视和批判。

问题的症结就在于,人们在看问题时的角度是不一致的,庄子区分了六种"观"的角度:"以道观之""以物观之""以俗观之""以差观之""以功观之""以趣观之":所谓"以道观之",就是以事物自身的角度去观察事物,也就是如实观照,而不掺杂有任何外在的、先验的立场、观点和意见,与之相反,"以物

---

① [日]福永光司:《庄子:古代中国存在主义》,李君奭译,专心企业有限公司出版社1978年版,第160页。

观之"则是一种外在的观,它是以某一外物的立场为中心的视角;"以俗观之"则是以某一种外在的习俗观点为中心的视角,"以差观之""以功观之""以趣观之"则是以先验的大小、有无、是非观点为中心的视角——总之,它们都远离了事物本身,而成为了一种人为的视角。所以这六种"观"又可以简化为"以道观之"和"以人观之",这又可以具体化为从事物自身的角度去观察事物和从人的主观的角度去观察事物的区别,因此前者是得道的,后者则是非道的。之所以说后者是非道的,是因为在这种境域中,"用"与"无用"只是人的一种价值判断,它来自于人的主观的标准,并且以人自身为目的。之所以说前者是得道的,是因为在这种境遇中,"有用"与"无用"不是对外而言的,而是对内而言的——即以物自身为目的,能够守护事物本性的为"有用",伤害事物本性的为"无用"。这意味着事物本身的"用"与"无用"是存在性的,是本来就存在的,它不是人所能改变的。只有实现、完成、显现与否,而没有人为的计划、安排和改变。

特别是其中的"以功观之",如果我们以有用和无用的标准去观照物,这本身就不符合物本身的实情,因为任何物都有其有用的一面,也有其无用的一面。如果我们强行从某个角度去分辨它,这种视角本身就是人为的视角,这种区分是人为的区分,这种"用"就是人为之"用"。因此,我们需要否定这种"以功观之",只有这样,我们才能守护"物"真正的"用"。

总之,在"用"的问题上,庄子试图回到自然之"用",并以此为准绳,对人为之用进行了否定:①人为之用以人为中心,而不是以事物本身为标准,它不能如实观照;②这种主观判断受限于人的局限性;③这种局限性会伤害事物本身;④物不物化,人不人化,物和人都丧失自己;⑤物自身并不追求"用",它只是要实现自身。

基于此,正是"无用"让"物"保持在自身的边界之内,从而守护、保存了物。同时,它不仅守护了"物",而且守护了人,它让人也持守在人的边界之内。这是"无用之用"的第一层含义。

（2）与"有用"共在、共生的"无用"

庄子的"无用"除了表示对于人为之用的否定之外，还存在着一种以名词形态存在着的与"有用"相对待的"无用"。这种"无用"既是事物存在的一种可能性，也是事物存在的一种必然性。

显而易见，每个事物都有其"有用"之处，也有其"无用"之处。"夫水行莫如用舟，而陆行莫如用车。以舟之可行于水也，而求推之于陆，则没世不行寻常"（《天运》）。舟对于水行是有用的，对于陆行则无用；车对于陆行是有用的，对于水行则无用。所以舟只能行于水上，车只能行于路上，否则就行之不远。这意味着舟有舟的"有用"之处，也有其"无用"之处；车有其"有用"之处，也有其"无用"之处。因此，对于事物本身而言，"无用"就是它的一种存在状态，是它的一种必然性。

不仅于此，这种"有用"和"无用"不仅仅是共存的关系，更是共生或相互补充的关系。"惠子谓庄子曰：'子言无用。'庄子曰：'知无用而始可与言用矣。夫地非不广且大也，人之所用容足耳，然则厕足而垫之致黄泉，人尚有用乎？'惠子曰：'无用。'庄子曰：'然则无用之为用也亦明矣'。"（《外物》）对于脚（世人）而言，足之所立之地是"有用"的，所立之外的地方则是"无用"的。但是对于庄子而言，如果我们挖去了"无用"之地，仅靠"有用"之地，脚依然是无法行走的，因为如果"有用"之地失去了其依靠，"有用"之地也就不成其为"有用"之地了。推而论之，如果没有"无用"，"有用"将失去其依靠；反之，如果没有"有用"，"无用"也将失去其意义。

在此意义上，"有用"与它之外的"无用"共同构成了"物"的世界，所以"无用"不仅是客观存在的，而且正是"无用"让"有用"成为了"有用"——"无用"为"有用"腾出空间，让"有用"实现自己，完成自己，即"无用支撑着有用，且包容着它"①。这就是"无用之用"的第二层含义。

---

① ［日］金谷治:《"无"的思想之展开——从老子到王弼》，载陈鼓应主编:《道家文化研究》第一辑，上海古籍出版社1992年版，第96页。

（3）"有用"自身所包含的"无用"

不仅"有用"之外存在着与之共存、共生的"无用"，而且"有用"之内或"有用"自身，也含藏着"无用"——即"有用"自身所包含的可能性的"有"与"无"。

首先，"有用"自身存在着显（显现）和隐（隐藏）的问题，当"有用"被隐藏时，它也可能表现为一种"无用"，这是一种可能性的"无用"——即"有用"的隐藏。这种隐藏之所以能够存在，既可能源于人，也可能源于物自身，所以隐藏可以分为两种：一是人隐藏了物之"用"，即人由于自己的贪欲、偏见和能力的原因而不能发现这种"用"；二是物自身隐藏了物之"用"，"宋人资章甫而适越，越人断发文身，无所用之。"（《逍遥游》）对于有发之人而言，帽子是"有用"的——这时帽子的价值是显现的；对于无发之人而言，它却是"无用"的——帽子的价值是隐藏的。这意味着帽子的"有用"是存在的，但它可能显现自己，也可能隐藏自己。当物之"有用"被隐藏时，物就呈现为一种"无用"。这是一种可能性的"无用"。

其次，"有用"除了被隐藏，还有一种可能性就是被消耗，当这种用被消耗殆尽时，"有用"就会变成另外一种"无用"，这种"无用"就不是可能性的"无用"，而是必然性的"无用"；它不是"表现"为一种"无用"，而是真正、彻底的"无用"。当然这种"消耗"也可以具体分为两种：一种是人为的消耗，另外一种是自然的消耗，前者会导致物的"中道夭折"，后者会导致物的"终其天年"；对于前者，我们当然要否定，因为它是对物的伤害，对于后者，我们则不能否定，因为它是物的天命和自然之途，是物的实现和完成。

基于此，正是"无用"完整地显现了物的可能性与必然性，昭示了物之存在的边界性，并让物的存在和价值得以实现和完成。这是"无用之用"的第三层含义。

2. 形而上的"道"之"无用"

如果说以上所讨论的是与"有用"相对的"无用"，我们统称之为物之"无用"的话,还有一种更为本源的"无用"——道之"无用"。"道"之所以"无用",是因为"道"本身被"无"所规定——"夫道……无为无形"(《大宗师》)、"夫虚静恬淡寂漠无为者,天地之平而道德之至也"《天道》……

从主观方面而言,道是无为的,它反对人为的行为,强调不干涉万物,因此从世俗的角度来看,它对万物并没有产生任何作用,它仿佛是"无用"的;同时道也是"不仁""无情""无知""无言"的,它不会主观地去爱、去思考、去言说,这都表明了其世俗的"无用"性。

从客观方面而言,如果说"物"因为其现实的存在性而可以被人或他物所用的话,那么"道"是不能被人或物所用的,究其根源,"道"并不是现实之"有",而是"无形"的,"使道而可献,则人莫不献之于其君;使道而可进,则人莫不进之于其亲;使道而可以告人,则人莫不告其兄弟;使道而可以与人,则人莫不与其子孙"(《天运》),因此它不可能被用来"献""进""告""与"于他人,从而给自己及亲近的人带来利益。在此意义上,"道"也是无用的。

因为"道"在根本上是"无用"的,这也意味着万物在本性上是"无用"的,所以"无用"就成为了物的存在方式和存在本身,"物的意义就是其无用性",而"物的有用性"则"遮蔽了物自身的意义"①。

所以,物既不是为了"用"而存在,也不是因为"用"而存在,而是原本就存在的。相反,为了守护它的存在,它需要反对它的有用性。所以有用之山木、桂树、漆树、果实因为其有用性,而遭到人的砍伐、伤害。相反,那些无用之山木、支离者、痔病者等却因为它们的无用性,而得以全身养性,所以对于物自身而言,这种无用就是其最大的用,即无用之用。

而真正能做到彻底的无用,不被外物所伤害的,就是"无"或接近于"无"的人和物,如"骷髅"——"庄子之楚,见空骷髅,髐然有形"(《至乐》)。一方面,对于他人而言,路边的"骷髅"没有任何利用价值,以至于人不会去关心、

---

① 彭富春:《什么是物的意义?——庄子、海德格尔与我们的对话》,《哲学研究》2002年第3期。

理睬它,所以"骷髅"不会受到人的打扰,更不会受到人的压制、伤害,因此它能持守自身;另一方面,"骷髅"因为原本空无一物,所以它不会失去自己,"它的枯干,是出于它完全没有东西在内,它是最空洞不过的,然而它还是我自己。这是最空虚、最底层的我,我(它)没人可再压制了。我(它)是无敌可畏了"①。在此意义上,只有"无用"才能保持物自身的坚固性、完整性和统一性。这不是"骷髅"自身主动追求的结果,而是其存在自身的真相,也就是它的本性。它只是顺从了自己的本性,从而获得了自身的统一。

所以,海德格尔认为:"人对于无用者无需担忧。凭借其无用性,它具有了不可触犯性和坚固性。因此以有用性的标准来衡量无用者是错误的。此无用者正是通过让无物从自身制作而出,而拥有它本己的伟大和规定的力量。以此方式,无用乃是物的意义。"②

综上所述,对于庄子而言,万物之所以存在,正是因为其无用,而这又在于其本性——"道"是"无用"的,所以我们如果要复返于"道",就需要复返于"无用"。在此意义上,"无用"不仅是对世俗之用的反驳,更是对原初世界的复返。因为正是在本源的"无用"中,世界才归于世界自身,"大树只是生长在自然之野中,而自然才是大树所归属的世界。在这样的自然的世界里,大树就是大树,它作为其自身是其自身。因此它是真正的物自身"③。这是"无用之用"的第四层含义。

3. 绝对之"无用"

然而"无用"自身也需要不断的自我否定。因为在现实生活中,当"无用"之"用"向人们显现时,"无用"也可能会成为人们所追求的对象,这时"无用"就不再是"无用"自身,而是成为了一种新的"有用"。因此,"道"之"无用"本

---

① 吴光明:《庄子》,东大图书公司1992年版,第22页。
② 海德格尔:《传统的语言和技术的语言》,转引自彭富春:《什么是物的意义?——庄子、海德格尔与我们的对话》,《哲学研究》2002年第3期。
③ 彭富春:《什么是物的意义?——庄子、海德格尔与我们的对话》,《哲学研究》2002年第3期。

身需要不断的自我否定,一方面是为了避免将"无用"有用化,即避免"无用"的世俗化;另一方面是为了"无用"自身的生成,只有当"无用"不断地自我否定时,它才能与自身分离,从而不断地自新与生成。这意味着,"无用"中的"无"在这里是作为动词使用的,当它的对象成为人们追求的对象时,它不仅否定"用",而且否定"无用",甚至也否定"无无用"乃至无穷,即绝对的"无用"。

《人间世》中的栎社树及其背后的匠石就是这样一种求取"无用"的典型。栎社树因为材质不好而成为无用之木,但正因为这种"无用",才使它免受匠石的砍伐,得以长寿。问题在于,这种"无用"却成为了栎社树所追求的对象,"且予求无所可用久矣!几死,乃今得之,为予大用。使予也而有用,且得有此大也邪?"只是当栎社树在追求"无用"之时,危险同样紧随其后——"几死"。以至于让人感到吊诡的是,最终使它得以保全自身的并不是它所追求的"无用",恰恰是它的"有用",即成为社树。因此,栎社所追求的"无用"仍然是一种"有用",它之所以能够保全自身,只不过是因为它满足了人们的其他欲望,只是方法上的与众不同而已——"且也彼其所保与众异"。匠石的弟子首先发现了这个问题——"趣取无用,则为社何邪?"如果栎社树追求"无用",那么它为什么还要成为社树呢?对此,匠石也只能左右为难地承认,"不为社者,且几有翦乎!"匠石之所以左右为难,是因为他在前面肯定了栎社树的"无用",而在此他又必须肯定它的"有用"。

事实上,匠石的"为难"并非来源于事情本身,而是来源于他的主观成见,他过于在意物的"无用",以至于把"无用"当成所追求的对象。实际上"无用"的有用性主要是对于物自身而言的,在一个风险社会里,人类对于"无用"之物的态度却不可捉摸。对于无道之人而言,他所否定的正是"无用"之物。所以当我们去追求物之"无用"时,也是"无用"的危险之时——这也是栎社树在追求"无用"时,屡屡处于"几死"处境的原因。

"无用"并不是我们躲避危险的避风港——因为在有道的社会,"无用"是有用的;在无道的社会,"无用"是无用的。无独有偶,在《逍遥游》中,庄子也强调了这种"无用"的危险性,"惠子谓庄子曰:'魏王贻我大瓠之种,我树之成而实五石。以盛水浆,其坚不能自举也。剖之以为瓢,则瓠落无所容。非不呺然大也,吾为其无用而掊之'",五石之瓠虽然可以被庄子用来"浮乎江湖",但是在惠子那里,它却因为"无用"而被打碎了。

所以"无用"是无需追求的,在风险社会里,"有用""无用"都有其风险,"无用"并不能保证其不受伤害。更重要的是,"无用"也不能被追求,否则它会偏离乃至伤害事情本身。

"庄子行于山中,见大木,枝叶盛茂。伐木者止其旁而不取也。问其故,曰:'无所可用。'庄子曰:'此木以不材得终其天年。'夫子出于山,舍于故人之家。故人喜,命竖子杀雁而烹之。竖子请曰:'其一能鸣,其一不能鸣,请奚杀?'主人曰:'杀不能鸣者。'明日,弟子问于庄子曰:'昨日山中之木,以不材得终其天年;今主人之雁,以不材死。先生将何处?'庄子笑曰:'周将处乎材与不材之间。材与不材之间,似之而非也,故未免乎累。'"(《山木》)这是一个饶有意味的故事。山中之木因为其"无用"而得以全身,山外不鸣之雁却因为其"无用"而最终殒命,同是"无用"之物,却命运迥异。这证明了在风险社会中,物之命运的偶然性和可能性,所以我们无需去追求"无用"。

爱莲心对这个故事则提出了第二种解释,表明我们不仅没有必要,而且不能去追求物之"无用"。因为这种追求是人为而不是自然的,人为会破坏物的自然。"不鸣之雁,刻意遵循庄子的思想而误解了它的思想。它因其刻意而误解。在其竭力坚持无目的的目的(宁可不鸣)的过程中,它犯了错误。"①在这里,她将雁的"不鸣"理解为一种刻意的行为,也就是一种有意识的行为,这是一种富有创见性的解释。她可能注意到了植物和动物的区别:植物虽有生命,却无意识;动物则具有了一定的意识和行为。所以对于植物而言,它的生

---

① [美]爱莲心:《向往心灵转化的庄子:内篇分析》,周炽成译,江苏人民出版社 2004 年版,第 188 页。

命本身是自然而然的,不存在着非自然;但是对于动物而言,则具有了两种可能性——自然和非自然。在爱莲心看来,不鸣之雁选择了后者,它非自然地"遵循一种预先的计划,刻意遵循庄子为雁设立的规则"①,正是这种"刻意"和"追求"断送了它的性命。

由此可见,庄子一方面反对世俗的"有用";另一方面也反对非自然的、人为的"无用";最后它还反对另外的一种可能性——介于"有用"与"无用"之间,即"处乎材与不材之间",因为这同样是人为的设计和安排——"将处乎",它不符合事情本身,所以"未免乎累"。

概言之,绝对之"无用"才是真正的"无用",与其说它是对"道"之"无用"的否定,不如说它是"道"之"无用"的真正完成,是"道"之"无用"的真正存在形态。在此过程中,因为绝对的"无用"避免了"无用"的世俗化,并且使之在与世界打交道的过程中不断地显现、生成自身,从而使本源的世界不断地显现出来,使"丧我"的世界不断地复返自身。这是"无用之用"的第五层含义。

那么,庄子对于"有用"和"无用"究竟是一种什么态度呢? 如果说不鸣之雁是因为"非自然"而牺牲的话,那么鸣之雁之所以能够躲过这场劫难,则是因为它的"自然",它遵循了自己的本性。

这意味着,我们所要遵循的不是任何外在的、人为的标准,而是事物自身的本性;我们所要追求的不是事物的"有用"与"无用",而是事物本性的实现和完成,并通过这种实现和完成来昭示自己,同时昭示世界的真实、真理和真相。所以无论是"有用之用",还是"无用之用",都不是庄子追求的最高目标。天地万物如果因为追求"有用"而丧失本性,那么这个"用"就应该被否定;反过来,当天地万物因为追求"无用"而丧失本性,那么这个"无用"也应该被否定。

所以,庄子最终选择的方法是"若夫乘道德而浮游则不然,无誉无訾,一

---

① [美]爱莲心:《向往心灵转化的庄子:内篇分析》,周炽成译,江苏人民出版社2004年版,第188页。

龙一蛇,与时俱化,而无肯专为。一上一下,以和为量,浮游乎万物之祖。物物而不物于物,则胡可得而累邪!"(《山木》)所谓"道德"就是得之于道的自然本性,林希逸解释为"顺自然"①,"万物之祖"即万物的本性、本源,是"万物之始也"②,没有人为的赞誉或诋毁("无誉无訾"),没有人为的执着之心("无肯专为"),而只是顺物自然("与时俱化""以和为量"),这样就能"物物而不物于物"③。

因此庄子在这里所强调的也许并不是要对某种外在的威胁给出一个万全之策,这不是人所能把握的,所以他强调要"安之若命";他所强调的是人不要刻意而为,既不要刻意追求有用,也不要刻意追求无用,因为追求对象虽然不同,但是追求这个行为本身是相同的,它表现了人的心灵的偏执——偏执于世界的某一点,而忘记了其他,所以这种偏执是片面的、狭隘的,是一种有限的"有";而人的心灵所追求的应该是全而不是偏,是无限而不是有限,是宽广而不是狭隘。

所以庄子的"无用"思想并不完全是基于对现实的情感性批判,也不是基于纯粹的逻辑思辨,而是基于对"物"之本性的沉思,最终他所获得的是对于物之本性地揭示。在此意义上,庄子对于物的"有用"和"无用"的认识超越了历史和现实,进而展示了其思想的深刻性和纯粹性。

但是这并不意味着庄子追求"无用"之物或物的"无用",而轻视"有用"

---

① 林希逸:《庄子鬳斋口义校注》,周启成校注,中华书局 2009 年版,第 300 页。

② 林希逸:《庄子鬳斋口义校注》,周启成校注,中华书局 2009 年版,第 301 页。

③ 关于这句话的翻译,历代译注多有不同,陈鼓应翻译为"主宰外物而不被外物所役使"(陈鼓应:《庄子今注今译》,中华书局 1983 年版,第 501 页);曹础基翻译为"主宰外物"而"不被外物所主宰"(曹础基:《庄子浅注》(修订本),中华书局 2000 年版,第 167 页);王先谦则将其翻译为"视外物为世之一物,而我不为外物之所物"(王先谦:《庄子集解》,中华书局 1987 年版,第 286 页)。从中可以发现,大家对于"不物于物"的理解是大体一致的,但是对于"物物"的理解则产生了分歧。陈鼓应和曹础基认为"物物"就是人要主宰外物,问题在于,就庄子的思想而言,人和物都是"道"的显现,他们之间并不是一种主宰与被主宰的关系,而是平等齐一的,人不物于物,物也不物于人。所以"物物"的真正含义应该是:以物为物,把物当成物自身,人和物一样,都是"世之一物",人是人,物是物,人不主宰物,物也不主宰人。

之物或物的"有用"。他所追求的是物的本性的实现和完成。而这种实现和完成只有在"无"的境域中才能实现——也即在"道"的境域中才能实现。在这个意义上,与道相关的"用",和与道相关的"无用",所表达的是一个意思——即物是被"道"(本性)所规定的,而不是被"有用"与"无用"所规定的——"有用"与"无用"只是人的主观判断。

就此,庄子从根本上消解了"用",因为圣人只需顺其自然本性,不需要"用"世人所认为有用的东西,同时也不能"用"世人所认为有用的东西——"圣人不谋,恶用知? 不斵,恶用胶? 无丧,恶用德? 不货,恶用商? 四者,天鬻也。天鬻者,天食也。既受食于天,又恶用人!"(《德充符》)"知""胶""德""商"即巧智、胶漆、小惠、商贾之所以被世人认为"有用",是因为世人喜欢"谋""斵""丧""货"即追求巧智、人为砍削、丧失大道、谋求利益;而在庄子看来,人们所追求的这四者刚好是"无道"的表现,因为它们偏离了人的本心和本性,所以庄子要将偏离的世界重新纠正过来,即"不谋""不斵""无丧""不货"。这样一来,"知""胶""德""商"所建立的思想基础就不复存在,这也意味着世人所追求的"有用"也失去了其根基,"有用"成为了无用之物。

(二)源于"人"的"无为"

1. 人之"无为"

(1)否定人为之"为"

"无"在这里意味着否定,"无为"就是否定"为",之所以如此,是因为这个"为"不是自然之"为",而是人为之"为"——它表现为一种私心之"为",即人之所"为"不是为了实现所"为"对象自身,而只是为了满足人自己的私心,即人对于"名尸""谋府""事任""知主"("无为名尸,无为谋府,无为事任,无为知主"《应帝王》)等的追求。这种私心之"为"不仅包括人的私欲之"为",即人从世俗的功名利禄等欲望出发去作为;而且包括人的私意之"为",即人按照建立在自己的偏见、成见、意愿和意志等基础上的标准去作为,如儒家按照仁义礼乐的标准去作为、法家和名家按照权谋巧智的标准去作为,但是它们"不是整体本质的作用,而是各个人探索道之内蕴的企图,是各个人干涉事物的类属和秩序的行动。这种企图与行动与目的纠缠在一起。"①

一方面,对于"为"的主体——人而言,这些功名利禄、权谋巧智已经逾越了人的欲望边界,因此它不仅不是人自身的实现,反而让人被这些贪欲所左右,从而迷失自身;另一方面,对于"为"的对象——物而言,这种"为"不是顺应"物"的本性,而是打扰"物"的本性,因此,它不是守护了"物",而是伤害了"物"。

所以,于人于物而言,这种"人为"都是需要被否定的。在这种"人为"中,人表面上是实现了自己的欲望,实际上却是失去了自身的本性;表面上是创造了"物",实际上却是丧失了"物"——"干预万物的生命无异于损物害己……干预者所具有的力量渺小而浅薄,不干预者所具有的力量则巨大而又神秘"②。

"故古之王天下者……能虽穷海内,不自为也。(《天道》)"从否定方面而言,"不自为"就是不为自,"王天下者"所拥有的能力不是为了满足自己的私利和私心,唯有如此他才有可能成为"王天下者";从肯定方面而言,"不自为"就是自不为,自("王天下者")不为的原因和结果是物各自为。"无心,则物各自主其知也……忘心绝虑,大顺群生,终不运知以主于物"③,因为物各自为,所以无需人为;而且只有当人去除人为的行为时,物才能自为——在此意义上,"无为"就是"遵从万物之'德'的无强制性行为"④。所以,物各自为是

① [德]马丁·布伯:《道教》,载夏瑞春编:《德国思想家论中国》,陈爱政等译,江苏人民出版社1996年版,第209页。
② [德]马丁·布伯:《道教》,载夏瑞春编:《德国思想家论中国》,陈爱政等译,江苏人民出版社1996年版,第210页。
③ 郭象注,成玄英疏:《庄子注疏》,曹础基、黄兰发点校,中华书局2011年版,第167页。
④ [美]安乐哲、郝大维:《道不远人:比较哲学视域中的〈老子〉》,何金俐译,学苑出版社2004年版,第46页。

"道"为在物身上的显现——天为，而不是人为，"古之畜天下者，无欲而天下足，无为而万物化，渊静而百姓定。"（《天地》）

（2）超越自然之"为"

如果说对于人为之"为"，庄子所持的是否定态度的话，那么对于自然之"为"，庄子的态度则不是否定，而是"忘"。这里的"忘"就表现为"不知"。"夫赫胥氏之时，民居不知所为，行不知所之，含哺而熙，鼓腹而游。民能已此矣！及至圣人，屈折礼乐以匡天下之形，县跂仁义以慰天下之心，而民乃始踶跂好知，争归于利，不可止也。此亦圣人之过也。"（《马蹄》）如果人因为"知"才去"为"，那么这种"为"就是"人为"，因为当"知"突出自身时，它就沦为了人为之"知"，而人为之"知"导致人为之"为"；反之，当人"不知"而"为"的时候，这种"为"就是自然之"为"，因为"不知"正好是得道的状态，而得道者顺物自然，他不干扰万物，而是让万物成为其自身，所以他仿佛无所作为——"无为"。但正是这种"无为"却顺应了物（"民"）的本性（"含哺而熙，鼓腹而游"），同时也顺应了赫胥氏自身的本性（使他成为得道者）。相反，当我们因为"知"（"礼乐""仁义"）而"为"（"匡天下之形""慰天下之心"）的时候，它不仅没有使"民"归于自身的本性，反而使他们远离了自身的本性——"踶跂好知，争归于利"；同时，这种"为"也没有使人成为得道者，反而成就了"圣人之过"。

所以"无为"者（赫胥氏）成为真正的圣人，受到人们的尊重，"有为"者则被所谓圣人所累，奔竞于礼乐、仁义以及由此而产生的知和利，所以"无为而尊者，天道也；有为而累者，人道也"。（《在宥》）这在于，赫胥氏所遵循的就是天道——自然之道，而儒家的圣人所遵循的则是人道——人为之道。天道只是顺应万物，让物自为，所以不累己——这既是对物的成全，也是对己的成全；而人道则以己之"有"心干涉万物，逆物而强行为之，所以不仅累己，而且伤物。

2."道"之"无为"

而"人"之所以需要无为，根本原因在于，"道"是无为的。"夫道，有情有信,无为无形"(《大宗师》),"道"原本不是有为的,而是无为的。这根本在于"道"不是"物",如果说"物"是有为的话,那么"道"是无为的。"夫虚静恬淡寂漠无为者,天地之平而道德之至也。"(《天道》)"道"的本性就是无为的,也正是因为如此,"道"才可能是自然的,"无为而才自然矣"(《田子方》)。这也意味着"道"的无为就是它的自然而然的存在,当"道"无为时,它才是自然的;反过来,当"道"要固守自身时,它就必须保持无为的状态。

因此,"吾以无为诚乐矣,又俗之所大苦也。故曰:'至乐无乐,至誉无誉。'天下是非果未可定也。虽然,无为可以定是非。至乐活身,唯无为几存。请尝试言之:天无为以之清,地无为以之宁。故两无为相合,万物皆化生。芒乎芴乎,而无从出乎! 芴乎芒乎,而无有象乎! 万物职职,皆从无为殖。故曰:'天地无为也而无不为也。'人也孰能得无为哉!"(《至乐》)

首先,天地自然是无为的("天无为以之清,地无为以之宁"),而且正是因为它们的无为才成就了它们,这在于它们原本是"清""宁"的,只有"无为"才能让其保持自身,"有为"则意动,意动则让其失去"清""宁"。而且"有为"会因为"有"的局限性而有所"滞",所以有为之为是有所"不济"之为——"皆自清宁耳,非为之所得不为而自合,故物皆化;若有意乎为之,则有时而滞也……皆自殖耳……若有为,则有不济也。"[1]

其次,唯有无为,"道"才可以区分是非("无为可以定是非"),人为则不可以区分真正的是非,这是因为每一物都有是非的标准,如果按照它们各自的标准来定是非的话,天下将陷于无穷的混乱之中。因此,物之世界的是非是无穷的,而物的真理却是唯一的。基于此,"道"只需无为,让物自身呈现,它的是非便一目了然。所以"道"只有无为才可以定是非,此"定"不是主观之"定",而是客观之物自"定","道"只是让物自"定","夫有为执滞,执是竞非,而是非无主,故不可定矣。无为虚澹,忘是忘非,既无是非而是非定者也。"[2]

---

[1] 郭象注,成玄英疏:《庄子注疏》,曹础基、黄兰发点校,中华书局2011年版,第333页。
[2] 郭象注,成玄英疏:《庄子注疏》,曹础基、黄兰发点校,中华书局2011年版,第333页。

再次,唯有无为,万物才能自生("故两无为相合,万物皆化生……万物职职,皆从无为殖"),万物之所以生,是万物之自生,而自生之所以可能,是因为天地自然的无为,它们不干扰万物,而只是顺其自然,所以它们得以生,"殖,生也,万物皆在自然中生,故曰皆从无为殖"①。"夫道,覆载万物者也,洋洋乎大哉!君子不可以不刳心焉。无为为之之谓天,无为言之之谓德,爱人利物之谓仁,不同同之之谓大"(《天地》),"道"之所以"大",之所以能够"覆载万物",不是因为它的有意之为,而是因为它的无意之为——真正的"为"是无意为而为之,真正的"言"是无意言而言之,真正的"仁"是无意爱而爱之,真正的"同"是无意同而同之。这就是自然而然的力量,也是"道"的力量。

最后,无为才可以获得真正的快乐("吾以无为诚乐矣")。有为之乐、人为之乐不是真正的乐,而是虚假的快乐,因为这种快乐源自于人的私心,而不是源自于"物"自身,前者属于人之乐,后者属于天之乐。天之乐属于无为之乐,它的"无为"让万物生生不息,所以无为之乐才是真正的乐。

总之,"道"之"为"是自然产生的,它没有目的、没有根据、没有立场,或者说"道"的目的、根据、立场就是"物"自身,而没有其他的、外在的目的、根据、立场——因为众多的"没有",它仿佛就是"无"。但正是这种"无"或"没有"却给万物敞开了空间,让万物得以产生,并且成为它们自己,使它们生生不息。

正因为"道"的本性是无为,所以万物的本性也是无为的——"夫虚静恬淡寂漠无为者,万物之本也。"(《天道》)对于人而言,更是如此——毋宁说只有在人这里,才有"人为"之说,因为其他"物"是没有个体之"意"的,它们的行为就是其自然的、本能的行为。人因为有心灵,所以产生了个体之"意",进而由"意"产生了"人为"。

对于庄子而言,"人为"是无道的,唯有否定它,人才能成为得道者。"是故至人无为,大圣不作,观于天地之谓也"(《知北游》)。首先,至人、圣人是无

①　林希逸:《庄子鬳斋口义校注》,周启成校注,中华书局2009年版,第278页。

为、不作的,这并不意味着他们是毫无作为的,而是指无人为、无妄作;其次,这种无为、不作是人洞察天地自然之无为的奥妙之后,取法于天地自然的结果。从否定方面而言,它指的是不忘为、不忘作;从肯定方面而言,它指的是顺任、因任自然,"任其自为而已,唯因任也。观其形容,象其物宜,与天地不异……夫大圣至人,无为无作,观天地之覆载,法至道之生成。无为无言,斯之谓也。"①

就物而言,它们并不需要借助外在之力——"汝徒处无为,而物自化"(《在宥》),物自身有其运行之道,所以人的不妄为、不妄作和顺其自然正好是让"物"自为、自作、自然,即让"物"成为自身。

就人而言,他也只有不妄为、不妄作才能得以保存自身。因此,人顺物自然的同时,也是顺之自然。人顺己自然则无心欲意,无心欲意则无所谓得和失,没有得失就无所谓忧患,人无忧患则自然从容自在,从容自在则大化流行、与天地自然同寿,因此"无为则俞俞。俞俞者,忧患不能处,年寿长矣"(《天道》)。成玄英解释道"夫有为滞境,尘累所以婴其心;无为自得,忧患不能处其虑。俞俞和乐,故年寿长矣"。②

因此,"无为"成为了庄子之"道"的基本规定,也成为了逍遥者的理想状态。"今子有大树,患其无用,何不树之于无何有之乡,广莫之野,彷徨乎无为其侧,逍遥乎寝卧其下。不夭斤斧,物无害者,无所可用,安所困苦哉!"(《逍遥游》)对于大树而言,它因为无用而保全自身,对于人而言,也因为无为而保存了自己的本性,游衍自得、逍遥自在("彷徨""逍遥")。因此,"无何有之乡,广莫之野"才能成为一个理想之地,在此,人和万物因为"无为",所以互不干扰,自得其乐;又因为"无为",所以相互成全,人给予树自然成长的空间,树给予人逍遥寝卧的地方。因为"无",所以"有";因为"无为",所以无不为。这是一个大美的世界。

---

① 郭象注,成玄英疏:《庄子注疏》,曹础基、黄兰发点校,中华书局2011年版,第392页。
② 郭象注,成玄英疏:《庄子注疏》,曹础基、黄兰发点校,中华书局2011年版,第249页。

对于得道者而言,他不仅要对内"无为",将自己从各种有为的束缚中解放出来,以获得个体的逍遥与自由;同时,他还要对外"无为",这样不仅可以将自己从外在的束缚中解放出来,而且可以将外物从人的束缚中解放出来,使其成为自身。"故君子不得已而临莅天下,莫若无为。无为也,而后安其性命之情。"(《在宥》)只有"无为"才能顺其自然,只有顺其自然,万物才能安于自己性命的真实;而且唯有"无为",才能让万物而不只是让某一物安于自己的真实。这是因为,当得道者"有为"之时,由于人为的有限性,他不可能"功"及天下万物,所以"无为也,则用天下而有余;有为也,则为天下用而不足"(《天道》),正是因为如此,"帝王无为而天下功"(《天道》)、"玄古之君天下,无为也,天德而已矣"(《天地》)。

总之,人的"无为"是因为道的"无为",而道之所以"无为"是因为顺其自然就是最大的"为"。世界有其自然运行之道,它无需人为,也否定人为。"如果说自然的道德(即万物之德)在于其自身的'无',即在于万物安于自己的界域和原初本性的话,那么圣人至高无上的道德就在于他的'无为',在于那种为分裂的、无对立的、浑然一体的一的作用。"①

3. 绝对之"无为"

尽管如此,"无为"并不意味着人什么也不需要做②,那样的话人就只能坐以待毙,甚至连动物也不如——动物虽然有倒毙,但是它们不会什么也不做就倒毙。因此,人生在世,一定是有所作"为"的,只是这种"为"不是人为之为,而是自然之为。

只是这种自然之为排除了所有的"人为",所以它仿佛"无为"。但正是因为它排除了所有的"人为",所以才能让"物"成为"物"自身,同时也让自己成为自己,这样,它在仿佛"无为"的同时又"无不为"——"天地无为也而无不为

---

① 〔德〕马丁·布伯:《道教》,载夏瑞春编:《德国思想家论中国》,陈爱政等译,江苏人民出版社 1996 年版,第 212 页。

② 牟宗三:《中国哲学十九讲》,上海古籍出版社 2005 年版,第 71 页。

也"(《至乐》),天地无为而万物自生,生就是"无为"的杰作,是无为之为。不仅天地、"大道"如此,得道之人已然如是,"为道者日损,损之又损之,以至于无为。无为而无不为也"(《知北游》)。

所以对于庄子而言,重要的不是"有为"和"无为"的区分,而是自然之为(天为)和人为之为(人为)的区分,也即为"道"和为"物"的区分。同时,"道"之"为"是自然产生的,它本身没有任何意图和目的,更没有自私的目的,但是却在无意之间符合了人和世界的目的;它本身没有根据,却成为了万物的根据;它本身没有原则,却成为了万物之"为"的原则。

概言之,在《庄子》中,"物"是被"无"所规定的,它不仅源于"无",而且本性为"无",正是"无"守护着作为"有"的"物"——对于"物"自身而言,它要"无用","无用"才能持守自身;对于与"物"相对的人而言,他则要"无为","无为"才能不干涉"物"。

第二节　"无"与"人"

如上所述,在万物之中,"人"是一种特别之物,其他物虽然很重要,但是对于庄子而言,"人"才是其论述的主题。如果说万物都是被"无"所规定的话,那么人也是被"无"所规定的,在《庄子》中这主要表现在两个方面:一方面,人的身体被"无"所规定;另一方面,人的心灵也被"无"所规定。

一、"无"与"身"

"身"在此指身体,但身体在此不是指广义的身体,而是指狭义的身体,即与心灵相对的身体。与人们的日常观点相反,庄子所强调的不是身体之"有",而是身体之"无";不是身体的存在性,而是它的虚无性。

这一方面表现在他对身体之"无"的直接强调上——即强调了人的"无形","然察其始……而本无形"(《至乐》)。在这里庄子所强调的不是身体的当前和当下,而是身体的开端和始源。另一方面表现在他对身体之"无"的间接强调上,即对得道之人的描述和规定上。在他看来,得道之人在身体上不同于一般之人——如果说一般之人的身体是被"有"所规定,或者说一般之人认为身体应该被"有"所规定的话,得道之人则正好相反,他们的身体被"无"所规定,或者说他们认为身体不应该被"有"所规定,而应该被"无"所规定。

"南郭子綦隐机而坐,仰天而嘘,苔焉似丧其耦……形固可使如槁木,而心固可使如死灰乎?"(《齐物论》)

"王骀,兀者也,从之游者与夫子中分鲁。立不教,坐不议。虚而往,实而归。固有不言之教,无形而心成者邪? 是何人也? ……审乎无假而不与物迁,命物之化而守其宗也……物视其所一而不见其所丧,视丧其足犹遗土也"(《德充符》)

"子祀、子舆、子犁、子来四人相与语曰:'孰能以无为首,以生为脊,以死为尻;孰知死生存亡之一体者,吾与之友矣!'四人相视而笑,莫逆于心,遂相与为友。"(《大宗师》)

首先,在一般之人看来,人的身体应该是有生意、有生气的①,但是南郭子綦却形如枯木——而在庄子看来,这就是得道的状态。这在于当人的身体如枯木时,对外物而言,它失去了有用性,从而不会被外物所利用、所伤害,因此它能够保护自己、保全自身;对自己而言,我的身体虽然如枯木,但它永远是我的,没有一物能从我身边抢走它。而且因为身体如枯木,它是无所求的——或者说它只是维持了自身的最低的也即最自然的需求,所以这个身体是最自然的身体;因为身如枯木最大限度地维持了身体的自然性,故而对其自身而言,它才能成为其自身而不是越过自身的边界而成为他物;同时对外物而言,它也不会从自己出发去干涉外物,因而正是身如枯木最大限度地让外物成为外物,所以郭象认为"死灰槁木,取其寂寞无情耳。夫任自然而忘是非者,其体中独

---

① 人的完美之处在于人的身体和心灵都应该富有生意和生气,但是这种生意和生气必须以"无"的形态出现。

任天真而已,又何所有哉"①。

庄子不仅认为人的身体要像枯木,而且认为只有当身体像枯木一样——骷髅时,人才能得到最高的快乐,"夜半,髑髅见梦曰……死,无君于上,无臣于下,亦无四时之事,从然以天地为春秋,虽南面王乐,不能过也……吾安能弃南面王乐而复为人间之劳乎!"(《至乐》)这种快乐就来自于它的身体已趋于"无"——骷髅,所以它的欲望特别是贪欲也趋于"无",它无所待,也无所求,所以它不会受制于自己的欲望,从而获得了逍遥的可能性;同时,因为它的趋于"无",他也不会有求于外物,因此它也不会被外物所限制,不仅如此,它还会因为它的"无"而让外物成为外物——它既不会被外物所打扰,也不会打扰外物,在此意义上,它不仅自身获得了逍遥的可能性,而且让整个世界获得了逍遥的可能性,所以这种"乐"就不仅是它自身的乐,而且是整个世界的乐;这种"乐"也不是乐于一物,而是乐于万物,即乐"道";最后,因为它的趋于"无",它对外物而言已毫无利用价值可言,所以外物不会干扰它,更不会伤害它,所以它能够得以保持自身进而成为自身,一个能成为自身的物才是合乎本性的物,它因此而获得了最基底的快乐,"终之,这骨头是我自己,没人梦想到要把它拿走,这是我终究的空虚,终究的自我,终究的安全处——因此,它是我究极的喜悦。"②

其次,在一般人看来,人的身体应该是健全的,但是王骀的身体却是有残缺的。不仅王骀如此,申徒嘉、叔山无趾、支离疏、哀骀它、闉跂支离无脤等得道者也是如此。这是因为:就残形者自身而言,他们因为自己的残形不仅没有受到外在的伤害,反而因为它而使自己免受外物的利用,同时还可接受外人的援助,因此他们可以保持自身的本性而成为自己;就庄子而言,他所面对的现实是人们对于形的过度追求,而遗忘了大道,所以他要将这个颠倒的世界重现

---

① 郭象注,成玄英疏:《庄子注疏》,曹础基、黄兰发点校,中华书局2011年版,第23页。
② 吴光明:《庄子》,东大图书公司1992年版,第22页。

颠倒回来,为此他不惜以残形者之美来否定现实的偏离,但是他真正要强调的则是:得道者应该忘记自己的形体(不是否定),也就是超越自己的形体,唯有如此,人才能不被形体所限,才能真正地逍遥,"怪其残形而心乃充足也。夫心之全也,遗身形,忘五脏,忽然独往,而天下莫能离"①。

最后,在一般人看来,人的身体应该是"有",但是子祀、子舆、子犁、子来却视"有"为"无",不仅他们如此,子桑户、孟子反、子琴张等人也是如此。

总之,在庄子看来,人得道与否,主要不在于人的身体之"有",而在于人的心灵。问题在于,当人的身体被突出出来时,它则会影响人的心灵,从而影响人通向"道"。在此意义上,不是形之"有",而是形之"无"更趋向"道"。

庄子不仅强调了人的身体之"无",他甚至直接以"无"来命名其理想中的圣人,如《德充符》中申徒嘉的老师"伯昏无人"——陈鼓应认为"'昏'是道家所崇尚的一种人生境界,以'无人'为名,可见是庄子所寓托"②。还有《知北游》中的"无有"——"光曜问乎无有曰:'夫子有乎?其无有乎?'光曜不得问而孰视其状貌:窅然空然。终日视之而不见,听之而不闻,搏之而不得也。光曜曰:'至矣,其孰能至此乎!予能有无矣,而未能无无也;及为无有矣,何从至此哉!'"(《知北游》)在光曜看来,"无有"是无身体可言的,因为"视之而不见,听之而不闻,搏之而不得也",而且问之而"无言"。因此,"无有"虽然存在,但是他却是被"无"所规定的存在,所以光曜感觉他"窅然空然"。而且这个规定"无有"的"无"还不是作为"有"的"无",而是"无无",即绝对之"无",它排除了"无"中仍然残存的"有",因此成为了最高的"无"。被最高的"无"所规定的人无疑是最高境界的人——至人,所以光曜虽然也被"无"所规定,

① 郭象注,成玄英疏:《庄子注疏》,曹础基、黄兰发点校,中华书局2011年版,第103页。但这并不意味着残形者之美就是最高的美,对于庄子而言,这种美只是在与世俗之美的比较中才得以突出出来,真正的、最高的美是《逍遥游》中所描述的神人的美"藐姑射之山,有神人居焉。肌肤若冰雪,绰约若处子;不食五谷,吸风饮露;乘云气,御飞龙,而游乎四海之外;其神凝,使物不疵疠而年谷熟",这种美才是真正的美——完美。

② 陈鼓应:《庄子今注今译》,中华书局1983年版,第178页。

但是却不能被"无无"所规定,所以他自叹弗如。

如果说人的形体属于人的身体的话,那么人的语言也属于人的身体。因此庄子不仅特别强调了得道之人在形体上是接近于"无"的,而且也强调了他们在语言上也是接近于"无"的。如《知北游》中的"无为谓","知谓无为谓曰:'予欲有问乎若:何思何虑则知道?何处何服则安道?何从何道则得道?'三问而无为谓不答也。非不答,不知答也。"再比如《田子方》中的老聃"心困焉而不能知,口辟焉而不能言"。这表明,得道之人不是被"语言"所规定的,而是被"无言"所规定的——或者说得道之人的语言不是被"有"所规定的,而是被"无"所规定的。只有在"无"之中,事物的真理、真相才能被言说出来。

只有在"无形"中,人的身体才能成为身体自身。一方面,它居于"无"之中,所以它没有被利用的价值,不会成为外物所觊觎的对象,因此也不会受到外在的伤害。另一方面,它居于"无"之中,所以一般人所具有的欲望、意愿、成见也与它无缘,因此它也不会被自己内在的欲望、意愿、成见所牵引,从而迷失自己。再一方面,它居于"无"之中,一无所求,所以它也不会被外在的诱惑所迷惑,不会被外在的规则所束缚。最后,它居于"无"("有"的隐藏和缺失)之中,更能激发人关于"有""无"的思考,从而帮助人从被遮蔽的世界中返身而回。

综上所述,从本源上而言,人原本是无形的,他只是气的集聚,气聚则人的形体生,气散则人的形体灭;从本性上而言,人的形体只有仿佛不存在时,它才能真正地存在。

当人的形体突出自身的"有"时,它就会成为人的束缚,这时它就不再是形体自身了。因此形体要成为形体本身,它就要隐藏自己,只有让自己保持在"无"之中,它才能真正存在。因此形体成为"无"并不意味着形体不存在,而是说它不能突出自己,不能成为一种可以束缚人的"有"。所以,它只有仿佛不存在,才能真正地存在。这种仿佛不存在就是"忘"。但是"忘"也有两种,一种是忘道,另一种是忘物。"故德有所长而形有所忘。人不忘其所忘而忘其所不忘,此谓诚忘。"(《德充符》)对于世人而言,他们也有"忘",但他们所忘的是"德"和"道",所不忘的则是"形"和"物";而对于庄子而言,这完全是本末倒置,人们只有忘记自己的"形",才能保护和完成自己的"形",只有忘记外在的"物",才能保护好自己和"物",因此这种"忘"才是得道,所以"人不忘其所忘而忘其所不忘",这是一种愚蠢的"忘",是"诚忘"。

这意味着,正是在"无形"中,人的身体才会从内、外的束缚中解放出来——这是就否定意义而言。就肯定意义而言,正是在对于身体之"有"的"无"(否定)之中,身体自身才能从被压抑、被遮蔽的状态中显现出来,成为身体自身。

不仅如此,"无"不但生成了人自己的身体,而且让他人的身体生成,甚至让整个世界生成。这在于,正是"无"才能让他人成为他人,让世界成为世界,因为唯有"无"才能接纳万物,虚怀万物。"有"则只会以其偏执和固执阻碍事物的自我完成和实现。

因此,庄子并不是主张人的"形"不重要——它也赞美形的美好性,重视养身,而是说"形"应该被"无",也就是"道"(德)所规定,并因此而纯粹、干净、无染。庄子也不是重神不重形,而是说这个"形"不能作为一种"有",否则它就会束缚人自身,成为人的枷锁,所以这个"形"必须被作为一个"无"来对待。

所以有真人而后有"真形",有真人而后有"美形"。如果不是真人,"真形""美形"就失去了其依靠、根据。在此意义上,庄子首先要反对和否定日常生活意义上的"美形"——非真人意义上的美人。庄子的"以丑为美"首先是在否定世俗的美丑价值观的基础上的,是为了治愈世俗的、建立在分裂基础上的审美观,即以"丑"来颠覆世人的观点。也就是说,世人所认为的美并不是真正的美,或者说并不是唯一的美,或者说并不是最高的美。

反之,当人是真人(德)时,丑人也可以成为美人。真人是有生命力的人,因此,即便外形丑陋,但他也是美的,美人就是充满生命力的人。而且这种生命力是一种宽广、博大、无限的生命力,而不是有限的生命力;是发自内心的生命力,而不是依靠外在力量所获得的满足而产生的生命力;是能够孕育新的生命的生命力,而不仅仅是维持生命的生命力;这种生命不是短暂的生命,而是永恒的生命;不是因为"有"而产生的生命力,而是因为"无"而产生的生命力,也就是说,这种生命力的产生不是因为某一个具体的对象,而是无对象,或者说是对象背后的东西——毋宁说就是生命本身,因为它无形、无色、无味,为我们的感官所感觉不到,所以我们称之为"无",但是这个"无"是存在的。

所谓的"德"就是得"道",也就是得"无"——庄子对于"道"和"德"的强调本身就表明他们只能是"无",因为如果他们为"有"的话,这种"强调"本身就是无道、无德的。

忘记自己的形体才能让形体自然生成,这样的形体才纯粹、无染。所以无形才能有形,无形才能有最美的形体——"色若孺子"。因此"有"是"无"或"道"的显现,"形"是人的显现,"美形"是真人的显现和完成。

庄子对真人的形体之"无"的强调,一方面是为了否定世俗对形体之"有"的强调;另一方面也是为了强调对于形体的"忘"或者超越,但是超越形体不代表没有形体,形体是存在的,而且完美、完满的形体应该是作为"有"的形体,但是这个"有"不能突出自身,它又是被"无"所规定的,必须作为"无"而存在。这样的形体表现出来的存在性特征就是:朴素、虚静、恬淡。

二、"无"与"心"

"心的发现是先秦哲学的一个重要标志"[1],特别是到了孟、庄时期,"对于心的论说……由隐含性的题材发展成为受到热烈关切的哲学议题"[2]。这在《庄子》中表现得尤为明显,因为"心"在其中不仅出现频率高(180 余次),

---

[1] 王博:《庄子哲学》,北京大学出版社 2004 年版,第 161 页。
[2] 陈鼓应:《〈庄子〉内篇的心学(上)——开放的心灵与审美的心境》,《哲学研究》2009 年第 2 期。

而且内涵丰富:既有恶之心——"贼心""忮心""不肖之心""佞人之心";也有意见之心——"成心""机心""褊心";同时还有世俗之心——"众人之心""近死之心""蓬之心";以及与之相对的"圣人之心""至人之心";最后还有"虚心""忘心""无心"等。

那么,何谓"心"? 在字源学上,许慎认为"心,人心。土藏,在身之中,象形"。① 从中我们可以看出:首先,心指的是心脏之心,因为身中之心就是指心脏,"土藏之说则来自于古人的类比思维,即以五行比附五脏,脾木、肺火、心土、肝金、肾水。其中土居中央,金木水火居四方,同理,心居中央,脾肺肝肾居四方。所以土藏首先意味着心不是直接显现的,而是隐而又隐的,它不仅隐于身体之中,而且隐于五脏之内,所以它极有可能被遮蔽;其次它意味着心是极其重要的,是中心之中心,它不仅是五脏的中心,而且是身体的中心,由此引申出去,它就可能成为人之中心乃至宇宙万物的中心;最后,这里的心是指人心,且在身中,它意味着人心首先是一种物质之心,既然是物质之心,它就有物质性的需要即欲望,这为人心的迷误埋下了伏笔。"②

就庄子而言,首先,在其文本中当然有作为心脏的"心",但这是作为生理的"心",而不是作为心理特别是心灵的"心"。虽然这种"心"对人也非常重要,但它并不是庄子所讨论的重点——因为一般的动物都有心脏,在此意义上,人和动物并不能被区分开来。也就是说,人之所以异于其他动物,不是因为生理之心,而是因为心理、心灵之心。庄子所讨论的不是动物之心,而是人之心,这颗心不是心脏之心,而是心灵之心。

其次,庄子也特别强调了心灵的重要性。"夫哀莫大于心死,而人死亦次之"(《田子方》),对于人而言,身体虽然重要,但是心灵更重要。这是因为人与动物的区分主要不在于身体,而在于心灵:一方面,人的身体是被心灵所规

---

① 许慎:《说文解字》,中华书局1963年版,第217页。
② 朱松苗:《论儒道禅之情:以〈论语〉〈庄子〉〈坛经〉为中心》,武汉大学出版社2016年版,第178页。

定的;另一方面,人的得道与否,主要在于心灵,而不在于身体。

最后,因为人的心灵根基于人的肉体之心,而肉体之心又暗含欲望,所以人之心就具有了多种可能性,它不仅可以成为有道之心,而且可能成为无道之心——即它既可以向善,而且可能向恶;它不仅可以助人,而且可能害人,甚至是最害人的,"兵莫憯于志,镆铘为下;寇莫大于阴阳,无所逃于天地之间。非阴阳贼之,心则使之也"(《庚桑楚》),"志"的危害之所以大于"镆铘",是因为"镆铘"只能伤身,而"志"却可以伤心;"心"的危害之所以大于"阴阳",是因为"阴阳"之"贼"是无心的,而"心"之"贼"则是有意的。

基于此,庄子虽然强调了心灵对于人的重要作用,但是在现实生活中,由于它自身所具有的多种可能性,所以庄子对于心灵又始终保持着警惕。因此,与其说庄子所强调的是"心"的重要性,不如说它所强调的是"无心"的重要性。王博认为庄子所强调的不是"实"心,而是"虚"心①,刘笑敢也认为"无心"才是"庄子对待社会、人生的根本态度"②。

本书认为庄子心论的主题是"无心"。这在于它认为心灵的本性形态是其虚无性形态——"淡""静""虚""粹"……即心灵的本性是无为、无知、无言的,它被"无"所规定,所以"无心"才是心灵的真实状态。但在现实生活中,人们的心灵却被"有"所规定,强调有为、有知、有言,所以产生了心灵的迷误,这种"迷误"就以"贼心""机心""成心"的样态呈现出来。所以爱莲心认为《庄子》思想的主题是"心灵的转化"③,即心灵由"有"到"无"转化,这种"转化"在傅伟勋那里被表述为"醒悟",他认为"庄子哲学的根本课题"是"人心"("机心")醒悟为"道心"("无心")的过程④。

正因为心或道心的本性为"无心",所以圣人也是"无心"的,"形若槁骸,

---

① 王博:《庄子哲学》,北京大学出版社 2004 年版,第 162 页。

② 刘笑敢:《庄子哲学及其演变》,中国社会科学出版社 1988 年版,第 159 页。

③ [美]爱莲心:《向往心灵转化的庄子:内篇分析》,周炽成译,江苏人民出版社 2004 年版,导言。

④ 傅伟勋:《从西方哲学到禅佛教》,生活·读书·新知三联书店 1989 年版,第 410 页。

心若死灰,真其实知,不以故自持。媒媒晦晦,无心而不可与谋。彼何人哉!"
(《知北游》)所谓"无心",陈鼓应将之理解为"没有心机"①,"心"在这里被理解为机心,"无"则是对机心的否定。郭象则强调"无心"就是得道者——"独化者"②的心灵状态,即心灵的原初状态。无独有偶,林希逸认为正因为心灵自身原本"无心",所以外在的事物才能真正地不入于心——"事物不入其心,故曰不以故自持。故,事也。媒媒晦晦,芒忽无见也。彼既无心,而我有不容言者,故曰无心而不可与谋。"③

他们从不同角度、不同层面揭示了"无心"在《庄子》中的复杂意蕴:陈鼓应从否定方面去理解"无心",认为人只有否定自己的机心——人为之心,他的心灵才能归于自身、合于大道,成为有道之心;郭象和林希逸则从肯定方面指明道心就是"无心","无心"就是心灵的本性,这意味着"心"原本就是被"无"所规定的,"无"在此就不是与有相对的无——形而下的物之"无",而是无自身——形而上的道之"无",因此真正的"无心"是形而上的道之"无心"。也正因为心灵自身就是"无",所以人们对于"心"的否定才得以可能。

由此可见,庄子的"无心"既不是"没有心灵"之义,也不是要将心灵虚无主义化,而是含有多重意蕴:作为"无"的心灵本性和否定人为之心。这首先在于,人之心有两种,一种是无道之心,它被"有"所迷惑,所以充满人为;另一种是有道之心,它持守自身的本性,无为而自然。其次,"无"在语言学上既可以作为名词,也可以作为动词:当"无"作为动词使用时,它含有否定之义,即否定人为之心;当"无"作为名词使用时,它规定了心,所以"无心"即心灵的本性。

(一)人的"无心"

"吾愿君刳形去皮,洒心去欲,而游于无人之野"(《山木》),"君子不可以

① 陈鼓应:《庄子今注今译》,中华书局1983年版,第654页。
② 郭象注,成玄英疏:《庄子注疏》,曹础基、黄兰发点校,中华书局2011年版,第394页。
③ 林希逸:《庄子鬳斋口义校注》,周启成校注,中华书局2009年版,第333页。

不刳心焉"(《天地》)。所谓洒,《说文解字》解释"涤也"①,即洗涤、涤除之义,所以"洒心"就是洗心、除心。之所以如此,是因为此心已不再是原初、自然、纯净的心灵,而是被物所染的人为之心,所以洗心、除心也就是洗净、除去污染之物。而"刳"也是洗除、弃除、去除义,与"洒"义趋同。因此"无心"在此表现为"洒心""刳心",表示对人为之心的否定。那么具体而言,庄子所要否定的人为之心究竟是什么"心"呢?

首先是贪欲之心。人的欲望一旦超出自然的限度就会成为贪欲,此时人心会被贪欲所规定而失去自身——欲望不再是心灵的欲望,相反心灵成为了欲望的心灵。这时贪欲就会"谬心""勃志""累德""塞道":"彻志之勃,解心之谬,去德之累,达道之塞。贵富显严名利六者,勃志也;容动色理气意六者,谬心也;恶欲喜怒哀乐六者,累德也;去就取与知能六者,塞道也。"在庄子看来,姿容、举动、颜色、辞理、气息、情意可以束缚心灵;荣贵、富有、高显、威势、声名、利禄可以错乱情志;憎恶、爱欲、欣喜、愤怒、悲哀、欢乐可以劳累德性;去舍、从就、贪取、施予、知虑、技能可以蒙蔽真道。事实上对于人而言,情志之所以错乱是因为人的心灵的错乱,德性之所以劳累是因为人心的劳累,真道之所以被蒙蔽是人心遭到了蒙蔽,这些问题实际上都归结于人的心灵问题,所以"寇莫大于阴阳,无所逃于天地之间。非阴阳贼之,心则使之也"。(《庚桑楚》)

其次是恶心。当人被贪欲所控制时,其心灵会失去其原初的统一性和宽容性,进而产生种种恶心。这在于心灵如果只有一己私欲,容易产生"偏心"——狭隘、偏狭之心。这是由于追求"有"而产生的一种恶心,因此治愈它的最好的方法就是"无"——"虚"。"方舟而济于河,有虚船来触舟,虽有偏心之人不怒"(《山木》),对于常人而言是虚物,对于真人而言则是虚心,唯有虚心之"虚"才是彻底的"虚"——使"偏心"不起,这是心灵自身的治愈。虚物

---

① 许慎:《说文解字》,中华书局1963年版,第236页。

虽然能够暂时治疗"惼心",但却是一种依靠他物的治疗,虚物甚至掩盖了心灵自身的创伤,而没有真正地治愈它,所以"惼心"依然存在,只是没有显现出来。

为了达到自身的目的,人还容易产生一种"机心",即机巧之心、计算之心、计量之心——"有机械者必有机事,有机事者必有机心。机心存于胸中则纯白不备。纯白不备则神生不定,神生不定者,道之所不载也。"(《天地》)机巧之心不是为了顺应事物自身的秩序,而是为了达到自己的目的,为此它会破坏事物的秩序。这样它在伤害他物的同时,也会伤害自身,因为在这种机巧的运行之中,心灵自身的秩序也遭到破坏——"纯白不备",从而失去了它原初的统一性,而一颗无根的心灵不能止于自身,所以它"神生不定"。

再次为分别之心。在善恶之外,还有一种是非之心,这是由于"知"的作用而产生的——"有心便有知,有知便失其性"①。当知识逐渐增多时,人们误以为智慧也在不断增加,但事实是人的心灵逐渐被增多的知识所淹没,而且这些知识往往源自人的狭隘认识,人们却将这种认识作为一种真知,"心与心识知,而不足以定天下,然后附之以文,益之以博。文灭质,博溺心,然后民始惑乱,无以反其性情而复其初。"(《缮性》)对于辩者而言,他们的心灵被诡辩所充满,"骈于辩者,累瓦结绳窜句,游心于坚白同异之间"(《骈拇》);对于儒家而言,他们的心灵则被仁义礼乐所充满,"屈折礼乐,呴俞仁义,以慰天下之心者。"(《骈拇》)总之,在欲望与欲望、恶心与恶心、成见与成见之间,人们都以自己欲望的满足为第一要务,以自己的意见为真理,都不惜以恶抗恶,于是产生了钩心斗角,"与接为构,日以心斗"(《齐物论》),结果"近死之心,莫使复阳也。"(《齐物论》)

总之,不管是贪欲之心,还是恶心、机心和分别之心,它们都是一种人为之

---

① 徐复观:《中国人性论史·先秦篇》,上海三联书店 2001 年版,第 339 页。

心——"蓬之心",是要被否定的心。在此语境中,"无心"意味着对人为之心的否定,也即爱莲心所说的不开动"人的意识之心"①,或福永光司所说的"不被囚执""不被拘束"②的心,或牟宗三的"不粘着固定"③之心。

（二）道之"无心"

而人的"无心"之所以可能,根本原因在于道的"无心",即心的本性为"无心",也即王博所说的"道的虚无成了心的虚无的基础"④。"形固可使如槁木,而心固可使如死灰乎?"(《齐物论》)"心如死灰"首先意味着心是存在着的,而不是不存在的;其次,它的存在不同于一般之物,因为它如同"死灰","死灰"是一般之物烧尽以后的残留物,此时物已消失——这意味着心不是像物一样的"有",而是像物消失以后的"无"。那么圣人之心为何要像"死灰"一样呢?

一方面,"死灰"是物之无,对于外物而言,它没有被利用的价值,完全是无用之物,但正是因为如此,它才能避免被外物所利用,进而避免被伤害,由此它才能保护好自己,并始终保持在自身之中。基于此,人之心也要像"死灰"一样,保持在"无"的状态之中,这样它才能保护自己、持守自身。

另一方面,"死灰"没有主观的欲望、情感、思想、语言等,所以它不会按照自己的意志、意愿去干涉外在的世界,也不会人为地改变自己,它就那样自然地生存于世,与世无争,与己无逆,因此它就是它自己。基于此,人之心也要像"死灰"一样保持在"无"(如无意志、无意愿)的状态之中,这样心才不会升起,才能保持在自己的纯一之中,既不被外物所伤,也不被己虑所蔽,所以林希

① ［美］爱莲心:《向往心灵转化的庄子:内篇分析》,周炽成译,江苏人民出版社2004年版,第160页。
② ［日］福永光司:《庄子:古代中国存在主义》,李君奭译,专心企业有限公司出版社1978年版,第140页。
③ 牟宗三:《中国哲学十九讲》,上海古籍出版社2005年版,第75页。
④ 王博:《庄子哲学》,北京大学出版社2004年版,第157页。

逸认为"死灰,心不起也"①。

进而,人才能复返"无心"的境界。因此"无"在《庄子》中既是方法,也是目的;既是作为手段的否定,又是本源性的存在——唯有通过否定之"无",万物才能回归其本源性的存在之"无"。因此,人要通达"道"就要像南郭子綦一样进入心灵之无的境界,具体而言,这种"心"之无表现为心之无为、心之无知、心之无言……

首先,心是无为的。这表现为:庄子强调心灵要像镜子一样。镜子是无为的,它无迎也不送,因为它没有主观的意愿、意志,所以它既不会因为物的到来而高兴,也不会因为物的离去而悲伤,它只是顺"应"万物的变化。因此,一方面,它能"不藏"万物,而让万物在自身(镜子)中如其所是地显现出来,即让万物成为万物自身——"故能胜物";另一方面,因为它没有主观之意,所以万物对它既无所谓拒绝,也无所谓接受,因此它也不会被物所伤,"至人之用心若镜,不将不迎,应而不藏,故能胜物而不伤"。(《应帝王》)正因为如此,人的心灵也应保持在无为之中,即没有人为之心。唯有如此,一方面,它才能如实地显现事情本身,而不是偏离事情本身;另一方面,它才能远离对于事情的执著,而避免伤害自身,因此"其心闲而无事"(《大宗师》),当心灵闲适无为时,心灵就不会受到外物的打扰乃至伤害。

其次,心是无知的。"目无所见,耳无所闻,心无所知,女神将守形,形乃长生。慎女内,闭女外,多知为败。我为女遂于大明之上矣,至彼至阳之原也。"(《在宥》)之所以如此,在庄子看来是因为"多知为败"。一方面,这意味着人的"多知"对于人而言并不具有积极的意义,相反具有消极的意义,因为对内而言,它容易引发人的欲求,对外而言,它容易引发外物的纷争,而这都是通过人的心灵所产生的,所以要"慎女内,闭女外",林希逸解释为"慎汝内,不动其心也;闭汝外,不使外物得以动吾心也。才多知,则为累矣,不识不知,而

---

① 林希逸:《庄子鬳斋口义校注》,周启成校注,中华书局 2009 年版,第 13 页。

后德全,故曰多知为败"①;另一方面它也意味着人的"知"不能"多",即人并不是完全不知,而是说没有人为之"知"。对于自然产生的"知",我们任其运行,既不肯定它,也不否定它,更不执著于它,因此人不会被"知"所困,心灵不会被"知"所扰。对于人的视觉和听觉也是这样,人有耳目就自然会有视听,所以我们不可能消灭视听,当然也不应该纵容视听,更不能执著于视听,而是说"任视听而无所见闻"②,这样视听就不会扰乱人的心灵。

最后,心是无言的。"心"之无不仅表现在存在和思想之中,而且表现在语言中。对于庄子而言,真正的心灵快乐——"天乐"不是在语言中产生的,而是在无言之中产生的,"无言而心说,此之谓天乐"。(《天运》)

如果就否定意义而言,"心"之"无"表现为"无为""无知""无言"的话,那么就肯定意义而言,"心"之"无"则表现为"静""虚""淡""粹"——"庄子的意思,是认为心的本性是虚是静,与道、德合体的。"③概言之,"无为""无知""无言"之所以可能,是因为心灵原本处于"无"的状态之中,它在本源处、本性上是虚静、平淡、纯粹的,甚至是至虚、至静、至淡、至粹的。"故心不忧乐,德之至也;一而不变,静之至也;无所于忤,虚之至也;不与物交,淡之至也;无所于逆,粹之至也。"(《刻意》)

首先,心灵自身是至虚的。牟宗三认为"无所显示的境界,用道家的话讲就是'虚'"④。在庄子看来,心灵原本没有忧乐("心不忧乐,德之至也"),它不仅没有忧乐,而且没有是非、善恶、美丑的区分,在此意义上,心灵是虚无的,它没有"有"——心灵虽然存在,但它却是以"无"的状态本性存在。也正是在这种虚无之中,心灵才能保持自身的统一和完整,而不被"有"所割裂;同时,心灵才能容纳万有,让万物成为万物,而不干涉万物。在此意义上,心灵"无

---

① 林希逸:《庄子鬳斋口议校注》,周启成校注,中华书局2009年版,第170页。
② 郭象注,成玄英疏:《庄子注疏》,曹础基、黄兰发点校,中华书局2011年版,第208页。
③ 徐复观:《中国人性论史·先秦篇》,上海三联书店2001年版,第341页。
④ 牟宗三:《中国哲学十九讲》,上海古籍出版社2005年版,第71页。

所于忤",这在于作为"无"("虚之至也"),它不可能与他物相抵牾。也正是因为如此,人要虚心——这意味着虚心并不仅仅是我们通常意义上的一种美德——谦虚,从根本上说,它是心的本性,是心灵的本真存在。只是在现实世界中,心灵因为"有"而渐渐地远离了自身的本性,所以虚心就是让人返回到自己的家园,虚心之路就是还乡之路。

其次,心灵自身是至静的。作为本源、本性的心不仅是虚的,而且是静的。"圣人之静也,非曰静也善,故静也。万物无足以挠心者,故静也。水静则明烛须眉,平中准,大匠取法焉。水静犹明,而况精神!圣人之心静乎!天地之鉴也,万物之镜也。"(《天道》)圣人之心不同于一般人的心灵之处在于,他的心灵被道所规定,而不是被外物所规定,即圣人之心被心灵自身所规定。或者说,圣人之心就是心灵自身的完美显现。因此,如果说圣人的心灵本性为静的话,这也意味着心灵的本性为静。基于此,一方面,圣人的心灵之所以静,并不是因为某种外在的要求——人们强加给它的善、恶观念的要求("非曰静也善,故静也"),而是其内在的要求——心灵自身的召唤;另一方面,正因为心灵处于静的本性之中,所以它才不会被万物所扰("万物无足以挠心");再一方面,在静之中,心灵不仅不会被万物所扰乱,而且会"明"万物、显现万物,成为万物的镜子——如果说镜子因为没有私心而只是映照万物,所以能够显现万物,让万物"明"的话,心灵也只有在静之中,才能如实地观照万物、洞察万物,相反一颗躁动的心灵会将心灵自身置于充满诱惑和是非的境地,此时躁动中的心灵不仅会迷失自己,而且会失去万物。

再次,心灵自身是至淡的。"汝游心于淡,合气于漠,顺物自然而无容私焉,而天下治矣。"(《应帝王》)"游心于淡"就是让心灵处于淡的境域之中。庄子认为治天下者只有心灵平淡,才能治理好天下。之所以如此,是因为唯有如此,他才能没有私心——"无容私焉";没有私心,人才能"顺物自然";当心灵顺物自然时,物将自化,不待人治,因此"天下治矣"。因此只有在心之淡中,作为对象的天下才能成为天下,物才能成为物,同时,作为主体的人才能成为人自身。故而心"不与物交,淡之至也"(《刻意》),这并不意味着人要与物隔绝,而是说人不要刻意、不要带着功利目的去和外物接触,即心不要有所待——此时人才不会被物所累,人心才不会被物所伤——"感而后应,虽与物接而不为物所累也。"①而当心无所作为,只是随顺物之自然时,外物却会自然地向人聚集——"物自来耳"②,这是"心"之淡然所产生的统一的力量。但是这种聚集不同于接触,接触是主观的追求,而聚集是自然而然的结果。所以它看起来没有"交",却是至"交",这种至"交"正是以"无"的形式出现。人与人之间的君子之交也是如此——他们看起来无"交",却是至"交",只是他们所交的不是物,而是"道",也就是"无"。

"淡的主题,从一开始就具有这种将各种价值全面颠倒的特性,才能唤起事物的本质"③,在虚与实、无与有、静与动、淡与浓之间,世人所看重、追求的无疑是实、有、动、浓,因为在他们看来,虚、无、静、淡是没有利用价值的,所以它们为我们的感官所忽视,被我们的意识所抛弃。但这正好颠倒了事情的真相,因为生命正是在虚、无、静、淡中生成的,只有它们才是生命之源、生命之本。而且正是因为它们,生命才能在被利用的价值世界中得以幸免,而不被外在的强权、强势、强求所干扰、干涉,从而得以维持、保存自身,而不是被外物所利用、扭曲和分割。反之,对于已经被利用、扭曲和分割的心灵和万物,也唯有虚、无、静、淡才能重新唤醒他们的本性,它们具有将颠倒的世界重新颠倒过来的力量。所以虚、无、静、淡所具有的颠倒力量是积极的力量,而不是消极的力量。他们能够敞开一个真实而具有无限可能性的世界,而不是被"有"所规定、所异化、所颠倒的世界。

由于心灵在本源、本性上是统一而没有分裂和对立的,所以它没有虚与

---

① 林希逸:《庄子鬳斋口义校注》,周启成校注,中华书局2009年版,第248页。
② 郭象注,成玄英疏:《庄子注疏》,曹础基、黄兰发点校,中华书局2011年版,第294页。
③ [法]余莲:《淡之颂:论中国思想与美学》,卓立译,桂冠图书股份有限公司2006年版,第18页。

实、无与有、静与动、淡与浓的对立。而心灵之"有"遮蔽了原本敞开的心灵自身,导致世界的丰富性无法向我们敞开,在此意义上,淡然"正是那自由绽放之道,是自然而成之事物的道理"。① 只有在虚、无、静、淡中,人才能自由,因为实、有、动、浓会以他们的偏狭束缚我们的生成之路,而虚、无、静、淡则向我们敞开了一个广阔的天地,在此,人才能自由地翱翔,无拘无束地行走,并完全敞开自身。

最后,正因为心灵自身是虚无、宁静、平淡的,所以它也是纯粹的,它被自己所规定,而不被外物所规定;它只从事于自己的事情,而从不干涉外物,也不偏离自身。

这颗被虚、静、淡、粹所规定的心灵在《庄子》中又被称为"一心","一心"实际上就是"无心","一"是"无"的显现。"其动也天,其静也地,一心定而王天下;其鬼不祟,其魂不疲,一心定而万物服。言以虚静推于天地,通于万物,此之谓天乐。天乐者,圣人之心以畜天下也。"(《天道》)当人的心灵远离躁动不安,被"无"所规定的时候,他才能不为外物所扰,而定于自身("物不能挠谓之为定"②),并获得最高的快乐——"天乐"。因为他能定于自身之"一"而无所求,所以他的心灵是虚静、平淡、纯粹的,他能够融于万物,与万物为春;他不仅能够融于万物,而且能够包容万物,所以能够蓄养天下;因为能够以自身之"一"而与天下为"一",并能包容万物,所以"万物服";因为"万物服",所以能够"王天下"。

因此,作为在位的圣人,圣王不仅要让自己的心灵处于"无"的状态之中,作为王,他还要让天下百姓的心灵也处于"无"之中。"黄帝之治天下,使民心一。民有其亲死不哭而民不非也。尧之治天下,使民心亲。民有为其亲杀其杀而民不非也。舜之治天下,使民心竞。民孕妇十月生子,子生五月而能言,

---

① [法]余莲:《淡之颂:论中国思想与美学》,卓立译,桂冠图书股份有限公司2006年版,第22页。
② 郭象注,成玄英疏:《庄子注疏》,曹础基、黄兰发点校,中华书局2011年版,第251页。

不至乎孩而始谁,则人始有夭矣。禹之治天下,使民心变,人有心而兵有顺,杀盗非杀人。自为种而'天下'耳。是以天下大骇,儒墨皆起。其作始有伦,而今乎妇女,何言哉!"(《天运》)在这里,庄子解释了民心堕落的轨迹:首先,民心原本是纯一的,并没有亲疏、善恶、是非、对错、好恶、有无之分,所以黄帝之治只是让民心返回到纯一的状态——"使民心一";其次,到了尧帝时代,这种纯一的状态被打破,因为亲疏有别、是非之心已经生起,人心虽然温情脉脉、向善离恶——"使民心亲",但是分别之心已起,心灵失去了其原初的"一";再次,到了舜帝之时,争斗之心生起,人们甚至不问善恶、不论是非、不管事情本身,而只是执著于彼此的竞争——"使民心竞";最后,到了禹时,民心大乱,好为祸变——"使民心变",于是"天下大骇"。这是人的贪欲由弱到强的过程,因此是对心灵的束缚和压抑越来越严重的过程,因此这也是心灵从心之"无"到心之"有"的过程——心灵想要占有的越多,它反而会离自身越远。

综上所述,当人的心灵通过否定返回到"无"("无为""无知""无言"等)的境界时,这也意味着人的心灵返回到自然的境界,即心灵归于自身的"淡""静""虚""粹"等状态之中,所以郭象认为"夫任自然而忘是非者,其体中独任天真而已,又何所有哉"[①]。既然自然,就无"有";既然无"有",也就自然。因此,得道者的心灵就产生了两种说法:"无"之心和自然之心。前者从否定意义上而言,后者从肯定意义上而言。所以安乐哲、郝大维又把"无心"翻译为"直接的思想和情感"[②],即油然而生、自然天成和顺其自然的思想和情感。

饶有意味的是,"阳子居见老聃,曰:'有人于此,向疾强梁,物彻疏明,学道不倦,如是者,可比明王乎?'老聃曰:'是于圣人也,胥易技系,劳形怵心者也。且也虎豹之文来田,猨狙之便执嫠之狗来藉。如是者,可比明王乎?'"(《应帝王》)不仅是对于胥吏、辩者,即便是对于学道者,当他"学道不倦"时,

---

① 郭象注,成玄英疏:《庄子注疏》,曹础基、黄兰发点校,中华书局2011年版,第23页。

② [美]安乐哲、郝大维:《道不远人:比较哲学视域中的〈老子〉》,何金俐译,学苑出版社2004年版,第56页。

也是对于自然心灵的背离,所以在庄子看来,他和胥吏求治之心是无异的,也就是说,对于"道"的追求之心也是一种人为之心。

这意味着,不仅对于"非道"的追求是无道的,而且对于"道"的追求也是无道的——因为"追求"这个行为本身就意味着人的心灵不再自然,而是处于人为的状态之中。因此,"无心"所要否定的就不仅是"无道"之心,而且包括求道之心,或者说求道之心也是一种"无道"之心。这也意味着,"无心"之"无"是一种绝对之无,它不仅否定物的世界中的"有心",而且否定作为"有"的"无心"。唯有如此,"无心"才能真正通达心灵自身——心之"无",这既是心灵的原初状态,又是心灵的最高境界。

三、"人"通过心灵之"无"通达"道"

然而,对于庄子而言,虽然"无"规定了生活世界,生活世界却并不以"无"的形态呈现,相反它所呈现的是一个琳琅满目、活色生香的"有"的世界,以至于人们沉溺其中、乐此不疲。在庄子看来,这种对"有"的"乐此不疲"本身就意味着人背离了其本源与本性,同时也意味着"有"自身越过了自身的边界。因此对于人及其对象"有"而言,他们的任务就是复返于"无"。那么他们如何复返于"无"呢?

这个问题又可以分解如下:一,"无"的主语是什么? 二,"无"的宾语是什么? 三,"无"是如何实现和完成的? 在此基础上,我们甚至还可以追问,这种"无"是人的主观意愿,还是一种客观存在?

其中,第二个问题的答案是显而易见的,"无"的宾语就是生活世界中形形色色的"有",这意味着如果我们要回归于"无",就需要无"有"。

因此问题的关键在于,"无"的主语是什么? 一般认为就是人,但是这种不证自明的回答是危险的,因为它可能是想当然的,即便不是如此的话,这种不证自明也会掩盖很多不可逾越的问题,如"无"的主语为什么是人,而不是动物? 即便是人的话,它究竟是指人的身体,还是指人的心灵? 如果是人的心灵的话,它又是一种什么样的心灵?

一般而言,就人的身体和心灵来讲,身体是不能否定自身的,能够否定身体的只有心灵。心灵不仅会否定身体,而且会否定自身。从这个角度来讲,否定的主语就不能是动物,因为动物只有身体,没有心灵。只有人才拥有心灵。基于此,否定的主语应该是人。

但是人也只是具有了拥有心灵的可能性,因为还有一些行尸走肉的人其实与动物并无二致,他们只有身体,并没有心灵,所以否定的主语并不是一般的人,而是具有丰富心灵的人。

然而对于庄子而言,也不是所有有心的人都能成为否定的主语,因为心灵自身也可以分为很多种,比如"成心""机心""偏心""忮心""蓬之心"等,很显然它们并不能成为否定的主语,因为它们带有自己的欲望或意见,其本身就是一种"有"心,所以这样的心灵不可能通达"无"的本性——在此意义上,"无"并不是心灵的意愿,而是事情本真的存在形态。

(一)心灵的否定——"心斋"

如果说"有"可分为自然之"有"和人为之"有"的话,那么心灵要"无"之的话,就要具体区分两种情况。

对于人为之"有",庄子认为回归的途径就是否定——即通过"无形""无欲"等回归其本来的状态。在此"无"就不再是与"有"相对的存在性之"无",而只是作为否定的动词性之"无"。或者说人正是通过否定性之"无"而通达存在性之"无"。质言之,否定之所以可能,就是因为它符合"无"的本性①。

问题在于:首先,谁在否定? 如上所述,它就是人的心灵,而且不能是作为"有"的心灵。既然"有心"不能成为否定的主语,那么否定的主语就只能为"无心",所以庄子强调了"无心"的重要性——"通于一而万事毕,无心得而鬼

---

① 叶秀山:《世间为何会"有""无"?》,《中国社会科学》1998 年第 3 期。

神服"(《天地》),正是基于此,庄子认为得道之人也应该是"无心"的,即像啮缺一样"形若槁骸,心若死灰……媒媒晦晦,无心而不可与谋"的人。不仅如此,郭象甚至认为"虽天地之大,万物之富,其所宗而师者,无心也"。①

其次,"无心"在否定什么? 一方面,"无心"所否定的是人为之"有"。这种"人为"就表现为一种分别和执着,它将原本统一、完整的世界进行区分和切割,并执着于其中某一方面的"有",甚至是一种贪"有"。另一方面,"无心"也否定有可能成为新的"有"的"无",这既包括对形而下之"无"的执着,如执着于"有"的隐藏,"有"的缺失,或者与"有"共生的"无";也包括对形而上之"无"的执着。

最后,"无心"如何否定? 既然它所否定的对象是心灵的区分和执着,那么,这种否定也只能通过心灵来进行,这在《庄子》中被描述为"心斋"的过程。"颜回曰:'回之家贫,唯不饮酒不茹荤者数月矣。如此则可以为斋乎?'曰:'是祭祀之斋,非心斋也。'回曰:'敢问心斋。'仲尼曰:'若一志,无听之以耳而听之以心,无听之以心而听之以气。耳止于听,心止于符。气也者,虚而待物者也。唯道集虚。虚者,心斋也。'"(《人间世》)

庄子首先区分了两种"斋":"祭祀之斋"和"心斋",所谓"祭祀之斋"实际上就是感官之斋,在这里主要是味觉之斋,事实上不仅是味觉,包括人的视觉、听觉、嗅觉、触觉等都应该是"斋"的对象,因为它们容易诱发人的贪欲,扰乱人的自然本性,损害人的感官和身体自身,所以我们要"斋"之。

所谓"斋",《说文解字》解释为"戒洁也"②,而"戒"是一个会意字,上面为"戈",下面的"廾"象两只手,双手持戈,意味着警戒或戒备,故而所谓"祭祀之斋"就是让我们的感官和身体保持在自身的纯洁、纯净之中,不让酒精和荤腥刺激人的欲望,这是通过感官和身体的戒备来实现的。但是人的感官和身体自身是无法戒备感官的欲望和身体的刺激的,因为从本质上讲,人的感官和身

---

① 郭象注,成玄英疏:《庄子注疏》,曹础基、黄兰发点校,中华书局2011年版,第124页。
② 许慎:《说文解字》,中华书局1963年版,第8页。

体本身就是欲望性的存在,在此意义上它们与动物的感官和身体并无二致。如果人无法依靠身体自身来戒备身体的欲望的话,那么他就唯有依靠心灵来戒备身体的欲望,让感官和身体保持在自身的纯洁、纯净之中。正是基于此,人与动物的本质性区分就不在于身体和感官,而在于心灵。由此可见,人的最本质的斋戒就不是"祭祀之斋",而是心灵之斋——"心斋"。

"心斋"就是让心灵保持在自身的纯净之中,这又是通过心灵的戒备来完成的,而所谓心灵保持在纯净之中,也就是通过心灵的否定,让心灵保持在"虚"或"无"之中,所以刘笑敢认为"'心斋'的实质即一个虚字,要达到心灵的虚静,必须……抛弃耳目心思,纯由神秘之直觉"。①

无独有偶,庄子认为"汝齐戒,疏瀹而心,澡雪而精神,掊击而知。"(《知北游》)所谓"齐",郭庆藩在《庄子集释》中曾指出"赵谏议本作斋"②,后曹础基③和陈鼓应④都将齐解释为"斋"之义。如果是这样的话,我们要斋戒心灵,就要疏通、纯净它,为此人需要否定或"去除"⑤("掊击")心灵的"知"。人不仅要否定人为之"知",而且要否定人的贪欲。"梓庆削木为鐻……必齐以静心。齐三日,而不敢怀庆赏爵禄;齐五日,不敢怀非誉巧拙;齐七日,辄然忘吾有四枝形体也。"(《达生》)要让心灵保持在"静"("无")的状态之中,就需要对"庆赏爵禄""非誉巧拙""四枝形体"怀有戒备之心。

而在日常生活中,人们往往只是通过感官去倾听,这实际上是其他动物也能完成的行为,所以如果我们只是执着于用"耳"去听,那么人就会像动物一样"止于耳"。人之所以贵于动物就在于他有心灵,但是如上所述,人们的心灵往往处于被遮蔽的状态之中——即"成心""机心"之中,一个有"成心""机心"的人所关注的并不是事情本身,而是事情是否符合自己的成心("心止于

---

① 刘笑敢:《庄子哲学及其演变》,中国社会科学出版社 1988 年版,第 175 页。
② 郭庆藩:《庄子集释》,王孝鱼点校,中华书局 2001 年版,第 741 页。
③ 曹础基:《庄子浅注》(修订本),中华书局 2000 年版,第 324 页。
④ 陈鼓应:《庄子今注今译》,中华书局 1983 年版,第 568 页。
⑤ 陈鼓应:《庄子今注今译》,中华书局 1983 年版,第 573 页。

符"),所以我们要戒备这种"成心"和"机心",即"无听之以心而听之以气"。而之所以要"听之以气",成玄英认为"心有知觉,犹起攀缘;气无情虑,虚柔任物"①,即"气"的本性为"虚",因此它不会有"成心"和"机心"。这意味着我们的心灵要像"气"一样,保持在"虚"和"无"的状态之中,这种状态即是得道的状态,所以"唯道集虚",郭象认为"虚其心则至道集于怀也"②。而这又是通过心灵的否定来完成的,它既否定对于"有"的执着,也否定对于自身的执着。

对此,王博认为"庄子这里提到了耳、心和气,并把它们看做是三个不同层次的东西。前两个层次也许不同,但在要被否定这一点上却没有分别。庄子要求无听之以耳和无听之以心,而要听之以气。因为气是虚而待物的,它没有任何的欲望、坚持和偏见,因此可以因,可以在这个世界中游,而不和它发生冲突……耳和心则不同,只有某些声音或者事物是顺耳和顺心的,另一些则不是。这就有了分别,有了执着,有了冲突。这正是它们要被否定的理由……听之以气则不同,心此时如气一般的虚无恬淡。这就是心斋,就是使心变得像气一样的虚而不实"。③

（二）心灵的忘——"坐忘"

如果说对于人为之"有",我们要进行否定的话,那么对于自然之"有",我们则不能否定他们。因为人为之"有"是原本不存在的,所以否定它可以让人和物各自返回自身;而自然之"有"则是天生而成、本然存在着的,否定它会让其远离自身,所以对于自然之"有"不能否定,也不能"摆脱"。但是对于某些自然之"有",如人的动物性本能,它们虽然与生俱来,不能被完全否定,但是我们却不能被它所束缚,否则人将无法和动物相区分开来。问题在于,如果我

---

① 郭象注,成玄英疏:《庄子注疏》,曹础基、黄兰发点校,中华书局2011年版,第80页。
② 郭象注,成玄英疏:《庄子注疏》,曹础基、黄兰发点校,中华书局2011年版,第81页。
③ 王博:《庄子哲学》,北京大学出版社2004年版,第38页。

们既不能否定这种"有",又不想拘囿于这种"有"时,人应该如何面对这种"有"呢? 庄子认为人应该"忘"自然之"有"。

"堕肢体,黜聪明,离形去知,同于大通,此谓坐忘。"(《大宗师》)这里的"堕""黜""离""去"就不能被理解为否定之义,因为对于人而言,其"肢体"和"形"是原本就存在的,有些"知"也是生而具有的,对于这些自然之"有",我们就不能完全否定它们,而是应该"忘"("堕肢体,言忘形也……言身知俱泯,物我两忘"①)或者"超脱"它们("不着意自己的肢体,不摆弄自己的聪明,超脱形体的拘执、免于智巧的束缚,和大道融通为一,这就是坐忘"②),所以徐复观认为"庄子的'离形'……并不是根本否定欲望,而是不让欲望得到知识的推波助澜,以至于溢出于各自性分之外。在性分之内的欲望,庄子即视为性分之自身,同样加以承认的"③。因此,庄子所要否定的并不是所有的欲和知,而只是"性分之外"的贪欲和巧智,对于"性分之内"的欲和知则是"忘"。

那么,"忘"意味着什么呢? "忘"首先意味着其对象是存在的,一个不存在的东西是无所谓忘与不忘的。既然其对象原本存在,我们就不能"否定"它,而是要超越它,不被它所束缚、所限制。

其次,"忘"的主语也是心灵。因为从字形上看,"忘"即心无,所以许慎解释"不识也,从心从无"④。"有"是存在的,只是心不识这个"有",这就是"忘"。那么如何才能不识呢? 一是不知,根本上就不知道这个"有";二是超越所识之"有"。前者是被动的,后者是主动的;前者是消极的,后者是积极的;前者有可能从不识到识,后者则是从识到不识,它是对所识的远离。所以"忘"的实质是一种超越。因为"忘"只是心灵之"忘",所以这种超越也只是心灵的超越。

---

① 释德清:《庄子内篇注》,华东师范大学出版社 2009 年版,第 137 页。
② 陈鼓应:《庄子今注今译》,中华书局 1983 年版,第 242 页。
③ 徐复观:《中国艺术精神》,华东师范大学出版社 2001 年版,第 44 页。
④ 许慎:《说文解字》,中华书局 1963 年版,第 220 页。

"忘足,履之适也;忘要,带之适也;忘是非,心之适也;不内变,不外从,事会之适也。"(《达生》)人如果忘记了脚的存在,这不仅表明了鞋子的合适,而且表明了脚的舒适;如果忘记了腰的存在,就不仅表明了腰带的合适,而且表明了腰的舒适;如果忘记了是非的存在,则表明了心灵的安适;如果人内外不移不从,则表明了人的处境的安适。这意味着:人一旦忘记"有",而处于一种"无"之中,人也就超越了"有",使自己处于一种"舒适"之中,即得道的状态之中。也即是说,只有在"无"中,人才能真正地"有";只有忘记"有",人才能真正拥有"有"。

因此,我们如果要真正拥有"足""要""心""事会",就要忘记它们,超越它们,让它们在心灵中成为一个"无",唯有这样,它们才能成为自身,成为真正的"有",否则事情就会适得其反。"若夫不刻意而高,无仁义而修,无功名而治,无江海而闲,不道引而寿,无不忘也,无不有也。"(《刻意》)高尚、修身、治世、闲游、高寿本来应该是很自然而然的事情,也应该是水到渠成的结果,但是如果我们把它们当成一种"有"去追求的话,我们就失去了这种"自然",也就是失去了自己的本性。

而就失去本性而言,"刻意而高"与不"高"、"仁义而修"与不"修"、"功名而治"与不"治"、"江海而闲"与不"闲"、"道引而寿"与不"寿"并没有区别。所以我们只有忘"高"才能"高",忘"修"才能"修",忘"治"才能"治",忘"闲"才能"闲",忘"寿"才能"寿",故而"无不忘也,无不有也"。

因此,牟宗三认为"道家的智慧是'忘'的智慧"[1],爱莲心则认为"心忘是得道的关键"[2]。"忘"就是心灵的超越,它是心灵从物的世界向道的世界超越、从"有"的世界向"无"的世界超越的过程,也即人超越自身之"有"而回归于"无"、复返于道的过程。

---

[1] 牟宗三:《中国哲学十九讲》,上海古籍出版社2005年版,第114页。
[2] [美]爱莲心:《向往心灵转化的庄子:内篇分析》,周炽成译,江苏人民出版社2004年版,第160页。

(三)心灵的转化——"化"

问题在于,"忘"又是如何可能的呢?如果"忘"仅仅表现为不记得的话,一个大脑有缺陷的人也完全可以做到这一点。因此,真正的"忘"不仅仅只是不记得,更是一种心灵的转化和升华,是一种境界的提升和拓展——"不记得"只不过是它的外在表现,心灵的转化和升华才是它的真正内涵。所以"忘"的关键还在于"化"。

对庄子而言,"化"是宇宙间最普遍的一种现象,因为"万物皆化"(《至乐》),"天地虽大,其化均也"(《天地》),也正是因为此,"化"字本身在《庄子》中出现的频率非常高,多达近百次。但是爱莲心认为这些"化"都还只是"世间事物的转化",而不是"这个术语的主要所指",真正的"化"应该是"事物在我们对它们的恰当的理解中发生转化",因此她把这种"化"归之于"个人觉悟水平的改变"①。这与冯友兰的观点不谋而合。他认为人可以通过"理解"来洞见宇宙万物的自然本性,从而超越"相对的快乐"而达到"至乐"②,这种洞见也被他称之为"觉解"③。

这个过程则被吴光明称之为被"唤醒"的过程,"他要唤醒我们,使我们悟察而自动地从社会老惯习脱出而回到我们天然的真己,真正地与现实的天地世界有直接的交涉接触"④。

所以,在这种语境中,"化"主要是指心灵之转化,它所依靠的是人的心悟。也就是说,只有当人的心灵领悟之时,真正的"转化"才会发生,而不至于心随物转;同时,对于自然之"有",我们才能真正有意识地"忘",而不至于在"忘"后又重新记起;对于人为之"有",我们才能真正有意识地"否定",而不

---

① [美]爱莲心:《向往心灵转化的庄子:内篇分析》,周炽成译,江苏人民出版社2004年版,导言。
② 冯友兰:《中国哲学简史》,生活·读书·新知三联书店2009年版,第119—122页。
③ 冯友兰:《新原人》,生活·读书·新知三联书店2007年版,第1—19页。
④ 吴光明:《庄子》,东大图书公司1992年版,第68页。

至于在"否定"后又重新肯定。

而心灵所领悟的不是其他,正是"无";心灵之所以能够领悟,则是因为心之"无",即"无心";而心之"无"之所以能够实现,则是因为道之"无"。

因此,对于庄子而言,真正的心灵之化不是一般观念的变化,而是超越了所有观点的转化;它是以道的视域、以得道的心灵即整体性的、无限性的、动态性的视角和观点来观照世界,而不是从某一个片面、有限、静止的视角和观点来看世界——在此意义上,心灵才能返回"无心"的状态,达到其最高的境界;人才能复返混沌一体的源初,消除物我的界限,从而与万物融为一体,因此"融化""化育"才有可能。"不知周之梦为胡蝶与,胡蝶之梦为周与?周与胡蝶,则必有分矣。此之谓'物化'"(《齐物论》),从现实的角度,庄周和蝴蝶显然是有区别的,但是在道的视域中,他们却是一个整体,他们不仅相互依存、互为显现,而且可以相互转化。但是从现实世界复返道的世界,我们需要心灵的转化。

概言之,人因为"有"心而远离了"道",所以人要返回原初之"道",就需要否定、遗忘(超越)和转化人的心灵,让心灵重返故乡,也就是"无"心的状态。对于庄子而言,这种状态也就是得道的状态,因此也是至美的状态,在其中,人才能"逍遥游",才能获得"至乐"。基于此,"人"才是美的人,"心"才是美的心,这个地方才是美的境界。因此"人"通过心灵之"无"通达"道",也就是通达"美"。

第四章 作为"无"的"美"

第一节 庄子"反"美

一、为何"反"美?

"反"美在美学史上并不是一个新鲜的话题,毋宁说,一部美学史就是一部关于"美"的观念的不断更新、不断生成、不断自我否定的历史。就西方美学史而言,现代美学关于"美"的观念就是对于古典美学的"反"拨,而后现代美学不仅"反"古典美学,同时也"反"现代美学。而且即便是在古典美学内部,亚里士多德关于"美"的思考在某种意义上也是"反"柏拉图美学的。

就中国古典美学史而言,因为它缺少西方美学史的那种明显的时代区分,所以在它的发展过程中虽然也有朝代、民族、地域等的差异,但是这种差异并不明显,或者说并没有成为主题。中国古典美学的区分主要还是思想、文化形态上的区分,就其主干而言,就是儒家美学、道家美学和禅宗美学的区分。而在三者之中,道家美学是以儒家美学的反对者的姿态出现的,禅宗美学虽然吸收、借鉴了儒家、道家的思想,但是其主要的美学思想是与儒家、道家美学也是大异其趣的。①

────────────

① 当然,这种不同与其说是后者"反"前者,不如说是后者完善前者,即后者通过否定,而去除前者中还不够完善的地方,以至于更加接近地完成前者。如道家的爱就是对于儒家之爱的完善,乃至于接近完成这种"爱"。

(一)美的自我否定

庄子之所以"反"美,这首先是因为"美"的本性使然,因为"美"自身就具有这种自我否定性,唯有如此,"美"才能去除自身的遮蔽(尚未达到完美的地方),同时避免成为新的遮蔽(美与丑的相互转化),而成为真正的美。基于此,"美"就不是一成不变的,而是不断生成的。在此意义上,"美"不可能成为一个可供人追求的"实体",因为它没有终点,万事万物都处于通往"美"的途中,而无法到达绝对的、最高的、最后的美。也就是说,现实生活中没有绝对的美,而只有相对的美;没有已完成的美,而只有正在生成的美。

因此,任何以"美"自居的"美"将自失于自身之中,而成为固化形态的"美",从而被真正的美所抛弃。同样的道理,任何以"明"自居的"明"即绝对的光明、绝对的真理将自失于自己所谓的"明"之中,而被真正的明所抛弃,即"道昭而不道,言辩而不及"(《齐物论》),林希逸认为"昭者,明也,道不可以指名,昭然而指名,则非道矣,故曰不道"①,释德清也解释道"大道昭昭,言则非道……言所不知之地,乃大道之原也"。②

为了表明自己的这种立场,庄子乃至于整个道家使用了一种在常人看来异乎寻常乃至于自相矛盾的表达方式——正言若反,即真正的或最高的"明"正好表现为它的对立面——"昏",真正的也即最高的"光"表现为它的对立面——"暗",真正的、最高的"知"表现为"愚",真正的、最高的"言"表现为"默",真正的、最高的"情"表现为"无情",真正的、最高的"有"表现为"无"。正是基于此,真正的、最高的"美"也表现为它的对立面——"丑"。

在《庄子》中,当然有许多关于"美"的描述和表达,很多"至人"形象甚至被它描述得美轮美奂、动人心魄。但是,其中也存在着一些对得道之人的"非美"的表达,甚至是"反美"的表达。这倒不是庄子的思维混乱、颠三倒四或者

---

① 林希逸:《庄子鬳斋口议校注》,周启成校注,中华书局 2009 年版,第 36 页。
② 释德清:《庄子内篇注》,华东师范大学出版社 2009 年版,第 48 页。

自相矛盾,而是因为"美"在《庄子》中具有多重意味:一种是世俗社会中的美——或与感官的满足相关的美,或与善相关的美,或与事实相符合的美——即与"物"相关的形而下的美;一种是本源意义上的美,它反对世俗社会中的美,追求美的本源,即与"道"相关的形而上的美。

对于世人而言,"美"当然要比"丑"积极,"美"之物当然要比"丑"之物"美",这仿佛是天经地义的事情。而在"道"的视域中,事实并非完全如此,因为有时"丑"比"美"更能表现真正的"美",这一方面是因为"丑"更容易摆脱世俗的羁绊,摆脱人们的日常偏见,在此意义上,"丑"比所谓的"美"更能警醒人们,更能让人们远离物的束缚,从而遵从"道"的指引;另一方面是因为"丑"比"美"更为本源,和"美"相比,"丑"更接近"道",所以在《庄子》中,很多得道者并不是通常意义上的美人,正好相反,他们往往是一些丑人、畸人。最后,还存在着一种"道"之"美"的自我否定,即反对将"丑"作为新的"美",最终它反对将任何"物"作为"美"的根源。

因此,真正的美在于:其一,它要避免乃至反对人们关于"物"的外在形象之美的追求;其二,它要避免、反对人们关于任何作为实体对象的"美"的追求,无论它是对于外在美的追求,还是对于内在美的追求;其三,更为重要的是,庄子要反对包括美、丑在内的二元区分,因为如果我们要强行规定"美"的存在的话,它不存在于任何区分、对立之中,而是存在于统一之中,因此"美"的最后根源就不是其他,而是统一,而这种统一就存在于"道"之中,所以"美"的根源不是"物",而是"道"——"夫大道不称"(《齐物论》),林希逸将之解释为"对立者曰称,谓之大道则无对立者矣"。①

在某种场合,或者某种境域之中,庄子可以无所拘束地利用生活世界中的某些概念或形象来表达或传达他的思想,甚至用人们可以接受的关于"美"的观念或正或反地阐释其关于存在本身的思考,但是这并不意味着他完全接受

---

① 林希逸:《庄子鬳斋口议校注》,周启成校注,中华书局 2009 年版,第 36 页。

和肯定它们,毋宁说他只是利用它们来表达自身,就像庄子对于儒家社会的敬意典范——孔子和颜回的论述,很多时候都带有赞赏的口吻,但这并不表明他赞同儒家的思想,恰恰相反,他所赞赏的孔子或颜回往往是对他们所从属的思想体系的背叛。他们只是其思想表达的一种工具。很多时候,《庄子》中的"美"也承担着同样的功能。

于是,《庄子》中也出现了一些符合常人意识的"美"的形象,但是它们的存在被赋予了超出凡俗的意义。其一,它属于如上所述的方便法门,很多时候庄子是从或正面、或反面的角度论述它们,文中的"美"或者是全面的,或者是片面的。其二,它是作为"美"的理想,或者说是美的最高境界,是人们可望而不可即的对象,因此,它成为得道者最恰如其分地表达,同时也是对于"道"的最完美的实现,在此意义上,它成为一种真正、最高的美——这种美以人们可以接受的表征出现。但是,这种美不应成为人们追求的对象,因为它只是美的表象,而不是美自身。这种美实际上是在不断地自我否定中形成的,并且一直处在自我否定中,因此它是运动的,而不是静止的;是正在形成的,而不是业已完成的;所以它是一种状态,而不是一种结果。当我们试图将"美"实体化和对象化时,实际上是破坏了其完整性、统一性,于是美也就走向了其对立面。

(二)生活世界之"化"

庄子之所以"反"美,另一方面是因为"美"所赖以存在的生活世界本身不是一成不变的。它不是一潭死水,而是处在流转不息、生生不已的生成、变化之中,唯有如此,生活世界才可能是一个充满生机、生命与活力的世界。对于庄子而言,这种生成、变化集中地表现在它的"化"之中。

"化"在《庄子》文本中出现了九十余次,有着丰富的内涵。首先,对于庄子而言,生活世界中的万事万物都处于变化之中("万物皆化生"《至乐》、"是万物之化也"《人间世》),而且这个变化是无处不在、无时不有、无穷无尽的("万化而未始有极也"《大宗师》、《田子方》)。那么,这种"化"又是如何形成的呢?"善夭善老,善始善终,人犹效之,又况万物之所系而一化之所待乎?"(《大宗师》)一切变化所依待的就是"道"——"而不知人之一身,千变万化,安知其所止……一化之所待者,道也。此所谓大宗师也。"①正是因为"道"的力量造就了"万化"的状态。基于此,"道"又被称为"造化","伟哉造化!又将奚以汝为""今一以天地为大炉,以造化为大冶,恶乎往而不可哉"(《大宗师》)。正是在此意义上,"化"成为了"道"的特性,而"道"是作为"化"的"道"。

其次,当"道"作为"化"之"道"时,"化"就不再是作为名词,而是作为动词出现了,即"道"化育万物——"天不产而万物化,地不长而万物育"(《天道》),"道"在这里表现为天地自然。不仅"道"自身能够化育万物,得道的"精神"("精神四达并流,无所不极,上际于天,下蟠于地,化育万物,不可为象,其名为同帝"《刻意》)和"明王"("明王之治:功盖天下而似不自己,化贷万物而民弗恃"《应帝王》)同样也能够化育万物。那么他们是如何化育万物的呢? 如果说"道"体现在万事万物的自然本性上的话,那么"化"也就成为了万事万物的自然本性之一,由此而论,万物之"化"不是因为其他,而就是因为其自然本性,所以它们的"化"是"自化"——"物之生也,若骤若驰。无动而不变,无时而不移。何为乎,何不为乎? 夫固将自化"(《秋水》),"汝徒处无为,而物自化"(《在宥》)。正是基于此,"道"或"得道者"的"化育"万物就不是他们的主动、主观行为——他们既无私欲,也无私意,而只是让万物按照自身的本性化育自身,因此他们的"化育"是"让"化育,即提供一个空间,让万物自我实现和完成。也正是在此意义上,"道"的化育才可能是平均的,"天地虽大,其化均也"(《天地》)。

再次,在"道"的指引下,万物之"化"得以发生,即"化而为鸟,其名为鹏"《逍遥游》,"盛衰之杀,变化之流也"《天道》。这种"发生"虽然杂多繁缛,却

① 林希逸:《庄子鬳斋口义校注》,周启成校注,中华书局2009年版,第212页。

井然有序。这是因为这种"化"不是无方的,而是有方的,这个"方"就是事物自身所遵循的道路和世界运行的道路。

最后,人的心灵作为特殊之"物",它也有其自身之"化"。这种"化"是一种心灵的转化,它是现实世界中人的心灵复返于"道"的转化。因为在现实世界中,人的心灵处于被遮蔽的状态,唯有通过"化",心灵才能归于自身,并且通达"道"。

不同于爱莲心①的地方在于,世间事物的变化、转化不是派生性的,而是原生性的,因为"化"就是事物"生成和存在的形式",是存在本身。因此,正是因为有了"化"的存在,所以才能有心灵的转化——心灵的转化就来自于存在的转化,心灵的转化是通达"道"(存在之化)的途径。因此,"物"的转化比"心"(心灵)的转化更为本源,因为前者是存在本身,后者则是对前者的思想——直觉、沉思和感悟。庄子之所以强调心灵的转化,是因为"物"的转化在人的世界中被遮蔽了,确切地说,被"有心"所遮蔽了。因此所谓心灵的转化就是从被遮蔽状态的"有心"转化为源初状态的纯净的"无心"。只有在"无心"中,人才能不会被"有"所羁绊,从而拥有"天空的视野",此时,"物"的真实存在才能向我们显现出来。因此事物的转化并不是源于人对事物的"恰当的理解",而是源自于事物自身,故而这种表述应该被颠倒过来,即人对事物的"恰当的理解"应该源自事物本身,心灵的转化应该源自事物本身的转化,只有当人的心灵超越了人自身的局限性时——即心灵的转化,它才能以物为物,只有以物为物,人才能让物成为物自身,这样人才能洞察事物的真相,而不干扰事物,在此基础上这颗心灵才能超越自己,而拥有"天空的视野"。这样,

---

① "《庄子》中的某些专门术语(就像在《纯粹理性批判》中那样)并不总是在同一意义上使用的。中文里'化'的术语,在英语里译为'transformation',在《庄子》里有时被用来指世间事物的转化。然而,正如在下面我将要论述的那样,这并不是'化'这个术语的主要所指,而只是它的派生的、隐喻性的所指。事物在我们对它们的恰当的理解中发生转化。而世间的这种转化过程只不过是指向心的一些信号或者是象征意指的更高的转化的比喻。"([美]爱莲心:《向往心灵转化的庄子:内篇分析》,周炽成译,江苏人民出版社 2004 年版,前言)

心灵才能成为人的心灵,人才能成为人,物才能成为物,世界才能成为世界,进而包括人和物在内的世界才能融为一体。

当然就庄子所处的现实背景而言,这个世界已然是一个"有心"的世界,而不是"无心"的世界,所以相对于事物本身的转化而言,人的心灵的转化更为迫切,因为事物的转化就在那里,但是需要心灵的转化来显现、实现和完成它。因为人的"有心"之"为"会在有意或无意之间破坏事物发展、变化的连续性,影响事物转化的进程。

所以"心灵的转化"在《庄子》中的确被突出了出来——这也表现出了老庄的区别:与老子着力探讨"道"是什么相比,庄子更为重视如何达"道",对于庄子而言,心灵的转化就是达"道"的途径也是唯一的途径。基于此,庄子并不是不重视事物的转化,而是说,庄子需要通过强调心灵的转化来达到人们对于事物的转化的认识。有意思的是,在《庄子》中,这个过程又被颠倒了过来,即它试图通过引导人们对于事物的转化的认识,来引起人们心灵的转化,进而通过这种转化来指引人们对于事物本身的认识,顺应事物自身的转化,即达到"道"——这又构成了一个奇妙的循环。

心灵之所以需要转化,一方面是因为心灵作为一物,它本身不是一成不变,而是无时不变、无处不化的;另一方面是因为心灵所赖以存在的以及它所观照的生活世界是变化的——吴光明认为"在这富有生命的大自然里,我们遇到事物,我们顺应它们,这世界是'界场'性的,不是规则性的。我们本身跟它们一起变化,跟它们互相顺应,我们的'规则'随而改变"。① 正是生活世界的变化,引起了心灵的变化;正是生活世界的提升,引起了心灵的提升。反过来,心灵的变化和提升又会引起生活世界的变化和提升。

当然"化"在生活世界中具有多种可能性,有动物向人的转化,也有人向动物的转化。其中,"美"的发生必然产生在动物向人的转化之中,而不是正

---

① 吴光明:《庄子》,东大图书公司1992年版,第92页。

好相反。而且动物向人的转化也只是具有了一种"美"的可能性,"美"的真正
实现是在人向人转化的过程中,因为人之为人,不仅要与动物相区分,而且要
与自身相区分。人向人的转化,即人与自身相区分,这需要借助于人的心灵的
转化。正是在这种与自身的分离之中,即心灵的转化中,人生境界得以产生。
"美"就产生于这种人生境界之中。而这种人生境界又产生于人的心灵境界
之中,所以庄子的"美"是基于心灵的"美",而不是基于现实的感性认识、感性
对象的"美",更不是基于马克思的感性活动——"劳动"意义上的"美"。

综上所述,不仅"物"是生成性的,"世界"是生成性的,而且作为"物"的
"人"及其"心灵"本身也是生成性的,所以"美"也是生成性的。在物—人—
心灵—世界的相互流转与敞开中,"美"得以显现、生成出来。正是由于这种
生成性,"美"自身也处于不断的"化"——变化和转化之中,当"美"走向其自
身的边界——极端化、固化时,这种"化"就会以"反"的形态呈现出来("同则
无好也,化则无常也"《大宗师》),"'物化',种种事物的'变异'……说明我们
从来就不要妄想,我们想要固守的东西会保住某种恒久的状态。在道家看来,
只有暂时的欲望才是不给事物以任何干扰的欲望,不以任何确定方式解析这
个世界,不试图去阻挠这个千变万化的世界"①,美也是这样,这就是庄子的
"反"美。

二、如何"反"美?

当然,所谓庄子反"美"不仅仅是指它反对人为之小美、反对越过自身边
界的美——在此意义上,这种所谓的"美"就不是事物自身的完美显现,反而
是对事物本身的遮蔽;同时也是指庄子美学从整体上是不同于传统理性主义
美学甚至是反对传统理性主义美学的。这种"反"具体地表现为以下三个
方面。

---

① ［美]安乐哲、郝大维著:《道不远人:比较哲学视域中的〈老子〉》,何金俐译,学苑出版社
2004年版,第51页。

（一）"人间世"的美学与理性主义美学

西方古典美学之所以被称为理性主义美学，是因为它们是被理性所规定的。在美学学科被正式命名之前的古希腊时期，美学以诗学的面貌出现，而所谓诗学"是关于诗意或者创造理性的科学"①，它来源于亚里士多德关于人类理性的区分，即理论理性、实践理性和诗意（创造）理性。这表明，作为诗学的美学是被诗意或创造理性所规定的，不仅于此，在亚里士多德看来，诗意或创造理性是低于理论理性的。

在近代，西方美学史还产生了美学的另外一个称谓——艺术哲学。只是在黑格尔那里，所谓的艺术就像宗教和哲学一样，它们都是对于理性的显现，与之相仿，"美"则是对于绝对理念的显现。概言之，"美"仍然是被理性所规定的。

最后，"感性学"这个称谓的出现标志着美学作为一门学科的产生。但是即便如此，在鲍姆嘉通那里，美学还是被理性所规定的，这不仅表现在它本身含有"类似于理性"的内容，而且表现在它将"感性学"作为低级认识论置于"理性"之下，更在于他的这种区分本身就是建立在被理性所规定的认识论基础之上的。

因而传统的理性主义美学是关于理性的美学，是人凭借理性，或凭借被理性所规定的感性，去"感觉"对象、"创造"对象、"设立"②对象的美学，这是主体性美学——它虽然表现了主体（人）的意愿和意志，也即通常所讲的主观能动性，表现出人类在不断地挖掘自己的潜能，不断生成、完成、进化、进步、超越自身的过程中所产生的自我满足感、自尊心、自信心，但是这种主观能动性很可能会越过自身的边界，而成为非己的存在以及非物的存在——人类中心主义，因为它所遵守的不是事情本身的真实，而只是"人"的主观意愿，这样就既是对事情本身的偏离，也是对对象的伤害和不尊重，更是对于自己边界的逾越，进而损害自身。

---

① 彭富春：《哲学美学导论》，人民出版社 2005 年版，第 3 页。
② 彭富春：《哲学美学导论》，人民出版社 2005 年版，第 13 页。

因此在理性主义美学的理论视域中,人的理性不是来源于人的存在,恰恰相反,人的存在源于人的理性;不是存在给予理性一个尺度,而是理性给存在一个尺度。庄子之所以反对儒家,很大程度上就是因为儒家试图用其理性给人生在世一个外在的尺度——"礼"(礼仪和礼制),这种外在的尺度在绝大多数情况下都演变成为一种人为的尺度。

庄子之所以怀疑理性的力量,是因为理性只是诸多人性的"统一"之中的一维,它还无法窥测完整、统一的人性。能够把握这种统一和完整的只能是"混沌"等混为一体的存在,毋宁说唯有尚未分裂的"混沌"才能守护和保护这种统一、完整。

因此,与理性主义美学不同,庄子美学既不是纯粹理性的构建,也不是关于理性或突出理性的思想,这既表现在其思想的来源——现实存在,也表现在其思想的载体——庄子所依靠的不是概念、判断、推理("知"),而是人的感悟和直觉、直观,同时也表现在其言说的策略中——生活化、经验性、寓言化、故事性的言说。

1. 存在

存在在这里主要指人的存在,即人生在世。庄子美学的出发点是人生在世,而不是理性。很显然,庄子不同于纯粹理性思辨的康德,甚至也不同于同时代的惠施,他的思想不是来源于纯粹的理性构建和逻辑推理,虽然他也有思考,但是这种思考是建立在现实存在的基础上的——它是基于物的沉思,而不是远离物的沉思。就《庄子》文本而言,这种感性的现实存就集中地体现在《人间世》中,王博在《庄子哲学》中认为庄子思想的出发点是《人间世》篇,而《逍遥游》篇只是治愈《人间世》的结果,"庄子的根始终是扎在人间世界的,以《人间世》为枢机的话,我们就始终看到生命在世界中的挣扎……正是因为这些沉重和无奈,才有对洒脱的追求,好像追求'解'是因为一直有'结'一样。这正是我们从《人间世》开始理解庄子思想的主要理由"[1],福永光司也基本

---

① 王博:《庄子哲学》,北京大学出版社 2004 年版,第 153 页。

持有相同的观点,他认为"在(庄子)那里,从事理念的哲学,概念的思考和将人们加以对象的把握的一切尝试,都不外是单纯的抽象彩虹而已。想将人类的历史改置在直线的连续的进步过程中,和想将个人的生存在它的当中手段化的思考,都不外是空虚的神学而已。唯一确实的是,个人肯面对着实际的痛苦和死亡而如何活在这个现在时间。庄子的哲学是从这种精神的极限状态出发"①。

他们的判断是切中肯綮的。一方面,人生在世的混乱和沉重触发了庄子对于治愈的渴求,给予他思想的动力;另一方面,自然而然的自然界又给他提供了治愈混乱的方向,给予他思想的源泉。正是在对社会混乱的深刻体验和对大自然秩序的仔细观察的基础上,庄子的思想得以产生。

因此,庄子美学不同于西方理性主义美学,它是关于"人间世"也就是人生在世的美学,它是关于存在的美学,在其中美是生活世界本身,是存在的显现,是我经验存在。

当然,在《庄子》中也存在着如冯友兰所说的"以理化情"的"理"的存在,但是它是用"理"来理解、解释人的存在或生命,而不是将"理"作为人的存在或生命,也不是用"理"来建构、规定(束缚)人的存在或生命——在此意义上,庄子既反对感性的冲动,又反对理性的冲动,因为他们都构成了对人的存在的束缚。

当然,庄子的存在既不同于马克思的存在——社会性、劳动性的存在,也不同于尼采的存在——意志性、生命性的存在,也不同于海德格尔的存在——天地人神中的存在。庄子强调了人的自然性的存在,当然人也是某种程度上的彼此相关的社会性存在,但是这种存在是自然的,不是人为的,是与劳动实践无关的,因此是与马克思相区别的;同时庄子也强调人有生命,但是要避免其主观意愿和意志,所以要消灭其冲动(意愿)和意志,从而与尼采相区别;庄子也强调人有死生的变化,但这是一个自然的过程,是生死之间的自然转化,所以人不能固执于其中的一面,即人既是能死者,也是能生者,有生即有死,有

---

① [日]福永光司:《庄子:古代中国存在主义》,李君奭译,专心企业有限公司出版社1978年版,第5页。

死即有生,同时人是天地人之间的存在而不是天地人神之间的存在,从而与海德格尔相区别。

2. 思想

对于西方理性主义思想而言,概念、判断和推理构成了其主要的构成要素,如果缺少这些要素,其思想的大厦将无法构建起来。但是对于庄子而言,他的思想与这些要素却大异其趣。

首先,庄子的思想不依靠抽象的概念。如果说概念本身是对事物本性的把握的话,那么在《庄子》中这样的概念是存在的,但是它的概念不是像西方的"理式""绝对理念"一样的抽象的概念,而是形象化、富有个性化的概念。纵然《庄子》中也存在着像"道"这样的抽象的概念,但是就像冯友兰所言,它更像是一个"形式概念",而不是"实体概念",当它要表达确切的意义时,庄子往往使用的是一些形象化的命名,因此,在《庄子》中,"道"有一个庞大的语言家族,如"混沌""恍惚""见独"……这倒不是庄子的命名之混乱,而是他试图抓住每一个独一无二之物的本性,以及无时无刻处于生成变化中的物之本性,按照其自身的状态对其进行恰如其分地命名,唯有这种"恰如其分"才能回到事情本身。不仅对"道"的命名是如此,庄子对于得道者的命名也是丰富多彩的,如至人、神人、圣人、无有、光曜……每一个命名都是一个概念,但是这些概念是形象化的概念,而且是有着独一无二的、具有特定指向性而不是固定指向性的内涵的概念①,他们敞开了得道者的无限丰富性和无限可能性,因此,得

---

① "'无名'……实际意指某种不具固定指向性的命名……将抽象之物具体化,且把这些被实体化之'物'看得比我们经验中的各种变化着的现象还要真实。我们很容易并且也真的会将生命过程中的连续性过分限定为某种根本、不变的基础。这种语言习惯使某种过度的静态世界观得以惯例化和强化,就此,既剥夺了语言也剥夺了生命二者创造的可能性……道家的命名是一种个人化的关系,拒斥任何固定命名之物的诱惑,仅将名称看作增强亲密关系的一个共同基础。这种命名是'引见'而非完全的'再现';是规范而非完全地描述;是未定位而完全固定了的……它不会对事物有所抑制或控制,不是对事物加以'掌握'的固定注脚式的命名;它是一种有鉴别力的命名,是对状况的欣赏而非轻贬。"([美]安乐哲、郝大维:《道不远人:比较哲学视域中的〈老子〉》,何金俐译,学苑出版社2004年版,第54—55页)

道者绝不是通常意义上的毫无生机、死气沉沉的人,相反,他们是生命自身充满、生机勃勃的人,并且是与万物为春,富有包容性和变通性的人。

其次,庄子的思想也不是判断。一方面,这种判断只是人的判断,世界本身并无所谓判断,世界本身只是存在于此,它自身就是事情的真实和真相,所以它无需任何判断。判断只属于人,它来源于人的欲望、意见和目的——这意味着它们都是人为的产物,虽然它们都宣称自己是最真实的,但是一个缺少包容的固执己见者是很难接近事情的真相的。所以庄子反对包括真假、是非、善恶、美丑在内任何区分,这些区分都来源于对世界统一性的破坏、对世界本源的背离,而且只会加剧这种破坏和背离;另一方面,庄子也反对由于判断所产生的任何固定不变的结论或者所谓永恒的真理,从根本上讲,判断是由几个概念所建立起来的某种关系,它虽然试图由此去规定事物的本质,但与事物本身已相隔一层,这是因为事物的真实生命在概念的抽象化过程中已被消磨殆尽。

最后,庄子的思想也不是依靠逻辑思维的推理,相反,正是由于这种逻辑思维方式的存在,阻碍了人们接近事物本身。这突出地表现在庄子与惠子的"濠梁之辩"中,对于惠子和名辩学派而言,他们所依靠的就是这种逻辑。但问题在于,这种逻辑自身是严密的吗?即便这种逻辑的建立是严密的,对于人而言,他的身上就只存在着这一种思维方式吗?如果还有其他思维方式的话,谁更为本源?即便这种思维方式符合人的存在的话,它符合物的存在吗?这种严密的逻辑真的就符合事情本身、契合于世界的真实吗?

按照惠子的逻辑,人与万物之间将会失去彼此相互交流、沟通和理解的可能性。同时,世界如果只是按照这种严密的逻辑按部就班地运行的话,它的色彩斑斓、活色生香、生机盎然、气韵生动将不复存在。事实上,万物的存在就是存在自身,它并不依据某一条理性的原则运行,在它们身上,充满了各种可能性,"本来,人们社会的价值体系是站在一个被限定的立场。物(对象的存在)本身是本来无限定的,是有着无限方向的'无方'的存在,但是,人们社会的价值体系却用有限将无限割断,使无方变为有方而成立的"①。逻辑推理只是人们理解人自身以及世界万物的一条途径和方法,但它绝不是唯一的,也不是最重要,更不是最根本的。

正是因为如此,庄子要打破人们的习惯性思维方式,"大多数看似自相矛盾的段落、不依据前提的推理、看起来转弯抹角的或纯粹幽默的文学参考,包括运用或有目的地误用历史人物以及像孔子这样的哲学上的论敌作为对话者,所有这些,目的都在于使读者的分析的习惯性思维方式沉默,并同时加强读者的直觉的或总体性的心力功能"。②

如果说它的思想不是依靠推理,那么它依靠什么呢? 感性直观——"目击道存"("若夫人者,目击而道存矣,亦不可以容声矣! (《田子方》)"),它是在"混沌""恍惚"中直观、直接体悟"道"并感受到"美"的,任何逻辑推理只会让它远离"道"和"美"。这是因为,一方面,这种"观"③不是一般的"看"④,因此在一般的看之中,人们可能什么也看不见,或者仿佛看见了什么却什么也没有看见,也就是说"观"不是盲见和意见,而是洞见,它直接洞见了事情的真

① [日]福永光司:《庄子:古代中国存在主义》,李君奭译,专心企业有限公司出版社1978年版,第125页。

② [美]爱莲心:《向往心灵转化的庄子:内篇分析》,周炽成译,江苏人民出版社2004年版,导言。

③ "'观'在《说文解字》中被解释为'谛视也',而'谛,审也',所谓审就是详细、周密、仔细的意思,因此,观不是简单地看,而是详细、周密、仔细地看,按照窦文宇和窦勇的解释,'甲骨文'雚'字由张开翅膀的象形、两个'口'和'佳'构成。两个'口'表示瞪大眼睛,整个字的意思是张开翅膀遮住阳光,瞪着眼睛看着由翅膀遮住的水面下的动物的鸟',而对于'观'(觀)字,由于''雚'字表示注视水面下的情况",所以"整个字的意思是用心分析见到的东西,由此产生观察的含义,引申表示观看、看到的景象和对事物的认识。'也就是说,'观'意味着人不仅要用眼睛来看,而且还要用心去思,即'观'不仅是眼睛的活动,而且是心灵的活动"。(朱松苗:《论"观"视域下〈林泉高致〉的运思逻辑》,《武汉理工大学学报》2017年第1期,第22—26页)

④ "'看',在《说文解字》中被解释为'睇也',而'睇'则被解释为'望也',唐汉从字形的角度更为细致地解释了'看'的含义:小篆的'看'字,上边是一只'手',下边是一个'目',表示用手遮额远望。这是人们在强光照射下,为了看得更远更清楚而采用的一种姿势。'看'的本义为远望,由远望之义引申为一般意义上的瞅、瞧,再引申为细看、观察等。也就是说,'看'首先是和目相关的,它是眼睛的活动;其次,它只是一般意义上的望和瞧。"(朱松苗:《论"观"视域下〈林泉高致〉的运思逻辑》,《武汉理工大学学报》2017年第1期,第22—26页)

相;另一方面,它是"直"观,这意味着它不需要借助于外在的工具和手段,即某种外在的原则以及此种原则所赖以存在的知识基础,以及对于这种原则和知识的言说——"夫体悟之人,忘言得理,目裁运动,而玄道存焉,无劳更事辞费,容其声说也。"①因为这种工具和手段不是拉近了看与被看的距离,恰恰相反,正是它们将原本统一的看者、被看者相分离——事情自身就是一个完整、统一、自足的整体;而"直"观之所以可能,又在于它是"观""直",即观察事情本身,而不是观察事情之外的东西,因为事情的真相就在事情之中,而不是在事情之外,也不是在事情之上——对于中国传统思想而言,它只有一个世界,而不是两个世界,道就在物中,而不在物外,也不在物上。

对于中国美学而言,与直观相关联的还有一系列命题,如"妙悟""直寻""现量"等,其共同之处在于它们都是超越概念、判断和逻辑推理的,虽然概念、判断和逻辑推理也存在,但是一定要被超越。

基于此,我们就不难理解庄子的"濠梁之乐"了:庄子在濠梁之上对于"鱼之乐"的判断既不源于他的理性推理,也不源于他个人的感性移情,而是源于他的得"道"。他从天空的视野、以审美的心胸直观万物,就能发现和体悟万物本性自足时的快乐,"比分析的抽象的思考更重视全一的具体的思考,比理论更爱好生活,比认识更爱好体验,比无性命秩序更爱好有性命无秩序的庄子,是哲人同时是艺术家,甚至是诗人。"②

3. 语言

庄子经常被人称为诗人哲学家,庄子的思想也常常被人称为诗意的思想,这一方面是因为庄子的字里行间充满了丰富的想象和真挚的情感;另一方面是因为他的寓言化、故事性的言说方式,在《庄子》文本中,充满着这种日常化、生活化、形象性、感性的寓言和故事。

---

① 郭象注,成玄英疏:《庄子注疏》,曹础基、黄兰发点校,中华书局 2011 年版,第 376 页。
② [日]福永光司:《庄子:古代中国存在主义》,李君奭译,专心企业有限公司出版社 1978 年版,第 15 页。

《庄子》中当然也存在着富有逻辑性的理性言说方式,而且当它以说理的方式言说时,它会将逻辑的力量推向极致,无人能驳,势不可挡,让人叹为观止。但即便如此,这也不属于庄子自身的言说方式,同时也不是他的最为高妙的言说方式。对于庄子而言,这种逻辑性的言说只是针对日常的理性而发出的,他的目的在于以理性自身的力量去驳斥日常人们所习以为常的理性,这样在让问题自行显现并消解的同时,也让理性自相矛盾、自行消解。因此,理性的言说是庄子的言说策略,是医治理性言说自身病症的最直截了当也是最恰如其分的方法,但它并不是庄子自己的言说。

这是因为,理性的言说本身就意味着一种分裂,它将语言从世界的统一之中分离出来,并试图将这种分离的语言作为万物的尺度。此时,语言已经远离了世界,并因此而远离了自身。真正的语言是自沉于世界的统一之中的语言,它自身没有意愿,也不反映人的意愿。人的理性言说则正好相反。

与日常的理性言说相比,在寓言和故事的言说即感性的言说中,世界则保持了它的统一。这首先在于,寓言和故事自身是统一的,它们自身就是一个完整而统一的世界——"'故事'把人生的事物有条有理地连贯起来。这连贯使人生的事物呈现得有意味"①,这种意味就来自于存在在此的自然发生。也唯有如此,它们才能将这种统一带入整个世界,从而使整个世界充满统一。其次,寓言和故事以自身的统一拒斥着自身的分裂,所以它们反对任何形式的主观和刻意,因此"这种寓言不急功近利,而是保持着自省,它既显而易见,又隐秘至深"②。再次,寓言和故事的言说并不在于它的语言和文字,也不在于它所呈现出来的表象,因为任何语言、文字、表象都不足以表现它所要表现的对象的完整性,因此它们的存在本身就是一种分离。如果庄子只是局限于此的话,他就不再是庄子。庄子的言说恰恰就在于语言、文字背后的尚未言说的沉

①　吴光明:《庄子》,东大图书公司 1992 年版,第 103 页。
②　[德]马丁·布伯:《道教》,载夏瑞春编:《德国思想家论中国》,陈爱政等译,江苏人民出版社 1996 年版,第 201 页。

默之中,恰恰就在于物象背后尚未显现的象外之象中,正是这种沉默和象外之象保持了寓言和故事的统一,敞开了言与象的无限的可能性,以有限见无限,以小见大,以少总多,由近及远,由此及彼,"庄书的文体是寓言性唤起性的……在隐喻暗示的活动中,著者却不直说,只用沉默非言或题外妄言来唤起读者的自创意义。有时著者偏要说些明明是完全不合理的谬言,来激惹我们的反抗而去自寻要义……"①

综上所述,庄子思想实际上从存在、思想、语言三个方面确立了其与理性主义思想的区别——他的思想不是理性主义思想意义上的思想。因此他的美学也不同于理性主义美学,它的出发点是现实世界、经验世界,它所要返回的也是现实世界、经验世界。

最后,理性自身是一种原则的能力,它给万物的存在提供一种先验的、既定的立场和根据。而庄子恰恰是反对这种先验的、既定的原则:一方面,他是无立场的,他既反对任何特定的立场,同时当他自身具有这种可能性的时候,他也反对自身的立场;另一方面,他也是无根据的,他并不预先设定一个基础、根基和本原,因此他既反对任何外在的根据,也反对将自身作为他者的根据。

总之,庄子不是关于理性的科学,而是关于存在的思考。

(二)"天地与我并生"的美学与主客分离的美学

在理性主义美学中,审美主体和审美对象(审美客体)是分离的,这个主体可以是人,也可以是物,同时也可以是某一特定的角度、某一特定的习俗。总之,世人总是试图将万物区分开来,并以此来构建一定的秩序。但是他们忘了,世界自身原本是有秩序的,这种秩序就存在于统一之中。当这种统一被分裂之后,这种秩序也就不复存在了。所以在分裂之中没有秩序,这种对于秩序的渴求和追寻只能掩盖和加速秩序的缺失,却不能治愈这种缺失,任何这样的

---

① 吴光明:《庄子》,东大图书公司1992年版,第60页。

企图都只能是缘木求鱼,南辕北辙。所以庄子精心演绎了一个"鱼相忘于江湖"的故事("泉涸,鱼相与处于陆,相呴以湿,相濡以沫,不如相忘于江湖"《大宗师》),"相濡以沫"看起来温情脉脉,所以让人心向往之,但问题在于,这种温情事实上却表明鱼已经远离了自身生存的境域,失去了自身的秩序。不仅如此,"相濡以沫"还会掩盖鱼已经失去自我的事实,从而让鱼在这种温情中离自己越来越远,不仅如此,对原有秩序的偏离也会越来越远。相反,"相忘"则表明了鱼的自在处境,因为"忘"表明了人的意识的缺席,正是在这种"缺席"中,人与万物才能融为一体,主客体才能统一,或者说原初就没有人与外物、主体和客体的分离,所有这些区分只不过是人的意识开动的结果。

人试图重建世界秩序的企图恰恰破坏了世界的秩序,即便这种企图是以温情脉脉的良好意愿、善良意志的形态出现的。事实上,在道的视域中,任何区分与对立,包括逻辑学上的真与假、伦理学意义上的善与恶、日常意义上的美与丑,都是不存在的——它们只是人为的区分,而不是自然的存在,因为"物本身是超越人们的主观的判断,也不是美,也不是丑,因此,也是美也是丑。或,将所有的'物'从美的观点看它的话没有不美的,从丑的观点看它的话没有不丑的"①。

基于此,这些区分和对立需要被克服和超越。对于万物而言,它们按照自己的本性如其所是地生活、存在,这就既是真的,也是善的,同时也是美的。在此意义上,庄子认为"以道观之,物无贵贱"(《秋水》)。

问题在于,世俗世界往往不能做到"以道观之",而是"以物观之"——从各个物自身的角度观另一物,或"以俗观之"——以世俗的标准观之,或"以差观之"——以事物间大小的差异来观之,或"以功观之"——以事物间有无的差异来观之,或"以趣观之"——以事物间是非的差异来观之。它们将"观"与"物"分离开来,也就是将"主"与"客"分离开来,而不是从"物"自身的角度去

---

① [日]福永光司:《庄子:古代中国存在主义》,李君奭译,专心企业有限公司出版社1978年版,第120页。

"观""物"自身,所以"主"与"客"不能统一,它们终究不能回到事情自身。

总之,任何分离都是以"我"(的标准)或扩大化的"我"为中心的分离。但是万物是一个统一体,这种分离只会破坏这种统一,因为它的标准是有限的、片面的、孤立的、静止的,它拥有一个人为的原则和立场。

在此意义上,万物也是无法进行区分的。因为并不存在这样一个标准能够区分万物。唯一能够贯通于万物的是"道",但是"道"的存在所能显现的恰恰不是区分,而是统一,即"道通为一"(《齐物论》)。万物就其本性而言都是有道的,在此意义上,万物是齐一的。但是万物在"化"的过程中,是完全有可能丧失这个"道"的,即万物远离了自己的本性,这时万物就是"无道"的。

因此,对于万物而言,唯一能够进行区分的,就是他们在生活世界中的"有道"与"无道"。而这种区分,必须从"道"的视域才能展开。如果从"人"的视域来看,"有道"与"无道"将正好相反。

"人虽有知,无所用之,此之谓至一"(《缮性》),这里的"知"就是分别之知,人不去区分万物,他才能处于统一之中,所以"对至人来说,这种分离要么根本就不存在,要么是关于那些形形色色的辩证对立的纯粹公式,教正是在扬弃这种对立的基础上建立起来的"[1]。

因此对于庄子而言,他的美学是主客统一、主客不分的美学,其中的"一"不是一样,而是统一。这种统一是聚集的力量,符合人的本性的事物聚集在一起,丰富、充盈着人的生命,显现、激扬、实现人的生命。人的真实在这种聚集和统一中得以敞开、出场、亮相,得以实现。"作为存在,道不是显现为多,而是显现为一。这个一……是使事物成为可能的'统一'。这个统一是聚集的力量,它使事物统一于自身并成为统一体。只是通过道的一,天才成为了天,地才成为了地,万物才成为了万物。"[2]因此,只有在这种统一中,人的生命才

---

① [德]马丁·布伯:《道教》,载夏瑞春编:《德国思想家论中国》,陈爱政等译,江苏人民出版社 1996 年版,第 193 页。

② 彭富春:《论中国的智慧》,人民出版社 2010 年版,第 155—156 页。

能纯粹充满,然后才能具有充盈的力量,这种力量才是真正的生命之源,才是生命的真正显现。"存在的全部意义就在真实生命的统一之中,而且也只能在统一中才能被获悉。"①

这种统一首先表现为物自身的统一。

从否定意义上而言,物自身的"统一"意味着物没有自我分裂,即没有"吾丧我"(《齐物论》),物保持自身,而没有丧失自己的本性,"彼民有常性,织而衣,耕而食,是谓同德。一而不党,命曰天放"(《马蹄》),"常性"既是恒常之性,也是经常之性,因为经常,所以恒常,这种性就是物之本性。万物保持自己的本性,就是统一于自身之中;而所谓分裂,就是万物从自己的本性中分离出来,这之所以产生,就是因为人的"党",即人的偏私,所以万物要保持自身的统一,就需要否定自己的偏私,即"一而不党,命曰天放"。万物不仅不能怀有偏私,也不能怀有偏见,即从某一偏狭的、外在的视野去看待外物,这样不仅会分裂外物,而且会让自己的世界处于分裂之中,"自其异者视之,肝胆楚越也;自其同者视之,万物皆一也"(《德充符》),郭象解释道"虽所美不同,而同有所美。各美其所美,则万物一美也;各是其所是,则天下一是也。夫因其所异而异之,则天下莫不异"②,从某一"物"的角度即分裂的角度去看世界,世界就是分裂的;从"道"的角度即统一的角度去看世界,世界就是统一的。万物虽有差异,但是这些差异是存在于世界整体之中的,世界是一个统一的世界,没有统一,万物将不能成为自身。

从肯定意义上而言,"统一"意味着充满,自身不能充满的人,是无法融入万物、与万物一体的,自身不能充满的人是无法充满整个世界的。所以"有真人而后有真知",真人就是自身充满的人,唯有自身充满的人,才能洞察世界的真相;也唯有自身充满的人,才能真正实现这种"统一"。这是因为人自身

① [德]马丁·布伯:《道教》,载夏瑞春编:《德国思想家论中国》,陈爱政等译,江苏人民出版社1996年版,第201—202页。
② 郭象注,成玄英疏:《庄子注疏》,曹础基、黄兰发点校,中华书局2011年版,第105页。

必须是统一的,他才有可能广被万物、容纳万物,因此才能聚集万物;他只有能够广被万物、容纳万物、聚集万物,才能真正与万物在一起,融为一体。神人就是这样一个自我统一的人,"神人……之人也,之德也,将磅礴万物以为一"(《逍遥游》)。

这种统一还表现为万物之间的统一,即"一"不仅是人自身的统一,而且是人和万物的统一。"一"既是统一的过程,也是统一的结果。"天地与我并生,而万物与我为一"(《齐物论》),当"并"作为副词时,它表示"一起,同时"之义,"并生"就意味着天地万物和我一起、同时而生;当"并"字作为动词时,它表示"相从"之义①,"并生"就意味着天地万物和我相从而生,相互随从,说明彼此不可分离,在这个基础上,天地万物包括人才有了"生",因此"生"是天地万物相互作用的结果,它的出现不是个体的、孤立的,而是整体的、相互联系的。因此"生"在这里既可以理解为生存,即人和自然万物共存于世,彼此不可或缺;同时也可以理解为生成,即人和万物不仅是静止地共存于世,而且是彼此相互生成地共存于世。在相互随从、相互作用的意义上,"一"就可以理解为平等齐一;在共同生存、生成的意义上说,"一"可以理解为统一和整体。

最后,这种统一是变化中的统一,而不是静止的统一;是活的统一,而不是死的统一,"人之生,气之聚也;聚则为生,散则为死。若死生为徒,吾又何患!故万物一也"。(《知北游》)生死只不过是气的聚散而已,而气是时刻都处于流变当中的,因此物自身的统一也是处于变化之中的,同时物与他物的统一也是处于变化之中的。当然,最高的统一表现为整体性的统一,"其分也,成也;其成也,毁也。凡物无成与毁,复通为一。唯达者知通为一,为是不用而寓诸庸。"(《齐物论》)就个体之物而言,它是有成与毁的,但是就世界整体而言,成与毁却是处于一个整体之中,是统一的。

在统一之中,人不仅能够达到自身生命的充满,而且能够与充满生命的万

---

① "并,相从也。"(许慎:《说文解字》,中华书局1963年版,第169页)

物一起,共同达到整个世界的充满。

而人只能在"道"中才能认识"道",即人只能与"道"在一起才能认识"道",并不存在一个独立于人之外的"道"。毋宁说,人因为"道"才能成为"人","道"因为"人"才能敞开自身,"并不首先存在一个在艺术显现之前的道,然后艺术要去显现这个道。艺术作为道的显现,就是让道自身显现,让道第一次作为道自身去存在。"①在这样的意义上——"人"对"道"的显现的意义上,庄子的人生就是艺术的人生,庄子的世界就是艺术的世界,庄子的思想就是艺术的思想。《庄子》本身是艺术化的,因为它所沉思的对象就是存在自身,同时也是对这种存在自身的揭示和敞开;而且它的沉思方式不是理性的,而是艺术化的;它的言说不是逻辑的、叙述的,而是艺术化的。所以艺术不是庄子的点缀和装饰物,而就是庄子的生命本身。因此徐复观认为庄子富有艺术精神是切中肯綮的。

对于庄子而言,"道"不是一个可供人学习的对象,"南伯子葵曰:'道可得学邪?'曰:'恶! 恶可! 子非其人也。'"(《大宗师》)无独有偶,《外物》篇也提出"唯至人乃能游于世而不僻,顺人而不失己。彼教不学……"之所以如此,首先在于"道"所提供的不是某种外在的知识,而是内在的知识,所以我们不能像学习外在知识一样去学习"道",真正的学习不是"学",而是"因""顺""应"——"当时应务,所在为正……教因彼性,故非学也"②。其次,更为重要的是,"道"原本就不是人的对象,人也不是"道"的对象——离开了人就无所谓"道",离开了"道"也无所谓人,人与"道"是须臾不可离的,是相互生成、相互显明的。所以以"道"为对象的学习不仅不能达"道",反而会使人离"道"越来越远。因为这种学习本身就预设了人与道的分离、分裂,即预设了人的无道,一个无道之人不是统一的,他缺乏聚集的力量,他的学习只能触发更多的无道。因为他的学习是有目的的,虽然这种目的看起来是"道",但是在分裂

---

①　彭富春:《哲学美学导论》,人民出版社 2005 年版,第 35 页。
②　郭象注,成玄英疏:《庄子注疏》,曹础基、黄兰发点校,中华书局 2011 年版,第 489 页。

的世界中,人已不再是统一之人,因此"道"也不再是统一之"道",而成为了一种新的"有",这种"有"不仅不是"道",反而会遮蔽"道"。因此,真正的"道"不是通过学习"有"而来的,而是通过"无"(即否定、忘、外等)"有"之后,自然而然地获得的,所以"吾犹告而守之,三日而后能外天下;已外天下矣,吾又守之,七日而后能外物;已外物矣,吾又守之,九日而后能外生;已外生矣,而后能朝彻;朝彻,而后能见独;见独,而后能无古今;无古今,而后能入于不死不生"(《大宗师》)。

正是基于此,庄子反对清晰的认识论,因为正是在这种清晰的认识中,万物被分别开来,从而破坏了世界的整体性、完整性。因此,"混沌"意象在《庄子》中成为了一种无可替代且妙不可言的喻象:一方面它敞开了世界的虚无性,表明了庄子反对将世界作为一种"有"去追求;另一方面它也表明了世界的整体性,反对将之作为人的认识对象去加以割裂——割裂的结果就是死亡("中央之帝")。

在这样的意义上,《庄子》中"蝴蝶梦"的故事不过是表明,将人与蝴蝶(万物)相分离的意识,只不过是人的主观认识,这种认识偏离了万物一体的整体性,因此它是一个"梦"——"梦"在这里恰如其分地强调了这种意识(认识)的虚幻性。归根结底,它是对人的主客二分的意识的一种批判。"必有分"的"分"是从"物"的角度而言,由此出发,不仅人与蝴蝶是不同的,万物之间都是不同的;但是如果从"道"的角度来看,他们又是"一",即统一的。

正因为万物是统一的,所以在此基础上,它们才可能是齐一的。"故为是举莛与楹,厉与西施,恢诡谲怪,道通为一。"(《齐物论》)"一"在《庄子》中最核心的含义不是"齐一",是因为"齐一"只是结果,比"齐一"更为本源的含义在于"统一",也就是说,因为"统一",才能"齐一"。在统一之中,在一个整体中,万物是没有分别,因此是齐一的,是平等的。

从存在的角度,"物"与"物"是齐一的;从思想的角度,只要人们是从"物"自身的角度去认识"物"的话,那么他们对"物"的认识和沉思应该是齐一的;从语言的角度,只要人们是从"物"自身去言说"物"的话,他们的"物论"也应该是齐一的。

总之,"一"是人和世界的原初存在本身,即人和世界的真实、真相,"故其好之也一,其弗好之也一。其一也一,其不一也一。其一与天为徒,其不一与人为徒,天与人不相胜也,是之谓真人"(《大宗师》),郭象解释道"常无心而顺彼,故好与不好,所善所恶,与彼无二也……夫真人同天人,齐万物。万物不相非,天人不相胜,故旷然无不一,冥然无不任,而玄同彼我也。"①

(三)"顺""让"的美学与创造、设立的美学

在西方古典美学的主客二分模式中,美学要么强调主体,形成唯心主义美学;要么强调客体,形成唯物主义美学;要么强调主客体的合一,但是这样的合一是分裂以后的合一,是主体符合客体,或者客体符合主体,而不是事物本源性的合一。

这种区分实际上来自于主体,是主体性视域下的区分,因此这种美学可以称之为主体性美学。即便是在客观派美学中,美的标准实际上仍然来自于主体。西方古典美学就是以人为中心的美学。它强化了人在生活世界中的主体地位。

但是庄子美学却超出了以人的标准为标准的美学,它是以万物自身的标准为标准的美学。对于人而言,它的作用和意义不是去创造万物、设立万物,因为这些都是干涉万物的行为;恰恰相反,它要让自己隐身而去,这样才能让万物自身显现出来,成为万物自身,这个过程就表现为"顺",顺从万物,顺其自然,与物为春。这样,物才能成为美之物,人才能成为美人,世间万物才能构成一个美的世界。

"顺"的本义为沿着同一方向,那么它与什么保持同一方向呢?"顺,理

---

① 郭象注,成玄英疏:《庄子注疏》,曹础基、黄兰发点校,中华书局 2011 年版,第 132 页。

也"①,"理也。理者、治玉也。玉得其治之方谓之理。凡物得其治之方皆谓之理。理之而后天理见焉。"②也就是说,"顺"意味着与事物本身的纹理保持一致,这个纹理就是事物的本性,与事物的本性保持一致,这样事物才能实现自身,事物唯有实现自身,它才可能成为美的事物。所以对于庄子而言,"顺"成为了美的前提。

问题在于,"顺"是如何才能实现的呢?对于人而言,他的心灵要无限广阔,海纳百川,这样他才能超越自己的私利和成见,才可能有胸怀"顺"物自然。所以"顺"的前提是"无己"。那么如何才能"无己"呢?与事物融为一体,也就是统一的力量。而这种统一就是源初的存在,没有什么比它更为本源,所以我们无法也无需继续追问。

同时,顺物自然的结果也是"统一"的实现和完成。因此"顺"和"统一"是事情的一体两面,它们彼此相生,唯有自身"统一"的存在者才能"顺"应事物,这种自身统一的存在者在《庄子》中就表现为天地自然、圣人、至人和得道之帝王。

首先,天地"顺"应万物,所以万物得以生生不息,天地也得以成为天地,"其合缗缗,若愚若昏,是谓玄德,同乎大顺"(《天地》);其次,圣人、至人听从天地的声音,"顺"应万物,所以与物为春,"唯至人乃能游于世而不僻,顺人而不失己"(《外物》)、"适来,夫子时也;适去,夫子顺也。安时而处顺,哀乐不能入也,古者谓是帝之悬解"(《养生主》);最后,帝王作为天之子,"顺"应万物就是对万物的最好的治理,"汝游心于淡,合气于漠,顺物自然而无容私焉,而天下治矣"(《应帝王》)。

"顺"在《庄子》中还表现为一个庞大的语言家族,如"因""任"等。在字源学的意义上,"因"有"依"义,也就是依从、依顺之义,与顺同义。对于

---

① 许慎:《说文解字》,中华书局 1963 年版,第 182 页。
② 许慎撰,段玉裁注:《说文解字注》,上海古籍出版社 1981 年版,第 418 页。

"道"而言,"因是已,已而不知其然谓之道"(《齐物论》),因任、因循天地自然就是得道,而且这种"因"是一种纯粹的"因",即作为本性的"因",而不是来自于"知"的"因",它没有目的,因此也没有人为,它是自然而然的,还处于源初的统一之中;对于人而言,"因"自己的本性就是让自己处于统一之中,这时人就不会受到伤害,"吾所谓无情者,言人之不以好恶内伤其身,常因自然而不益生也"(《德充符》);对于物而言,"因"物本性就是顺其纹理,这时人就能顺势而为,事半功倍,"依乎天理,批大郤,导大窾,因其固然"(《养生主》)。

总之,庄子美学是"顺"的美学,而传统理性主义美学所强调的则是人依靠理性人为地创造、设立的美学。前者是顺其自然的美学,后者是人为的美学。前者突出了作为客体的"物"自身,后者突出了作为主体的"人"。庄子在"听之以气"中强调要"听"而不是"看",就是因为相比较而言,一般的"看"是人的主动的行为,而庄子是不强调人的主体性的;"听"则是一种接受的行为,一方面,它"听"从天地自然的声音,然后传给万物;另一方面,它"听"而"从"(随顺)物,让万物成为万物自身。

第二节 "无"之美

如前所述,人们关于"无"的意识在历史上实际上经历了三个发展阶段。与之相应,在美学史上,人们关于"美"的意识也大致经历了三个阶段。笠原仲二在《古代中国人的美意识》一书中认为,人们关于"美"的认识和意识首先来自于感性对象的感性特征,所获得的美感也是一种"官能性美感、感性的愉悦和快乐",这意味着人们首先意识到的是感性对象的感性之"有",所以由此得到的"美"实际上是感性之"有"的美,即形而下的物之"美"。

在第二阶段,"美的对象脱离了前阶段直接刺激人的生理、本能的感觉,并使之悦乐的那种个人的主观性,而……是在精神性、理性方面,能够给人以

'生'的满足和充实感的那些对象也被发现、被理解的美的对象具有的'美'"①,这意味着此时人们对"美"的意识已经不再局限于对象的感性之"有",而是超越了这种"有",开始关注"有"背后的"无"——即"精神性、理性"方面的内容,与"有"之美相比较,这实际上是一种"无"之美——即形而上之"美"。"这种'美',比已述那种感性对象具有的'美'、官能性美感,更具有着动摇人们的精神或人格的深处那样的、在伦理、道德方面的很高的价值。"②当然这种"无"之美并不彻底,因为所谓"精神性、理性"的内容仍然有可能成为一种新的"有"——与感性之"有"相对的理性之"有",即这种"无"之美仍然有可能成为一种新的"有"之美。所以在美的意识发展的第三个阶段,"美"不仅要否定第一阶段的"有"之美,而且要否定第二阶段的"无"之美。

笠原仲二认为"新的美的世界,其美的对象具有的美,不仅与第二阶段的'美'和'善',而且与作为同'美'、'善'完全对立、矛盾的'恶'和'丑'一道被容纳性地扬弃、超越了的绝对价值的'真',……不仅仅是'心'……的满足感或原始的感性的快感等,而且是具有向着比净化人自身一切种类的尘俗之心、向着比那个感性的悦乐和理性的愉悦的区别混沌不清的阶段更高级、绝对性的境地……向着真的自由超脱的力"。③ 所谓的"绝对性的境地"可以理解为绝对之无的境地,即"无无"的境地。唯有通过这种不断的否定,从否定方面而言,我们才能摆脱人的感官和理性自身的限制,才能超越世俗的美与丑、善与恶的区分;从肯定方面而言,"美"才能在与自身的不断区分中敞开自身,从而生发出无限的生命力。因此,第三阶段的"美"也即真正的"美"是不断生成的美,也是不断实现自身的美——生生之美,并因此也是完美。"这样的美

① [日]笠原仲二:《古代中国人的美意识》,杨若薇译,生活·读书·新知三联书店 1988 年版,第 66 页。
② [日]笠原仲二:《古代中国人的美意识》,杨若薇译,生活·读书·新知三联书店 1988 年版,第 66 页。
③ [日]笠原仲二:《古代中国人的美意识》,杨若薇译,生活·读书·新知三联书店 1988 年版,第 67 页。

感,正是向着作为宇宙究极的、根源的生命的'真'的归投、融既而带来的感觉。因而,具有这种力的美的对象——如伟大的绘画那样,具有扩大它的享受者自身的本性,昂扬地充实其活力、生命感或者升华到'物我两忘,身如槁木,心如死灰'那种境地的效果。"①

当然,"美"与"无"之间不仅具有这种外在的相似性,更重要的是,它们之间还具有一种内在的一致性,甚或说这种"无"本身就通达"美"。

一、物之"无"的美

一般认为,"美的突出特性是具有否定性"②,或者说美的突出特性是具有"批判性",那么美要否定或批判什么呢? 无非是非美的生活或非美的事物。这其中最主要的就是有功利性的生活或涉利害性的事物。正是因为如此,无功利性、无利害性成为了美的基本特征。那么,美为什么无功利性、无利害性呢? 这是因为在功利性和利害性的关照中,生活已不是生活自身,事物也不再是事物自身,而是成为了满足人的欲望和意愿的工具,这集中体现在庄子对"有用"和"无用"的论述上。有用之树因为"有用"而被砍伐,臃肿之木却因为"无用"而得以保存,前者因为它的"有"能够给人带来功利,反倒不能持守自身,后者则因为它的"无"不能给人带来功利,相反却能保持自身——这意味着,在功利性的视域中,只有当物对人有用时,物才是美的;当物对人无用时,物是不美的。在这种视域中,物的美与不美完全与物自身无关,而只与人的欲望和意愿相关(不可否认,物之美当然与人相关,但是它们不是或不仅是与人的欲望和意愿相关;而且当物自身不能显现自身的真实时,物是无所谓美与不美的):一方面,事物的本性在这种功利性和利害性中消失殆尽,而成为了非物——即完全成为了被占有物;另一方面,人在事物面前也不再是人,而

---

① ［日］笠原仲二:《古代中国人的美意识》,杨若薇译,生活・读书・新知三联书店 1988 年版,第 67 页。

② 彭富春:《哲学美学导论》,人民出版社 2005 年版,第 121 页。

成为了完全的欲望者和占有者。在这样的生活中,物非物——物不能成为自身,人也非人——人被物或被欲望化的物所遮蔽,也不能成为人。因此,物不可能成为美之物,人也不可能成为美之人,生活不可能成为美的生活。因此,如果我们要想"终其天年"而不"中道夭"的话,就要以"无"去否定"有"——所以无通向美,美通向自由。

而且,美不仅反对功利性和利害性,它也反对道德、宗教甚至是"美"。美之所以反对道德是因为道德试图将美道德化,一方面它将道德狭隘化,如儒家思想就将道德仁义化,然后又将仁义忠孝化,因此对儒家而言,人是被忠孝仁义所规定的,一个不忠不孝的人是不可能美的,这不仅是对人的狭隘化,同时也是对美的狭隘化,因此它不是敞开了人,而是束缚和限制了人,或者说它在敞开人的同时又遮蔽了人;另一方面它又将道德泛化,将与道德无关的物与属人的道德相关联,如儒家的比德说,这种牵强附会不是对物的显明,而是对物的遮蔽。因此,道德不仅限制了人,也限制了物。一个受道德限制的人虽然拥有自律,但是却可能缺少自由。

美之所以反对宗教,一方面是因为一般的宗教都存在一个或隐或显的神,这个神既可以将我们从苦难之中解放出来,又可以成为人的新的束缚,以至于让人失去自我;另一方面,宗教的解放只是心灵的解放,而不是现实的解放,所以它只能给我们带来一种虚幻的自由,而不是真正的自由。

最后,美还要反对将"美"作为追求的对象,一旦如此,"美"将成为人的新的束缚——这是因为物要成为物自身,就要否定自身,它是在不断地自我否定、不断地与自身相区分中成为自身的。美也是这样,美和物都是生成的,唯有如此,物才能成为美之物。因此,美不是一个实体,它是一种生命和生活的状态,这种状态就是自由的状态,是如其所是、是其所是的状态。

这意味着,美首先要反对将事物做任何非事物的解读,不管它是对于事物的功利性的解读,还是道德化、宗教化、实体化的解读,因为它们都偏离了事情本身,虽然它们可能是"真"的、"善"的,但它们不是美的,因为在其中,真善美遭到人为地分裂,而失去了它们的原初统一性。

因此,美的突出特性是具有否定性或批判性。从否定方面而言,唯有通过不断地否定,事物才可能从所要否定和批判的对象的束缚中摆脱出来,从而才有可能通向自由,成为美的事物;从肯定方面而言,唯有通过不断地否定,事物才可能告别各种非己的存在状态,进而如其本性所是地成为其自身,而唯有按照自己的本性存在的事物才可能成为其自身、实现其自身、完成其自身,此时,物不仅是美之物,而且是完美之物。

而在《庄子》中,作为否定之义的"无"正好与"美"的否定性和批判性建立起了内在的一致性,这意味着庄子的否定之"无"本身就是通向"美"的。因为"无"作为否定,首先就是去蔽——即去除任何非己的存在及其对己的束缚和遮蔽,而这同时又意味着一种显现——即事情自身的显明、出场和亮相。这在《庄子》中又具体地表现在以下三个方面。

(一)存在之"无"的美

这种"美"首先表现为作为否定的"无"对非存在的否定和对存在自身的揭示。正是基于对非存在性的存在以及存在的非存在性的否定,"无"让存在自身从被遮蔽中敞开出来。这种存在在《庄子》中主要指的是人的存在,而人的存在又具体表现在人的等具体的日常生活中的"欲""仁""情""廉""勇"。那么,"欲""仁""情""廉""勇"究竟意味着什么呢? 庄子对此的思考是:在回答它们"是"什么之前,我们必须明白它们首先"不是"什么;正是在不断地否定"不是"的过程中,"是"才会自然地呈现出来①。这是事情的一体两面,不显现就是被遮蔽,去除遮蔽就是让显现。事物只有显现出自身,它才可能是美的,在此之前,它需要去除自身的遮蔽。

"夫大道不称,大辩不言,大仁不仁,大廉不嗛,大勇不忮"(《齐物论》),

---

① 由此也可以看出,庄子的思想不是建立在纯粹的理性思辨基础上的,而是建立在现实的基础上的;它不是从思想出发,而是从存在出发的。

对于庄子而言,真正的辩不是"辩"——恰恰相反,真正的辩就是"不辩",所以他要否定"辩";由此类推,真正的仁不是"仁",而是"不仁",真正的廉不是"廉",而是"不廉",真正的勇不是"勇",而是"不勇"。

1. 无仁之美

那么"仁"意味着什么呢?按照庄子的逻辑,它需要回答的是"仁"不是什么。

首先,"仁"不是血缘性、功利性的"仁",因为这种"仁"只是一种偏狭的、自私的"仁",它只是一种以自我为中心或以扩大化的自我为中心的"仁"。其次,"仁"也不是道德化的"仁",因为这种"仁"是一种强制性的、人为的"仁",因为人为,所以导致虚伪;因为强制,所以导致束缚——它们都是对于人的本性的偏离。最后,"仁"也不是实体性的"仁",即它不能成为"有",因为一旦如此,它就会成为人们所追逐的对象,这时"仁"就会成为新的束缚和限制,从而构成新的遮蔽。

基于此,真正的"仁"也就显明出来:

首先,"至仁无亲"——真正的"仁"是没有偏私、偏狭的,它是普照天下的"仁",这种"仁"超出了"亲"的范围。其次,真正的"仁"不带有人的主观意愿,它只是"让",同时这种"仁"也不是人为的设定,而是自然地产生,所以"大仁无仁"——其中,"仁"是指自然之仁,即"让",让事物成为事物自身,让事物回归自身的本性;"无仁"则是指要去掉人的主观意愿,即去掉人为之仁,唯有这样,事物才能从道德之"仁"的束缚中解放出来。最后,真正的"仁"是没有痕迹的,所以它只是以"无"的面貌出现,这种"无"既表示无痕迹,即"仁"不可能成为人们所追求的实体对象;又表明真正的"仁"是"无仁","仁"只有在不断地自我否定中才能成为真正的"仁"。

经过层层否定,我们发现,庄子之"仁"不仅不是对"仁"的否定,反而是对"仁"的实现和完成。在此基础上,"仁"才是美之"仁":一方面,它保持了自身的本性,而没有在各种偏离中失去自身,这是本性之美,也是完整之美;另一方面,它所保持的本性就是爱的本性,也就是给予万物的本性,所以它不仅维护了自身的美,而且能够与万物共美,这种美不仅是它自身的,而且被扩充到整个世界;再一方面,这种美是不断实现和完成的美,因此也是不断生成的美,这意味着这种美是生生不息的,因此它又是一种完美。

庄子对于"情"的解释基本上遵循了对"仁"的解释思路,这在于"情"与"仁"的核心都在于"爱",基于此,两者基本上可以同等对待。

2. 无廉之美

"廉"意味着什么呢?"大廉不嗛"(《齐物论》)。按照庄子的逻辑,它需要回答的是"廉"不是什么:

首先,"廉"不是功利性的"廉",因为功利性之"廉"的目的往往不在"廉"自身,而在"廉"之外,即通过"廉"来追求某种外在的目的,如名誉①、功名②等。其次,"廉"也不是道德性的"廉",因为道德性的"廉"不是源于人性本身,而是源于道德的外在规定,这样一来,这种"廉"对自己而言是作茧自缚,对他人而言则成为了一种虚伪③,所以"廉清而不信"④(《齐物论》)。同时,因为"廉"与道德无关,而只是自然性的存在本身,所以它的实现与否也不会引起人的心灵的波动,人不会因为有"廉"而自满⑤,也不会因为无"廉"而自耻。最后,"廉"不是实体性的,它与"不廉"一样,都不是人们所追逐的对象,否则"廉"就会成为一种新的"有",进而使人以"有"为"有",让人为了"廉"而

---

① "李勉说:⋯⋯谓大廉者口不自言其廉以邀誉也。"(陈鼓应:《庄子今注今译》,中华书局1983年版,第93页)

② "皦然廉清,贪名者耳,非真廉也。"(郭象注,成玄英疏:《庄子注疏》,曹础基、黄兰发点校,中华书局2011年版,第48页);"谓矫矫以自清立名,则无实德矣"(释德清:《庄子内篇注》,华东师范大学出版社2009年版,第48页)。

③ "廉而至于有自洁之意,则不诚实矣。"(林希逸:《庄子鬳斋口议校注》,周启成校注,中华书局2009年版,第36页)

④ "大廉是不逊让的,⋯⋯廉洁过分就不真实。"(陈鼓应:《庄子今注今译》,中华书局1983年版,第95页)

⑤ "嗛,满也。不以廉自满。"(释德清:《庄子内篇注》,华东师范大学出版社2009年版,第48页)

"廉",此时"廉"就成为了人的束缚,它不是敞开了人的本性,而是遮蔽了人的本性①。

因此,真正的"廉"是没有功利性的,它也不含有某种道德的属性,更不是源于对"廉"的某种病态的追求,而就是人的本性自身的呈现,它源自人的本性自身的完满和充足②。一个本性自足的人自然会呈现出"廉"的特性,他既无求于外,也无苛于内。因此,"廉"既意味着人的自我实现,又是对人的显现。

当人既不受"廉"的限制,又可以通过"廉"实现自身,同时也通过"廉"显现自身的本性时,这种"廉"就成为了美:首先,在不断的否定中,"廉"保持了自身的本性,而没有成为各种非廉的形态;其次,"廉"因为其不贪的本性,使得它既无欲求于万物,也不干涉万物,因此它不仅让其自身成为自身,而且让万物成为万物;最后,"廉"不仅是人的自我实现,而且是人的自我显现,这是一种完美。

3. 无勇之美

"勇"意味着什么呢?"大勇不忮"(《齐物论》)。首先,真正的"勇"不是人的匹夫之勇,因为它不仅意味着人不害怕被他人伤害,而且更重要的是它还意味着不伤害他人③,这是因为"勇若有害人之意,则为血气,而不成道义之勇矣",真正的勇者是自身充满力量和生命的人——"自全道力",这种人既无求于外,也无求于内,所以他既不会被万物所伤,同时也无须伤害万物。其次,真正的"勇"也并非人的力量的强大,恰恰相反,它指的是人的谦逊,这种谦逊就

---

① "以廉为廉,则有自满之意。"(林希逸:《庄子鬳斋口义校注》,周启成校注,中华书局2009年版,第36页)

② "夫至足者,物之去来,非我也,故无所容其嗛盈……夫玄悟之人,鉴达空有,知万境虚幻,无一可贪;物我俱空,何所逊让。"(郭象注,成玄英疏:《庄子注疏》,曹础基、黄兰发点校,中华书局2011年版,第48页)

③ "忮,害也。大勇,乃自全道力,非害于人也……勇若有害人之意,则为血气,而不成道义之勇矣。"(释德清:《庄子内篇注》,华东师范大学出版社2009年版,第48页);"大勇是不伤害的……勇怀害意则不能成为勇。"(陈鼓应:《庄子今注今译》,中华书局1983年版,第95页)

表现为对他人、他物的"顺""让",而不是"逆"和"反"①。最后,真正的"勇"不是实体性的,也正因为如此,它也不可能是功利性和道德性的②。

(二)思想之"无"的美——无知之美

首先,在庄子看来,真正的"知"不是人为之"知",即源于人的欲望、意愿的"知",这种"知"以人为中心,事实上成为了人对世界的一种主观的构建和切割,它不仅不是来源于事物自身,反而遮蔽甚至偏离了事情的真实、真相,进而还会扰乱事情本身。所以"无知"正是对于这种遮蔽、偏离和扰乱的一种否定,唯有如此,真正的"知"才能显现出来,事情的真相才能显明出来,同时人也才能从自己的欲望和意愿中解放出来,而成为自身。

其次,真正的"知"也不是一无所知,它是对于"知"的超越,这是因为自然之"知"是存在的,只是我们要"忘"记这种"知",这在于世界原本是统一的,并不存在所谓的对立和区分。而这种"忘"就是超越,超越了"知",我们才能回到世界的本源之处,也就是自己的本性之中。

最后,真正的"知"也不是无所不知,它是有自身边界的,这是因为在"知"之外,还存在着"无知",它是比"知"更广、更多、更深、更根本的存在,而且是与"知"共在、共生的存在。因此,"知"可以转化为新的"无知","无知"也可以转化为新的"知"。

因此,"无知"之美首先表现为,作为否定,"无"是对事物自身的一种揭示,它使事物从遮蔽走向无蔽,因此这是一种显现之美;在此过程中,"无"也揭示了人自身的本性,它使人从个人的欲望、意愿中解放出来,摆脱了自我中

---

① "无往而不顺,故能无险而不往。成:内蕴慈悲,外弘接物,故能俯顺尘俗,惠救苍生,虚己逗机,终无违逆。"(郭象注,成玄英疏:《庄子注疏》,曹础基、黄兰发点校,中华书局2011年版,第48页)

② "不伎者,不见其用勇之迹也……勇而见其伎,则必丧其勇矣。"(林希逸:《庄子鬳斋口议校注》,周启成校注,中华书局2009年版,第36页)

心的束缚,因此这种揭示对人而言就是一种照亮,它照亮了人的心灵,使人和事物由此而得以敞开自身,因此这也是一种照亮之美,它使人从黑暗走向光亮,也使世界从无明走向光明。

其次,作为否定和"忘","无"是对世界源初的统一性和整体性的一种保护,因为它反对任何形式的区分和对立,即便是在一个已然具有了区分和对立的世界,它也选择"忘"记这种区分和对立,因此"无知"在这里呈现为一种统一之美和完整之美,这在《庄子》中具体表现为混沌之美,混沌自身是统一而完整的,在它身上,没有区分与对立。

再次,作为"忘","无"也是人对自身的一种超越,但是这种超越并不意味着人要远离人世、遁入空门或升入天堂,而是指人超越了"丧我"的世俗世界,而返回到本己的本真世界,但这并非意指两个世界,而就是一个世界,因为人的所离之处就是他的所去之所,世界并没有被置换,人就在这个世界里超越自己,只不过人的心灵发生了转化。因此,"忘"的美就表现为它所呈现的本真之美、本性之美,同时,它的美不是离世间的美,而是在世间的美。

最后,因为"无知"与"知"的相互转化,使得"无"不再是有限之"无",而成为了无限之"无",这意味着"无知"也在不断地自我否定,因此,"无知"之美就不是有限的美,而成为了无限的美,是由于绝对之"无"所产生的生生不息的美。

(三)语言之"无"的美——无言之美

"大辩不言。"(《齐物论》)首先,真正的"言"不是主观性的"言",它不是源于人的主观欲望、主观情绪和主观偏见、成见,唯有如此,它才能倾听事物自身的声音,进而如实观照,从而让事物作为事物自身显现出来,而不是让事物成为人的语言的产物。基于此,一方面,"无言"才可能揭示、显现而不是遮蔽事情本身,从而与事情本身相符;另一方面,"无言"才可能作为真言、箴言去指引万物,而不是干扰万物。这意味着,正是否定让"言"保持在自身的边界之内,而不是越过自身的边界,成为非己的存在——人为之言,因此正是"无言"保存、守护了"言"。

其次,真正的"言"也不仅仅只是工具性的"言",因为这样的语言是有局限性的,它既不能完整、全面地表达"道",也不能准确、精确地传达"道",所以它很难接近事情的真相——很难达"道",因此林希逸解释:"言而形诸辩,则是自有见不及处矣"①,这种"不及"敞开了作为工具的"言"与"道"之间不以人的意志为转移的缝隙和距离,因此这种"不及"是一种客观性的"不及",它不同于主观性之"言"与"道"之间的缝隙和距离,因为这种距离正是因为人的意志所产生的,是因为人自身的偏见和成见所导致的,因此后者是一种主观性的"不及","辩也者,有不见也:谓凡争辩者,只见自己之是,而不见自己之非(陈启天)……大辩是不可言说的……言语争辩就有所不及"②。但是与主观性之"言"相比,工具性之"言"不是要被否定,而是要被超越,因为工具性之"言"只要是自然地发生,那么它就是存在的,只要是存在的,我们就不能否定它。

再次,真正的"言"也不仅仅只是实体性的"言",因为它不是人们可以追逐的对象,否则人们就可能会执着于"言",从而被"言"所困、所缚。

继而,真正的"言"也不仅仅只是陈述性、命令性的语言,而是指引性的语言。因为陈述性的语言所陈述的很可能只是事情的表象甚至是假象,事情的真相由此可能会遭到遮蔽;命令性的语言则容易将其对象与对象的存在相割裂开来,从而偏离对象的存在,这样的"言"就不再是真理性的语言,因为它不仅没有解释事情的真相,反而遮蔽了事情的真相,伤害了事情本身。指引却规避了陈述的似是而非性和命令的强制性,因为指引所依靠的不是其他,而就是事情的真相本身,所以一方面,它不会盲人指路甚至指鹿为马,让人误入歧途;另一方面,它也不急功近利,而只是温顺谦恭地"让","让"事情以事情自身的

---

① 林希逸:《庄子鬳斋口议校注》,周启成校注,中华书局 2009 年版,第 36 页。
② 陈鼓应:《庄子今注今译》,中华书局 1983 年版,第 95 页。

方式接近事情的真相。

最后,真正的"言"是一种"无言"(沉默),这是因为沉默比"言"更本源,更符合"道"和万物的本性①。

因此,"无言"之美就表现为:首先,通过对主观性、工具性、实体性、陈述性、命令性语言的否定,"无言"保持了"言"自身的本性,而没有偏离自己的本性,与"偏"相对,它是完整的,是一种完整之美,与"离"相对,它居于自身之中,因此它具有了本性之美;其次,"无言"可以通过自身的存在之力,给予那些被人为所伤害的万物以治愈的力量,从而让受伤之物从束缚和伤害之中解放出来,这是一种给予之美;再次,"无言"在居于自身之中的同时,通过"忘"己,它不干涉万物,所以它能"让"万物居于万物之中,因此这既是对万物的实现与完成,是一种完成之美,同时也是"无言"与万物共美——基于此,"无言"并不意味着要完全消灭"言",毋宁说,正是它完成、实现了"言",正是它"让""言"的事实在人身上发生和实现;最后,在沉默之中,人才能倾听天地的声音、体察万物的本性,才能回到原初的、没有分别、没有分离的统一的世界,这时他才能"无言而心悦",这种乐就是一种天乐,这是人生的完美之境。

经过"无"的层层否定,真正的"仁""情""爱""勇""廉"才能得以显现出来,这个过程也是它们去除内、外的遮蔽并自我实现和完成的过程。

一方面,"有"必须经过"无"才能成为"有"自身,而且这个"无"是无限、无穷之"无",因此这个"有"就宛若成为了"无"。"无"不仅是无穷、无限,更是"无"自身——它首先表现为否定自身——否定不仅是手段、工具和途径,而且就是存在自身,"有"就是在不断的自我否定中才能成为自身的——没有否定,"有"将迷失自身、失去自身。

另一方面,正是大道、大仁、至情、至人(真人),不仅让自己成为自己,而

①　"不言之中自有至言,故曰大辩不言。"(林希逸:《庄子鬳斋口议校注》,周启成校注,中华书局2009年版,第36页);"妙悟真宗,无可称说。故辩雕万物,而言无所言。"(郭象注,成玄英疏:《庄子注疏》,曹础基、黄兰发点校,中华书局2011年版,第48页)

且让他人、他物成为他们自身,从而照亮他人、他物,否者他们将处于黑暗之中。

也就是说,正是"无"让存在成为存在,让思想成为思想,让语言成为语言,就事情自身的显现而言,这就是"美"。在此基础上,我们就不难理解为何"美的突出特性是具有否定性",这不仅在于美是无功利、无利害的,它要否定现实中的功利、利害性,而且在于它要否定现实中包括功利、知识、道德、习俗、宗教等在内的一切人为之"有",唯有如此,事情自身的真实才能显现出来,并因此而具有美的可能。对此,庄子之"无"正好符合了这种否定性的要求,因此它是通向美的前提。

在美学史上,这种作为否定义的"无"也是审美心胸得以生成的前提和基础,在宗炳那里,它表现为"澄怀味象",在郭熙那里,它表现为"临泉之心"……无论是庄子的"心斋"、"坐忘"也好,还是"澄怀"也好,就是要将心中的那个"有""无"之,即所谓的"无形""无欲""无己""无功""无名""无情""无思""无虑""无言""无辩"甚至是"无无"等。这意味着对外而言,我们要否定人为之"有",对内而言,我们要否定人为之"心"。对于审美对象而言,物要"无用";对于审美主体而言,人要"无心"。

当然,对于自然之物的形状、声音、色彩等自然性特征,我们并不能否定它们,而是应该"忘"记它们,或超越它们。这时"无"就不再表现为否定,而是意味着"忘"和超越。人忘记或超越"物"之后,它的本性才能如实地显现出来。因此,《庄子》中作为"忘"(超越)之义的"无"正好与之相应。对于道德、宗教、欲望等也是如此,我们不能只是否定,只有当它们成为我们通向自由的束缚时,否定才具有去蔽功能,否定才具有了意义。这是因为,在事物的成长过程中,它们也具有积极的意义。所以就整体而言,我们不能完全否定它们,毋宁说,我们要超越它们。超越意味着,在某个阶段,它们的存在也是真实的,而且也是必要的,它们显现了人生的某些真相。但是超出这个阶段时,它们就会成为新的遮蔽(所以对于人和世界而言,光明和黑暗是始卒若环、交替出现的,没有绝对的光明,也没有绝对的黑暗,或者说,黑暗就意味着光明的即将到来,反之亦然。也正是因为如此,人和世界才是不断地生成的,是生生不息的),这时我们就需要超越这个阶段,超越自己。

如果说形而下的物之"无"对于人为之"有"的否定正好与审美心胸的建立相关的话,那么,物之"无"作为一种自然之"有"之外的"无"与艺术作品的创造和鉴赏也密切相关。这种"无"集中地表现在绘画美学中的"留白"上,所谓"留白",就是在"有"之中、之外要留有"无",因为画面如果完全为"有",那么这就不是绘画作品了,这个"无"就是与"有"共生的"无",正是"无"的存在,才让"有"成为了"有",也才让美得以产生。

同时,也正是这种物之"无",为道之"无"提供了基础。物之"无"对于自然之"有"的超越正好与审美境界的建立相关。

二、道之"无"的美

究其根源,物之"无"的美就来自于道之"无"的美,"无"不仅是对"有"的显现和照亮,也是对"无"的显现和照亮。叶朗认为,与西方美学不同,中国美学"着眼于整个宇宙、历史、人生,着眼于整个造化自然……中国美学要求艺术作品的境界是一全幅的天地,要表现全宇宙的气韵、生命、生机,要蕴涵深沉的宇宙感、历史感、人生感,而不只是刻画单个的人体或物体"①。

也就是说,中国美学所追求的并不只是小美——单个、具体、有限的对象的美,而是大美——整体、无限的美。如果说"小美"为"有"之美的话,那么"大美"则为"无"之美,而且"有"之所以能够成为美,也往往是因为"有"显现了"无"之美。这种美学精神就集中地体现在庄子美学中。

(一)美

"美"在《庄子》中共出现了五十余次,就整体而言,庄子将美分为小美和

---

① 叶朗:《中国美学史大纲》,上海人民出版社 2005 年版,第 224 页。

大美两种(即物之美和道之美两种)。其中,这种小美又可以具体分为以下三种。

首先是与感官相关的美,如美服、美色、美味、美声("夫天下之所尊者,富贵寿善也;所乐者,身安厚味美服好色音声也;所下者,贫贱夭恶也;所苦者,身不得安逸,口不得厚味,形不得美服,目不得好色,耳不得音声。若不得者,则大忧以惧,其为形也亦愚哉"(《至乐》)、"美荫"("蹇裳躩步,执弹而留之。睹一蝉方得美荫而忘其身。螳螂执翳而搏之,见得而忘形。异鹊从而利之,见利而忘其真"(《山木》)等,这种美之所以是小美,是因为:

其一,这种"美"会激发人的贪欲,诱惑人无止境地去追求那些超出了人的自然欲求的欲望,从而扰乱人的心性,使人"苦""忧""惧",不仅如此,还容易让人失去自我——"滥"("美人不得滥"(《田子方》)。

其二,这种"美"通过给人一种生理的快感而让人沉溺其中,这不仅容易使人忘记自身,而且容易使人忘记外在的事物,因此不仅可以给人带来内在的危害,而且可以给人带来外在的危险——"蹇裳躩步,执弹而留之。睹一蝉方得美荫而忘其身。螳螂执翳而搏之,见得而忘形。异鹊从而利之,见利而忘其真"(《山木》),蝉因为美叶的荫蔽而沉浸其中,忘记了自身的处境,从而给自己带来杀身之祸。所以这里的"美"不仅不是人的本性的显现,反而会因为它的舒适而诱使人忘记自己的本性,这里的"美"不仅不会给人带来身体和心灵的自由感,反而会因为它带给人的享受而限制人的其他感官的实现、束缚人的心灵的转化。

其三,这种"美"是人为的,不是自然的,所以它不是对人的本性的显现,而是对人的本性的远离,"故西施病心而颦其里,其里之丑人见之而美之,归亦捧心而颦其里。其里之富人见之,坚闭门而不出;贫人见之,挈妻子而去之走。彼知颦美而不知颦之所以美。惜乎,而夫子其穷哉!彼知颦美而不知颦之所以美"(《天运》),西施之颦之所以美,是因为她的自然而然,"颦"符合了其自身的统一性,而丑人之所以丑则是因为她的"颦"是人为的、虚假的,这种行为不仅不符合其自身的统一性,反而破坏了其自身的统一性,因此她远离了自己的本性,进而也就失去了通向美的可能性。

其四,就不同的物(审美主体)而言,因为感官感觉、心灵需求的差异性,他们之间并没有一个共同的标准,这导致"小美"只具有个别性,而不具有普遍性;只具有主观性,而不具有客观性;只与自身相关,而与他物无关——因此"小美"是否真正为"美",这本身就是值得怀疑的——"毛嫱丽姬,人之所美也;鱼见之深入,鸟见之高飞,麋鹿见之决骤,四者孰知天下之正色哉?"(《齐物论》)事实上"物本身是超越人们的主观的判断,也不是美,也不是丑,因此,也是美也是丑。或,将所有的'物'从美的观点看它的话没有不美的,从丑的观点看它的话没有不丑的"①,物能够自我实现、自我完成就是美的,人也是如此。因此万事万物的美既具有同一性,又具有差异性——美的同一性就表现为事物本性的实现和完成,美的差异性表现在事物本性的不同。因此,在人、鱼、鸟、麋鹿之间,就其本性的实现和完成而言,它们是同一的;但是就其个体性而言,他们是有差异的。人只有自身呈现为美的(统一的),他才能"观"到世界的统一,才能发现和体悟世界的美。

其五,就人而言,一旦这种外在的形式美成为一种"有",它还会成为人们追逐的对象,从而具有了功利性和利害性——"凡成美,恶器也"(《徐无鬼》),如果是这样的话,"小美"就不仅不会愉悦人,反而会束缚人;不仅不是人性的显现,反而会伤生害性——"而强以仁义绳墨之言术暴人之前者,是以人恶有其美也,命之曰灾人"(《人间世》)。

其六,"厉与西施……道通为一"(《齐物论》),在庄子看来,物的世界中的美与丑并没有本质的区别,它只是相对的,而不是绝对的,所以庄子实际上已经否定了这种美丑之分——"德人者,居无思,行无虑,不藏是非美恶。"(《天地》)

---

① 〔日〕福永光司:《庄子:古代中国存在主义》,李君奭译,专心企业有限公司出版社1978年版,第120页。

其次是与真相对的美。如美言等,这种美言就是"溢美之言"——"夫两喜必多溢美之言,两怒必多溢恶之言"(《人间世》),这种"言"因为越过了事情本身的界限,所以它不是真实的语言,而是虚假乃至虚伪的语言;因此,这种语言既不能成为指引性的语言,也不能成为陈述性的语言;它不是对事情本身的显现,相反是对事情本身的遮蔽。

最后是与善相关的美。"昔者舜问于尧曰:'天王之用心何如?'尧曰:'吾不敖无告,不废穷民,苦死者,嘉孺子而哀妇人,此吾所以用心已。'舜曰:'美则美矣,而未大也。'尧曰:'然则何如?'舜曰:'天德而出宁,日月照而四时行,若昼夜之有经,云行而雨施矣!'尧曰:'胶胶扰扰乎!子,天之合也;我,人之合也。'夫天地者,古之所大也,而黄帝、尧、舜之所共美也。故古之王天下者,奚为哉?天地而已矣!"(《天道》)从否定方面说,尧不轻慢孤苦之人,不抛弃贫穷之人;从肯定方面说,尧悲悯死者,喜爱幼小,同情妇人,这些都表现了尧的恻隐之心、仁爱之情。对于一般人(儒家、尧)而言,这就是"美",但是这里的"美"实际上同于儒家之"善",与恶相对。因此,庄子甚至将美恶并举,"故势为天子,未必贵也;穷为匹夫,未必贱也。贵贱之分,在行之美恶"(《盗跖》),其中的"美"就是"善",即人的贵贱之分不是来自于财富的多少、地位的高低,而是来自于行为的善恶,行善即为贵,行恶即为贱。

(二)大美

当然,《天道》中的舜也承认了这种"美",但是却认为这种"美"只是小美,而不是大美即真正的美,因为一方面这种"美"还只是一种有限度的"美"——它还尚未达到纯粹给予的程度,另一方面这种"美"的对象也是有限度的,它只能惠及弱者,而不能给予所有的人,更不能给予所有的物。基于此,舜认为这种美"美则美矣,而未大也"。这表明,在《庄子》中"大"实际上是一个高于"美"的概念,或者说它的"美"的概念还不是现代意义上的"美"(它有时相当于善,有时相当于真,有时相当于形式美),"大"才是相当于"美"的概念。

"'大'写出了庄子那种向上的,无限的,开阔的精神境界……大和小的不同,是由于'小'是局限于局部的时空,或个人有限的知识和经验,而不能见大全……庄子的所谓大,乃是指向上无穷的发展而已。因此他的大常和道并言,如大方、大通、大辩、大仁、大廉、大勇、大美、大顺等。"①

而在美学上,"他们把'美'与'大'作了区分,认为'大'高于'美'。其所以如此,又在于'大'体现了'天道'的自然无为、无所不能的力量,也就是体现了不为一切有限事物所束缚的最大的自由。既'美'且'大',就是庄子及其后学所谓的'大美',也就是一种无限的美。"②

如果是这样的话,什么样的"美"才是真正的大美呢? 一般认为,它就是道之美,这种道之美在《天道》中又具体表现为天地之美,这是因为"夫天地者,古之所大也"。天地之美之所以能够成为真正的美、成就它的"大",倒不完全是因为它的外形之大,而主要是因为它的顺其自然,"天德而出宁,日月照而四时行,若昼夜之有经,云行而雨施矣",天地覆盖万物,承载万物,而不干扰万物,因此能够让万物成为万物。

基于此,天地之美是一种无限之美:一方面,它是绝对无私的,这保证了其覆载万物的纯粹性,如果说覆载万物表现了天地之爱的话,这种爱就是一种纯粹的给予,因为它不含有丝毫的功利性,所以它的爱是无限的,在此基础上,它的美也是无限的;另一方面,它所爱的对象是绝对无限的,因为它的爱纯粹是出于其自身的力量,它是对物而起,不是因物而起,它的对象是天地万物,而不是某一特别之物,因此日月才能普照,润雨才能均施。

正是因为如此,"天地有大美而不言,四时有明法而不议,万物有成理而不说。圣人者,原天地之美而达万物之理。是故至人无为,大圣不作,观于天地之谓也。"(《知北游》)天地之所以有大美,一方面是因为天地作为自然界的

---

① 吴怡:《逍遥的庄子》,广西师范大学出版社 2006 年版,第 86—87 页。
② 李泽厚、刘纲纪:《中国美学史》第一卷,中国社会科学出版社 1984 年版,第 253 页。

代称,它是最自然而然、无为而自然的,所以天地自身是美的,这种美也就是自然无为之美;另一方面,天地不仅让自己成为美,而且还承载万物,让万物成为万物,所以这种美是一种大美。而天地之所以不言,是因为它不需要用语言来显现自己,万物的生生不息就是它的完美显现,所以"无论是自然,也无论是艺术作品,最重要的,并不在于'美'和'丑',而在于要有'生意',要表现宇宙的生命力……一个自然物,一件艺术作品,只要有生意……那么丑的东西也可以得到人们的欣赏和喜爱,丑也可以成为美,甚至越丑越美"。①

不仅天地之美能够成为大美,而且圣人、至人也可以通过遵道而行,即推究、领悟天地之美而成为大美之人。此时,圣人、至人之美也成为了无限之美,一方面,圣人之爱是无限之爱,因为他的爱是纯粹的给予,不含有任何私心,所以他不是有限之爱;另一方面,他的爱是爱无限,因为他的心灵像天地一样宽广,所以他不会有所偏爱。

在此意义上,在天地之间,唯有"人"才能成为大美之物,其他"物"虽然能够通过自我的实现和完成而成为美之物,但是他们不能成为大美之物,因为他们不能超越自身,而成为胸怀天下之物。因此"人"不仅要实现自己,而且要扩充自己,或者说"人"就是在不断扩充自己的过程中完成、实现自己的,因此"人"的美是生成的,"人"处在通往美的途中。

那么,"人"如何才能成为圣人、至人即大美之人呢? 这是通过心灵之"无"来完成的。首先,对于人为之美,即源自人的私欲、私意、私心的"美",也就是形形色色的小美,"人"要对之进行否定,因为正是它们遮蔽了人的心灵,遮蔽了真正的美。其次,对于自然之美即自然呈现的符合其自身本能和本性的美要"忘",因为这种"美"一旦被突出出来,它就会成为人的束缚和负担,"夫无庄之失其美,据梁之失其力,黄帝之亡其知,皆在炉锤之间耳。"(《大宗师》)"无庄"虽然有小美,但是他只有忘记这种小美,才能成为真正的大美,

---

① 叶朗:《中国美学史大纲》,上海人民出版社 2005 年版,第 127 页。

"为闻道故,不复庄饰,而自忘其美色也"①。

正是因为如此,"生而美者,人与之鉴,不告则不知其美于人也。若知之,若不知之,若闻之,若不闻之,其可喜也终无已,人之好之亦无已,性也。"(《则阳》)事物本身是无所谓美丑的,人原本也是没有美丑的观念的,美丑只是无道之人对事物的判断。人本身是无所谓爱与不爱的,给予只是出于他的本性和天性,爱则是他人对于给予的称呼。

那么,人如何忘记自己的美呢?"游心于物之初"。"老聃曰:'吾游心于物之初'……'夫得是至美至乐也。得至美而游乎至乐,谓之至人'……若天之自高,地之自厚,日月之自明,夫何修焉!"(《田子方》)"游心于物之初"就是游心于"无",所以《庄子》中的"道"之美不仅显现为"大美",而且显现为"至美",只不过"大"强调了"道"之美的广阔无边、涵融无限,"至"则强调了"道"之美的不可企及、最高和尽善尽美。

当人的心灵回归于物之初时,人也就统一于自身,复归于人的整体性、混沌性之中。当万物都回归于自身时,天地也就复归于其整体性之中,呈现为一种统一、整体之美。相反,任何试图破坏这种统一性和整体性的企图都远离了真正的美,"判天地之美,析万物之理,察古人之全。寡能备于天地之美,称神明之容。是故内圣外王之道,暗而不明,郁而不发,天下之人各为其所欲焉以自为方。"(《天下》)

(三)大美无美

"大"的极致就是"无",至大无边,所以"大美"就是至大无边、至小无遗的美,当这种"美"充满整个世界时,美丑的界限就消失了。因此,大美无美首先意味着大美是一种趋于"无"的美——"无美"即为趋于"无"的美之义;其次,如果大美是一种无限之美的话,"有"是不能成为大美的,因此只有"无"才

---

① 郭象注,成玄英疏:《庄子注疏》,曹础基、黄兰发点校,中华书局2011年版,第154页。

能成为这种大美;再次,大美无美意味着大美不同于小美,即大美不是世俗意义上美;最后,"无"为否定之义,大美是在不断地否定自己的意义上才能成为大美的。基于此,如果说"至乐无乐"的话,那么与之相应,所谓"至美"就是无美,所以"道"之美实际上也就是"无美"——从否定意义上说,"无美"意味着无"小美";从肯定意义上说,"无美"意味着以"无"为"美"。

之所以如此,是因为"道"本身是被"无"所规定的,所以"道"之美从根本上讲也就是"无"之美——它的具体表现就是"道"的无限之美、无言之美、无用之美、自然无为之美、无伪之美、素朴之美、虚静之美、平淡之美……它们之所以美是因为它们被"无"所规定,而"无"之所以美,是因为它就是人和世界的本性——人的本性是无善无恶、无美无丑、无对无错的。也正是因为如此,"淡然无极而众美从之"(《刻意》),"众美"之所以美,就是因为它们遵从了"淡然",遵从了"无",这是得道的状态,也是大美的状态。

1. 素朴之美

所谓"朴",《说文解字》解释曰"朴,木素也"①,段玉裁注曰"以木为质。未雕饰,如瓦器之坯然"②。概言之,"朴"就是未经雕饰、尚未被人雕琢的木头,这意味着"朴"是自然之物,而不是人为之物;是本色之物,而不是装饰之物。对于庄子而言,"朴"还意味着木头自身保持着源初的完整性和统一性,而没有被人为地分裂开来,所以它能够成为可供人使用的人工之"器"——"夫残朴以为器,工匠之罪也。"(《马蹄》)"器"的出现意味着它已不再是木头,因为它已经失去了木头的完整性和统一性,所以这是对木的伤害——"残","比牺尊于沟中之断,则美恶有间矣,其于失性一也"(《天地》),无论这个"器"是以世俗的美("牺尊")出现,还是以世俗的丑("沟中之断")出现,对于木而言,都是对其本性的"残"和"失"。即便不是这样的话,"器"也不再是自然之物,而是人工之物,在其中木的本性很可能不是被显现出来,而是被遮

---

① 许慎:《说文解字》,中华书局 1963 年版,第 119 页。
② 许慎撰,段玉裁注:《说文解字注》,上海古籍出版社 1981 年版,第 252 页。

蔽和隐藏,所以这是"工匠之罪也"。

当然如果"器"不是违背,而是遵循了木的本性,即人遵循自然而为的话,"器"就不再只是"器",而成为了"艺"——巧夺天工,这时的"器"就不再是遮蔽了木的本性,而是显现了木的本性,这就是艺术,也就是美。但是这种美之"器"恰恰不是因为"器"本身,而是因为"朴","器"只有遵循了"朴"才能成为美之"器"。综上所述,正是"朴"规定了"器",同时也规定了美。

所谓"素",庄子解释曰"故素也者,谓其无所与杂也"(《刻意》),认为素就是不含有杂质,这是从否定意义上说,如果从肯定意义说,素就是纯净、纯洁、纯粹之义,正是因为如此,庄子将"道"称为"纯素之道","纯素之道……纯也者,谓其不亏其神也"(《刻意》),在此纯与素互文。当然,纯素不仅是指外物的纯粹无杂,更是指人的心灵的纯净无染("不亏其神"),所以成玄英解释道"夫混迹世物之中而与物无杂者,至素者也;参变嚣尘之内而其神不亏者,至纯者也。岂复独立于高山之顶,拱手于林籁之间而称纯素哉"①,这意味着,对于人而言,真正的"素"不只是与物无杂,更是心灵无染;不仅仅是外在的,更是内在的。这样的"素"才是真"素",这样的思想在禅宗思想中得到了发扬光大。

因此"素朴"意味着事物的本性还处于尚未遭到破坏,即保持着原初状态的阶段,此时事物自身还保持着自身的纯净、纯洁和纯粹,而不含有丝毫的杂质;事物还保持着自身的统一,而没有遭到内在、外在的束缚和限制,从而造成人为的分裂。所以陈望衡认为"朴是没有雕琢的木,素是没有染色的丝。老子用它们代表事物原本的状态即自然的状态"②,这是言之有理的。其实不仅老子思想是如此,庄子也继承了老子的这种思想。

正是因为如此,唯有在素朴的状态下,万物才能显现自身存在的真实、真相,这种真实和真相也就是万物的本性,即物之为物的最本真、最本色、最自然

① 郭象注,成玄英疏:《庄子注疏》,曹础基、黄兰发点校,中华书局2011年版,第296页。
② 陈望衡:《素朴之美》,《人民日报》2016年1月18日。

的存在。在此意义上,素朴就不仅仅只是显现了万物的本性,它自身甚至就是万物的本性,就是"道"在万物中的存在形态。

因此,素朴之美就是万物自身的美,即"道"自身的美,或者说万物之所以美就是因为它们的素朴,即它们自身。

如果说素朴就是万物的本性的话,那么这种本性又是如何丧失的呢?对于人而言,就是人的贪欲,正是贪欲诱使人远离了自己素朴的本性。正是因为如此,庄子强调"同乎无欲,是谓素朴。素朴而民性得矣"(《马蹄》),人只有处于素朴的状态之中,才能保持自身的完整和统一,所以成玄英认为"夫苍生所以失性者,皆由滞欲故也。既而无欲素朴,真性不丧,故称得也"①。

正是因为如此,人如果要复归于"朴"的话,就需要否定自己的贪欲,尽量减少自己的私心和私欲,"其民愚而朴,少私而寡欲……既雕既琢,复归于朴"(《山木》)。在此基础上,我们还要弃除人为的雕饰之务,"雕琢复朴,块然独以其形立"。(《应帝王》)

因此,这种"复"的过程实际上是不断否定的过程,只有将所有的人为"无"之,朴素之质、自然之质才能自然而然地呈现出来,进而朴素之物的美才能显现出来。这种美是一种本真、本色的美,是自然之美、无伪之美、无为之美。

不仅素朴之物的美被显现出来,而且朴素自身作为物的本性,即物之美的根基也被显现出来,万物只要、也只有保持自身的朴素之道,它才可能是美的,任何华丽之术只能作为揭示朴素之道的方法,而不能越过或取代朴素,否则它将成为空洞的"美"而远离事物的本性,从而与美绝缘,所以"朴素而天下莫能与之争美",这意味着素朴规定了美,因为素朴规定了万物本身,所以成玄英解释道"夫淳朴素质、无为虚静者,实万物之根本也。故所尊贵,孰能与之争美也"②。

---

① 郭象注,成玄英疏:《庄子注疏》,曹础基、黄兰发点校,中华书局2011年版,第185页。
② 郭象注,成玄英疏:《庄子注疏》,曹础基、黄兰发点校,中华书局2011年版,第250页。

2. 平淡之美

"若夫不刻意而高,无仁义而修,无功名而治,无江海而闲,不道引而寿,无不忘也,无不有也。淡然无极而众美从之。此天地之道,圣人之德也。"(《刻意》)相对于五味、七情,平淡更符合道之无的本性,对于人而言也是如此。一方面,平淡(淡而无味)能帮助自己从五味的束缚中解放出来,而不至于被某一种特别的味道所牵绊,同时又敞开了通向各种味道的可能性;另一方面,平淡(人淡如菊)能帮助自己从各种浓烈的人生追求中解放出来,而不至于被某一种特别的心灵追求所羁绊,如"功名""仁义""高""寿""闲",也正是在这种平淡之中,反而敞开了人们通向真正的"功名""仁义""高""寿""闲"的可能性。总之,平淡不仅能够使人从各种束缚中解放出来,心无牵挂、无拘无束,并因此可以使人获得消极自由,而且能够敞开人生的各种可能性,使人能够如其本性的成为自己、丰富自己,并因此可以使人获得积极自由。

平淡不仅会敞开人自身,而且会敞开各种自然的味道、七情六欲。因为平淡无意干涉它们的自然行动,而只是因循、因任、顺从它们,即守护、保护它们,从而让它们敞开自身,成为自己。

同时,平淡不仅会敞开人和物,而且会敞开整个世界的统一,使万物之间不是相互干涉,而是相互顺应,正是平淡守护了这种统一,所以"平淡是整体的调性"①。

因此,与其说是"人"生成了人自身,五味生成了五味自身,不如说是平淡生成了它们,因为它们被平淡所规定。没有平淡,人不能成为真正的人,而可能会成为偏执的人②;五味不能成为真正的味,而可能会成为偏狭的味道;世界也不能成为世界,统一将遭到分裂。

---

① [法]余莲:《淡之颂:论中国思想与美学》,卓立译,桂冠图书股份有限公司 2006 年版,第 31 页。

② "心不滞于一方,迹冥符于五行,是以澹然虚旷而其道无穷,万德之美皆从于己也……"(郭象注,成玄英疏:《庄子注疏》,曹础基、黄兰发点校,中华书局 2011 年版,第 291 页)

总之,平淡孕育、生成了各种味道与心灵,守护了世界的统一,敞开了各种变化的可能性。在此基础上,"淡然无极而众美从之",之所以如此,是因为唯有淡然才能使众美成为美,同时唯有淡然才能聚集众美而成为统一。在此意义上,平淡就是最高的美。

正是基于此,帝王要"游心于淡"才能"天下治矣"(《应帝王》),而至人则要"游心于物之初",才能获得"至美至乐也"(《田子方》)。这表明"淡"就是"物之初"的状态,即"道"的本源状态,所以平淡之美不是来源于其他,就是来源于"道",它是"道"之美的最本源的特性,"平淡是人意识中一种全面性的经验,它以最根本的方式表达我们的在世存有"①。

3. 沉默之美

对于"道"而言,"无言"是"道"的本性,或者说相对于有言而言,"无言"更符合"道"之无的本性。"道"居于沉默之中,"至道之精,窈窈冥冥;至道之极,昏昏默默"(《在宥》),正是因为如此,作为"有"的语言是无法传达"道"的。

对于人而言,"无言"或沉默不是人的故意而为,而是行"道"的必然结果。任何试图以直接的方式表述"道"的企图都是无道的,因为不存在另外一个"有"与"道"相提并论,或与"道"处于同一个层级,否则"道"就不再是世界的本源。在此意义上,唯有"无"最接近"道",只有"无"才能更好地表达"道"。一方面,沉默能够帮助人从语言的有限性中解放出来,而趋于无限;另一方面,沉默因为其无用性能够帮助人从被利用的世界中解脱出来,而不会被外力所分裂;再一方面,在沉默中,人得以直面自己而成为自身,保持自身的统一性,所以在沉默中,能激发出人的更强大的存在之力。因此,沉默能够敞开人自身。

沉默不仅能够敞开人,而且可以敞开语言自身。正是在沉默的基础上,语

---

① 〔法〕余莲:《淡之颂:论中国思想与美学》,卓立译,桂冠图书股份有限公司2006年版,第135页。

言得以生发出来;正是基于沉默的默然允之,语言得以无阻地进行;正是基于沉默的存在之力,可以激活语言的潜力,深化语言的意蕴,丰富语言的内涵,从而使语言完成自身,使语言成为真正的语言。

同时,沉默让整个世界远离纷乱的喧嚣,在潜移默化中让万物按照整体的秩序也即自然的秩序循序进行,从而让世界回归自身本源的统一。

因此,虽然语言可能会点亮人的心灵和整个世界,但是它也可能会遮蔽人的心灵和整个世界,除非语言不断地自我否定自身(无言),才能实现自身。因此,从根本上说,世界是被"无言"、沉默所规定的。正是沉默,给人以无穷的存在之力,彰显了人的本性和世界的真实、真理和真相。比较而言,儒家的含蓄之美是人为的,其目的是表现人之德;道家的含蓄则是自然的,它是人遵自然而行的结果。

最后,对于文艺作品而言,"无言"或含蓄更能表达无限之意——"言有尽而意无穷","文学之所以美,不仅在有尽之言,而尤在无穷之意。推广地说,美术作品之所以美,不是只美在已表现的一小部分,尤其是美在未表现而含蓄无穷的一大部分,这就是本文所谓无言之美。"①

三、绝对之"无"的美

当我们试图强调"无"时,这也暗含着一种危险,因为这也是一种区分,即将"无""有"从统一之中分裂开来。所以对于"道"而言,"无"的自我否定——绝对之"无"尤为重要,否则"无"将不能成为自身,而成为新的"有"。由此可见,万事万物包括"无"自身都是在自我否定中成为自身的,所以"无"成为了万事万物的规定,只是"无"在此应该被理解为"无无"。当"无"被理解为"无无"时,"无"就不是与"有"相对,而是生生不息的"无",因此也是生生不息的"有"。此时,"有"与"无"就不是处于对立和分裂之中,而是处于统

---

① 朱光潜:《朱光潜美学文集》(二),上海文艺出版社 1982 年版,第 480 页。

一之中,成为了一个整体。

所以,素朴自身不能成为一种新的"有",不能成为人们所追求的对象,这是因为万物都处于生生不息的"化"之中,物的本性也是不断生成的,而不是一成不变的,所有的"有"都会在这种变化之中被否定。事实上,素朴自身也需要被显现出来,这样它才能完成自己,即需要华丽来显现它。

平淡也是如此,它不能成为新的"有",因为当它成为"有"时,平淡将会越过自身的边界,转化成为"人"和世界的新的束缚,"当'冲'的状态发展得太过分的时候,最后就会变成完全的冷漠,而且由于长久的平淡,读者可能会厌倦……平淡与其说是一种观念,不如说是象征着某种平衡状态,一个中介时刻,一个过渡而且总是受着威胁的阶段……平淡呼吁大家慢慢地发现,永远无止境的发现,所以是最富饶的诗品"①,这意味着平淡并不是一个可供人实现的单纯的目标,而是人与万物以及万物之间原本存在的一种状态,即万物之间的关系是平淡的,只有当我们失去这种状态时,它才成为了我们的目标,所以当我们去追求平淡时,平淡本身已经失去,统一遭到分裂。因此,平淡不是人为追求的结果,而是万物相处而自然呈现出来的一种状态。"当是时也,民结绳而用之。甘其食,美其服,乐其俗,安其居,邻国相望,鸡狗之音相闻,民至老死而不相往来。若此之时,则至治已"(《胠箧》),"民"之所以不相往来,对于庄子而言并非因为他们彼此充满仇恨或者冷漠,而是因为他们已经相忘于世,一如群鱼之间相忘于江湖,人与人、物与物之间既无仇恨,也无爱恋,既无冷,也无热,万物依循自然的本性相处一世,彼此相存但无著无执,了无牵挂,无系于心,这种状态就是平淡、自然,就是世界的真实,反之任何人为的想法和观念都会破坏这种自然的状态。因此平淡才能自然,平平淡淡才是真。但是,平淡不是一种观念,而是一种本真的在世存在。

沉默也是如此,当人们试图将沉默从沉默("无言")中突出出来,成为可

---

① [法]余莲:《淡之颂:论中国思想与美学》,卓立译,桂冠图书股份有限公司2006年版,第79—80页。

以压倒语言的工具时,沉默将远离自身,而成为了一种新的强势语言。同时,沉默虽然比语言更为本源,但是如果没有语言,沉默将处于无明之中,正是语言将沉默的真理显现出来,让光明照亮世界,"沉默决不是语言之上的东西。相反的,作为唯一存在的沉默,即没有语言的沉默世界,换言之是创造以前的东西,没完成的创造……当语言产生的一刹那,沉默获得了自我完成。即,沉默通过语言,才开始被赋予了意义与尊严。沉默通过语言,才从野生的、人类以前的东西变成了温顺的、人类的东西……于是,如同海的容积比陆地的容积大一般,沉默的容积也比语言的容积大。但尽管如此,陆地比海具有更强的存在力——或者用别的意义来说,陆地比海更具有存在性——同样,语言比沉默更具有一种强力。语言具有一种更大的存在强度"①。

综上所述,朴素、平淡、沉默等都只是"道"的表现形态或者得"道"的状态,它们自身还不是"道",故而当它们以"道"自居时,它们也将遭到否定,因为它们远离了自身之"无"的本性。

基于此,"道"的自我否定就是"无"自身的圆满实现,在此基础上它的美才能成为生生不息的"美",也就是完美。

四、"无"之美的进程

总而言之,"无"之美表现在三个方面,或者说呈现为三个阶段。

(一)作为顺让的"让"

"让"在这里不是谦让、辞让、转让之义,不是将自己的权利转让给他人,如"让天下"("尧让天下于许由"(《逍遥游》))、《让王》等义。这里的"让"是顺其自然之义,也就是"顺""因""任""安""循"等之义,唯有如此,才能让事物如其所是地成长,成为其自身——即不仅让他物成为他物,而且让自己成为

---

① [瑞士]马克斯·皮卡德:《沉默的世界》,李毅强译,上海书店出版社2013年版,第13—14页。

自己,这意味着自己既不干涉、强迫、支配他物,也不被他物所干涉、强迫、支配,唯有如此,人和万物才能自由无阻地成长,才能依照自己的本性而生成。因此,庄子之"让"不是一种通常意义上的美德,而是一种存在的真理;它不是有形的,而是无形的,有形之"让"在世俗生活中呈现为一种美德或伪德,无形之"让"却是世界的发生、万物的生成。在此意义上,尧之"让"要么是美德,要么是伪德,这种"让"代表了儒家之"让",许由对越俎代庖的拒绝则代表了庄子之"让"的理想。越俎代庖就是对顺其自然的违背,这种违背既是对外物的伤害,也是对自己的伤害,因为它既破坏了外在的世界秩序,也背离了自己的内在本性。

之所以如此,是因为对于世界而言,"天地固有常矣,日月固有明矣,星辰固有列矣,禽兽固有群矣,树木固有立矣。夫子亦放德而行,遁遁而趋,已至矣!"(《天道》)万物都有其真实的存在,我们只需"让"之、"顺"之,就是遵道而行;对于物和人而言,"鹪鹩巢于深林,不过一枝;偃鼠饮河,不过满腹"(《逍遥游》),我们顺己本性而行,摒弃非分之想,"归休乎君,予无所用天下为",这也是遵道而行。

那么谁才能真正地"让"呢?"无"。

"让""顺""因"等之所以能够实现,从根本上讲是由于"无",因为凡是"有",都会被自己所拥有的东西所限制,而不能真正地、完全地、彻底地"让";即便"有"出于其他的原因,例如社会习俗、功利目的、道德自律、鬼神崇拜或宗教信仰,能够作出一定的"让",这种"让"也是有限的,因为它始终被另外一种"有"所规定,而且这种"让"始终是被动而不是主动的,是消耗性而不是生产性的;即便这种"让"是主动的或生产性的,它也是受"有"限制的,它不可能超越外在和内在之"有"的束缚。

唯有"无"才能生发出真正的、纯粹的"让",这一方面是因为它不是"有"、没有"有",所以它没有私心、私意和私欲,也没有外在的目的和追求,因此它不存在"有"的局限;另一方面是因为"无"自身是无限的,所以它的"让"

也是无限的。

因此,天地之所以能够成为"道"的代名词,就是因为它的"无私""天无私覆,地无私载"(《大宗师》)、"无为"("天无为以之清,地无为以之宁"(《至乐》);圣人之所以被称为得道者,就是因为它的无私、无为、无心。正是因为这种"无",对于天地而言,"天无不覆,地无不载"(《德充符》);对于至人而言,"唯至人乃能游于世而不僻,顺人而不失己"(《外物》);对于圣王而言,"功盖天下而似不自己,化贷万物而民弗恃。有莫举名,使物自喜。立乎不测,而游于无有者也。"(《应帝王》)

（二）作为给予的"与"

如前所述,"与"的本义为赐予、施予、给予,因为从字形结构上看,"与"是一个会意字,它由"一、勺"架构而成,表示给予别人东西。在此意义上,"与"和"取"相对:前者表示给予,将自己的东西馈赠给他人;后者表示索取,将他人的东西占为己有。

《庄子》中的"与"与索取相对,表示给予之义,"怨恩取与谏教生杀八者,正之器也,唯循大变无所湮者为能用之。故曰:正者,正也。其心以为不然者,天门弗开矣。"(《天运》)

但是《庄子》中的"与"和日常生活中的赐予不同的是,它不是人为的,而是自然的,它不来源于人的主观愿望、目的和行为。《应帝王》中浑沌之帝的故事、《至乐》中海鸟的故事都表明了这种人为的赐予不仅对己无利,而且对他人他物也无利,甚至有害。

"与"是自然的,是"唯循大变"即顺任自然变化的"人"才具有的品德。因此"与"不是一种人为的恩赐,而是自然地发生,并因此也是存在的真理。正是因为如此,唯有觉悟了存在的真理的"人"才能真正地"与",即"唯循大变无所湮者为能用之"。反过来,如果人不具有自然之"与"的觉悟,那么人就不能成为真正的人,即"其心以为不然者,天门弗开矣",因此"与"成为了人的规定,成为了区分有道者和无道者的关键,是"正之器也"。

而且,"与"不仅是人的规定,也是天地万物的规定,毋宁说,它就是世间万物存在的本性,即"道"的特性。"道与之貌,天与之形,无以好恶内伤其身。今子外乎子之神,劳乎子之精,倚树而吟,据槁梧而瞑。天选子之形,子以坚白鸣。"(《德充符》)正是"道"给予人以容貌,天地给予人以形体。首先,这种给予是自然地发生,而不是来源于道和天地的主观意志;其次,这种给予是纯粹的给予,而不包含有丝毫的功利目的;最后,正是在不断地给予中,道自身显现出来,实现了自身,天地也得以逐步生成、丰富、扩充、完成自身。因此这种给予并非一种道德意义上的美德,而就是原初的存在——"虚通之道为之相貌,自然之理遗其形质"①。

正是基于此,处于原初状态的人也是具有给予性的。"吾愿君刳形去皮,洒心去欲,而游于无人之野。南越有邑焉,名为建德之国。其民愚而朴,少私而寡欲;知作而不知藏,与而不求其报;不知义之所适,不知礼之所将。"(《山木》)"与而不求其报"一方面表明,原初之"民"的"与"是没有任何外在目的的——即不"求其报",它既不是为了什么,也不来源于什么,而就是人的本性,是人的原初的存在,所以它又是符合人的内在目的的——人的实现和完成,正是在此意义上,人的给予正好生成了人自身,"给予自身不仅是人的存在的意义,而且是存在自身的意义。因为给予作为一本原的活动是存在的本性,所以作为一存在者的给予者也是在爱的给予中获得了自身的存在"②。

另一方面,时人之所以不能"与而不求其报",是因为他们已经丧失了"与"的能力,而只有"取"的欲望,这又是由于他们的私心、私欲所导致的,所以庄子认为我们要"刳形去皮,洒心去欲""少私而寡欲"。

基于此,我们可以继续追问,"与"的主语究竟是什么? 我们当然可以说是"道""天地"或者得道者,但是这些答案依然是模糊不清的,因为它们自身

---

① 郭象注,成玄英疏:《庄子注疏》,曹础基、黄兰发点校,中华书局 2011 年版,第 122 页。
② 彭富春:《哲学美学导论》,人民出版社 2005 年版,第 211 页。

尚需进一步的解释。为此,我们可以先行追问,"与"的主语不是什么?不是"有"。真正的"给予"不是由"有"所发出的,因为世俗之"有"所追求的往往不是"与",而是"取";即便是能够超出世俗之"有",而具有"与"之精神的"有",它的给予也是有限的,不仅其给予的对象是有限的,而且其给予的能力也是有限的。

如果"与"的主语不是"有",那么它的主语就是"无"。这是因为:首先只有当给予被"无"规定时,它才是纯粹的,否则这种给予就可能含有其他的目的,在此意义上,"无"就意味着否定,而否定之所以可能,是因为事情的本性就是"无",只是因为人为的私心和私欲,导致了这种"无"的丧失;其次,"无"的给予是无限的,不仅它所给予的对象是无限的,而且其给予的能力也是无限的。这些特征都符合"与"自身的本性,而且符合道、天地和得道者的本性。

所以"德人者,居无思,行无虑,不藏是非美恶。四海之内共利之之谓悦,共给之之为安"(《天地》)。所谓"德人"也就是得道之人,他之所以得道,就是因为他被"无"所规定,即"无思""无虑""不藏"。从这个意义上说,"德人"就是"无人",他没有"有",所以他能泰然让之——"利之""给之"。但是这个"给"并不是给予一个具体之物,它所给予的只是"生"——它为万有腾出空间,并且守护万有,让它们随其本性成长。从这个意义上说,"有"不是从"无"中直接生出来的,而是因为"无"而生——没有"无","有"是不能生成的。

如果说"与"的主语是"无",那么"与"的宾语是什么?生。

人在不断地给予中,他自身也在不断地获得,但是他所获得的既不是"有",也不是所给予的对象的回报,而是在给予中人自身的生成。在此意义上,人的给予就不同于人的日常意义上的付出和道德意义上的牺牲,因为这些付出和牺牲是消耗性而不是生产性的,而给予则是生产性的。另一方面,给予的过程不是单向的,而是双向的,它看似是为了对方,实则也是在成全自己。

所以段玉裁将"与"解释为"义取共举"①是切中其本义的,这表明给予是相互给予,彼此生成。这就是给予的力量之源。

那么,为什么人只有在给予中才能实现自身呢?"古之真人,知者不得说,美人不得滥,盗人不得劫,伏戏、黄帝不得友。死生亦大矣,而无变乎己,况爵禄乎!若然者,其神经乎大山而无介,入乎渊泉而不濡,处卑细而不惫,充满天地,既以与人己愈有。"(《田子方》)

这意味着,人只有在给予中,才能真正拥"有"自己的本性,即"神经乎大山而无介,入乎渊泉而不濡,处卑细而不惫,充满天地"。相反,在不断地获取中,人则容易遮蔽、丧失自己的本性。一方面,人容易受到外在之物的遮蔽,如智者的游说、美人的淫乱、强盗的暴力、交友的诱惑……此时,人虽然在表面上也占有物,但是正如弗洛姆所说,"物也占有我,因为我的自我感觉和心理健康状态取决于对物的占有,而且是尽可能多地占有"②,因此在占有中,人不是获得了自己的本性,而是丧失了自己的本性。另一方面,人不仅被外物所遮蔽,而且容易被内在欲望所遮蔽,即被"死生"之变、"爵禄"之惑所遮蔽,在现实生活中,它们往往会成为阻碍人实现自己的消极力量。基于此,人需要借助于无私的"给予"来否定和超越人的自私的欲望,并敞开那被遮蔽的生命力量。"'给予'是潜能的最高表达。恰恰是通过'给予',我才能体验我的力量、我的富足、我的能力。对活力与潜能增强的体验使我充满快乐。我体验到了精力充沛、勇于奉献、充满活力和愉悦欣喜。'给予'比'得到'更能让我愉悦,不是因为这是一种剥夺,而恰恰是因为在给予的行为中,有我生命力的表达。"③因此,不是"取",而是"与"才能让人真正地实现自己——"既以与人己愈有",陈鼓应解释道"他愈是帮助人,自己反而更加充足"④。也正是因为在

---

① 许慎撰,段玉裁注:《说文解字注》,上海古籍出版社1981年版,第715页。

② [美]弗洛姆:《占有还是生存》,关山译,生活·读书·新知三联书店出版社1989年版,第83页。

③ [美]弗洛姆:《爱的艺术》,赵正国译,国际文化出版公司2008年版,第24、25页。

④ 陈鼓应:《庄子今注今译》,中华书局1983年版,第640页。

给予中,人才能收获生命的喜悦,所以它与道德性的奉献和牺牲不同:一般认为,奉献是满足他人,牺牲自己,但实际上,奉献不仅可以牺牲自己,在庄子看来,实际上它在"满足"他人的同时,也可能会伤害他人——"割肌肤以为天下者,彼我俱失也"①;给予则既是奉献他人,实现他人,同时也实现自己——"既以与人,己愈有"②,因为庄子的"给予"是"使人人自得而已者,与人而不损于己也。其神明充满天地,故所在皆可。所在皆可,故不损己为物,而放于自得之地也"。③ 因此,"给予"在庄子这里不是一种主观的行为,其核心是"顺"和"让"。

同时"给予"的发生也不是来自于人的主观愿望,毋宁说,"在人是思之在者或意愿之在者之前,他就已是爱之在者"④,"爱"或"给予"原本属于人的本性——对于庄子而言,它也属于天地或"道"的本性,所以人属于"给予"性的存在,他只有在"给予"中才能显现自身、成为其自身。正是基于此,人的"给予"行为就来自于人的天性,而非人的主观愿望——否则这种意愿就是人为乃至虚伪的,它要么被内在的目的所裹挟,要么被外在的力量所胁迫。

综上所述,人之所以只能在"与"中,而不能在"取"中实现自身,是因为:首先,从根本上讲,这是因为"道"的本性是给予性的——"道与之貌,天与之形"(《德充符》),天地万物就来自于"道"的"给予"("与"),而"道"也正是在天地万物的昌隆兴盛、生生不息中实现自身,成为万物的生命之源和力量之本。因此得道之人需要有"给予"的能力,或者说,人只有具有了"给予"的能力,他才能成为得道之人。在此意义上,得道之人不是被占有("取")所规定的,而是被给予("与")所规定的。

其次,就人与动物的区分而言,两者的差异并不在于"取"的能力,而在于

---

① 郭象注,成玄英疏:《庄子注疏》,曹础基、黄兰发点校,中华书局2011年版,第387页。
② 林希逸:《庄子鬳斋口义校注》,周启成校注,中华书局2009年版,第327页。
③ 郭象注,成玄英疏:《庄子注疏》,曹础基、黄兰发点校,中华书局2011年版,第387页。
④ [德]舍勒:《爱的秩序》,孙周兴等译,北京师范大学出版社2014年版,第105页。

"与"的能力。"取"来源于动物的占有欲,属于人的动物性本能;而"与"则超越了人的动物性本能,是人朝着人性的成长,属于人的人性部分。对于世界而言,"取"是消耗性和消费性的,愈取愈少;"与"是生产性和创造性的,愈与愈多;"取"是单向性的,它源自自私自利,又导向自私自利,"与"则是双向性的,它既是成全对方,也是成全自己。所以"取"导致纷争,而"与"生成统一。

再次,就人与人的区分而言,他们之间的差异也来自于"与"的能力。"有些人能够'给予'……而有些人则不能'给予'……这时人与人的区分很显然就退化为人与动物的区分。其次……有些人表面上看起来能够'给予',但实际上'给予'却不是他的本意——这时人与人的区分就演变成真人与假人的区分。再次,同样是'给予',有些人只能'给予'自己的亲人,有些人却能'给予'所有的人;有些人只能'给予'人,有些人却能'给予'宇宙万物——这时人与人的区分就变成了不同层次、不同境界的人的区分。而不同境界的'给予'实际上也就显现了人的不同境界的存在,因为不同的'给予'所唤醒的人的存在是不同的,因此它能'给予'人的生命力量也是不同的。我们所能'给予'的对象越广大,就意味着我们所唤醒的潜能就越多,我们的力量就越大,我们的生命也就越丰富,我们的人生境界也就越宽广。"①

最后,就现实而言,人们只是沉溺于占有和索取("取"),而遗忘了给予("与"),所以导致世界物欲横流、纷争四起,进而导致既无"与"也无所"取"。所以庄子要将颠倒的世界重新颠倒过来,只有在天地万物的相互给予中,生命才能得以创造,万物才能生生不息。

(三)作为生成的"生"

在日常语义中,"生"一般被理解为生命,与死亡相对,死亡意味着生命的终结。但是人的生命不是一成不变的僵硬的生命,因为他不只是动物性的存

---

① 朱松苗:《论儒道禅之情:以〈论语〉〈庄子〉〈坛经〉为中心》,武汉大学出版社 2016 年版,第 47 页。

活,而是要超出其动物性的存活,拥有属人性的生活,因此人的生命是活泼泼的存在,是基于自身又不断超越自身的存在。因此,"生"就不仅仅只是指"生命",更是指"生长",只有不断生长的生命才可能是活泼泼的生命,因为它处在迁流不断地新陈代谢之中。

尽管如此,人和动物依然没有被明确地区分出来,因为动物和植物的生命也都是不断生长的,毋宁说,它们的生命就体现在它们的生长之中——不断地新陈代谢之中。当动物的新陈代谢中止时,它就会倒毙;当植物的新陈代谢中止时,它就会枯萎和凋谢。人当然也有新陈代谢,而且当新陈代谢中止时,人也会死亡——这意味着人的生命和生长的结束。但是人生在世并不局限于此,毋宁说,正是在此处,人与动物相区别开来。

人之"生"不仅是生命和生长,更是生成,或者说人的生命和生长是建立在生成的基础之上的,"生成不是一般意义的变化,不是从一种状态到另一种状态的过渡,甚至也不是从旧到新更换,而是从无到有的活动。生成在根本上就是无中生有的事件。因此,它是连续性的中断,是革命性的飞跃"[①],这种"飞跃"也就是人的自我超越,它是从无思想到有思想再到无思想、从无道德到有道德再到无道德、无信仰到有信仰再到无信仰的超越。在此意义上,只有"人"才有生成,因为只有"人"才能洗心革面、焕然一新,动物和植物是没有这种生成的。

对于庄子而言,正是"道"的给予生成了整个世界,而且生成了"道"自身,万物的生成正是"道"的实现和完成。"夫道……生天生地"(《大宗师》),天地的产生不是从一种"有"到另一种"有",而是由"无"到"有",因此这种"生"是无中生有的事件——生成,它开天辟地并由此让世界从黑暗走向光明,正是基于此,"生"又被称为道的光辉、光华,"道者,德之钦也;生者,德之光也;性者,生之质也。"(《庚桑楚》)

---

① 彭富春:《哲学美学导论》,人民出版社 2005 年版,第 87 页。

因此《庄子》中的"道"被称为"生生者"。"杀生者不死,生生者不生。"(《大宗师》)陈鼓应认为"'杀生者'(死灭生命的)和'生生者'(产生生命的)都是指'道'。谓'道'的本身是不死不生的"①。当然就循生而言,"道"又是"杀生者",因为有生就有灭,有灭就有生。

但是,"道"的"生"却以"不生"的形式表现出来,因为"道"不是物,它的"生"不同于物之生,毋宁说,这种"生"表现为让之"生",表现在人身上就是让人(自)生,表现在物身上就是让物(自)生。正是因为如此,"道"的"生"是无形的,以至于仿佛物各自生——"不生天地,而天地自生,斯乃不生之生也。"②

同理,人的给予则生成了人自身,物的给予生成了物自身,太阳因为给予世界以光明和温暖而成为太阳,大地因为给予世界以地方和沃土而成为大地,植物因为给予世界以果实和生机而成为植物,石头因为给予世界以坚硬和牢固而成为石头……人也是在给予中成为自身、完成自身、实现自身的。

在给予中,人自身生成,同时也是完成,也是复归,正是在此意义上,庄子强调了"物固自生"(《在宥》),而且这种生成是生生不息的,因为人的给予不是一次性完成的——这是就生成的本性而言,如果就生成的过程而言却是无中生有。

作为个体,万物都是自生的。但是作为整体,庄子认为万物之间又是循生的,"四时迭起,万物循生"(《天运》),而且这种"生成"不是一次性和单向性的,而是生生不息和循环往复的,"万物一齐,孰短孰长? 道无终始,物有死生,不恃其成。一虚一满,不位乎其形。年不可举,时不可止。消息盈虚,终则有始。是所以语大义之方,论万物之理也。物之生也,若骤若驰。无动而不变,无时而不移。何为乎,何不为乎? 夫固将自化。"(《秋水》)

"生"不仅是物自身的生成,而且是天地与我的共生,是整个世界的生成。

---

① 陈鼓应:《庄子今注今译》,中华书局1983年版,第218页。
② 郭象注,成玄英疏:《庄子注疏》,曹础基、黄兰发点校,中华书局2011年版,第137页。

"天地与我并生,而万物与我为一",在这里,天地与我不仅是并存①——共同存在的,而且是共生——共同生成的:天地成全了我,而我也显现了天地,丰富了天地,实现和完成了天地。而万物虽然与我相异,但是在天地之间,彼此却是统一的、和谐的、不可或缺的,他们彼此依存、相互促进,万类霜天竞自由。

而"生"的结果就是"有"的产生,而当新的"有"生成时,"无"的内涵也会随之发生变化,也就是说,"无"自身也在"有"生成时生成了自身,所以这个"无"不是死之"无",而是生之"无",即生生不息的"无"。这也就是绝对之"无"。

这种生生不息的绝对之"无"不仅生成了其自身,而且生成了整个充满生机、生气与生命的世界,对于中国美学而言,这个充满生机、生气和生命的世界就是一个大美的世界。这个美也就是完美——它不仅是人的显现、实现和完成,也是物的显现、实现和完成,同时也是"天地与我并生,而万物与我为一"的完满实现。

总之,作为对事情自身的显现、实现、完成,庄子之"无"不仅与美、审美、艺术的本性相关,而且大大丰富了它们的内涵,甚至从根本上决定了它们。因此,"无"成为了庄子美学的灵魂,而庄子美学又成为了中国古典美学和艺术的灵魂。在此基础上,"无"的美学精神就成为了中华美学精神的重要组成部分。

第三节　美是道的显现

一、庄子之美

(一)显现

1. 敞开

由此可见,庄子之"美"是不同于一般的美学理论对于美的定义的。就其

---

① "天地和我并存,而万物和我合为一体。"(陈鼓应:《庄子今注今译》,中华书局1983年版,第90页)

美学精神而言,它的"美"首先表现为显现。"显现就是呈现、显露出来。它是放射,是照亮,如同光一样。"①事情要显现自身,首先要敞开自身。敞开之所以必要和可能,是因为有遮蔽、隐藏的存在。显现就是事情从被隐藏、被遮蔽中显露、显明出来。这也可以说是事物从黑暗到光明的转变——走出黑暗需要借助于作为"无"的否定,通向光明则需要借助于基于"无"的顺让——这种转变的结果就是事情自身的敞开。

事情的敞开意味着事情成为了自身,它就是其自身的真实和真相,而不是事情的表象甚至是假象。在庄子看来,欲望社会、功利社会无疑给我们提供了一种假象,儒家的道德社会也给我们提供了一种假象,而使我们误入歧途,使我们误认为欲望、功利、道德就是人生在世的全部意义,甚至就是存在自身;恰恰相反,在庄子看来,人生在世的意义就在于人的存在自身,就在于活出自己——让真实的自己出场、亮相,舍此无他。

敞开是显现的基础,事物如果不敞开自身,那么它就不能成为自身,不能成为自身的事物是无所谓美与不美的,或者说它是不可能美的。

同时,事情的敞开是一个过程,这个过程也就是事物自身完成的过程,同时也是其自我实现的过程。在此意义上,敞开就不仅仅是从隐到显的过程,而且是从无到有的过程。基于此,显现就不是对于一个一成不变的物的显现,而是对于不断变化的物的显现,这个变化的过程就是生成。

这种态度的转变就是人从黑暗走向光明的过程,也是事物从隐到显、从缺席到在场的过程。

2. 感性显现

显现不仅意味着其内在的敞开,而且意味着其向外的敞开,即它不仅意味着事情的自我敞开,而且意味着事情向他物敞开。

事情的本性向他物敞开当然有多种方式,但是庄子之美所强调的是,这种

---

① 彭富春:《哲学美学导论》,人民出版社2005年版,第94页。

方式不是形式逻辑的理性推理,而是感性的寓言故事等方式,因为寓言故事自身是统一而完整的,它们自身拥有自我充满的力量,并且以此来唤醒、摇醒、感化乃至于旁敲侧击那些忘乎所以、执迷不悟、迷失自我的人。因为寓言故事直接切入事情本身,不需要经由思想和语言的转化,所以它显得更为直接,更富有内蕴,也更充满力量。因此,这种显现方式不仅是真的敞开,而且是美的显现——让真理以感性、现实的方式显现出来并实现真理自身。

3. 完美显现

经由这种由内到外的敞开,物不再处于无明、遮蔽之中,而是显现自身。而且这种显现不是一种人为的显现,而是自然的显现——即"物"自身呈现自身,自身涌现。"至人"参与其中,却不干涉它,"至人"只是"让""顺""因""任",这也就是一种呵护和守护。

同时,这种显现不是片面的显现,而是全面的显现;不是单调的显现,而是丰富的显现;不是一成不变的显现,而是生生不息的显现。此时,显现就成为了完美显现。

(二)照亮

如果说显现是对物自身而言的话,那么照亮就是对他人、他物而言的。这意味着显现不仅让真实的自己出场、亮相,同时也是让他人、他物成为他们自身,从而让真实的、完整的世界出场、亮相。

显现之所以能够完成,是因为有光的照耀,而这个光就来自于"无",即"虚室生白","瞻彼阕者,虚室生白,吉祥止止。"(《人间世》)"无"在虚室中能生出神奇的光辉。也正是这个光,照亮了万物,从而使万物显现出来,成为美之物。

所以正是"无"给予万物以生命,而且给予万物以生生不息的生命。给予人以生命,就是让人成为人自己;给予物以生命,就是让物成为物自己。同时,它不仅给予生命,而且照亮生命。这个生命不仅是肉体的生命、肉体的生存,而且是精神的生命。在此意义上,人与动物相区分开来——在庄子看来,人之为人,在于精神的生命;人之为美,也在于精神性的、超越性的生命。同时,物之所以美,就在于它不仅自身充满力量和生命,而且在于它也可以将这种力量和生命显现出来,照耀、照亮他人、他物,即激发、激活他人、他物的生命和力量。

因此,美不仅给人以生命,而且给人以光明,真正的生命是有光明的生命,或者说是追求光明的生命。美就像太阳一样拥有光辉和力量,唯有如此它才能照耀、照亮万物的生命。在庄子那里有光和镜子,庄子呼吁"至人"要"用心若镜"。当物沐浴了美的光辉和光明之后,它就可以照亮他人,同时他人也可以照亮自己,人与自然、人与人、人与心灵相互照亮,彼此生成、成长,从而达到统一、和谐,这就是事情的美——完美。这意味着:美不仅给人以生命,而且给人以生生不息的生命;美不仅给人以光明,而且给人以无限的光明;美不仅给人以力量,而且给人以无穷的力量。

最后,显现即照亮,照亮即显现,两者相互生成、相互促进,由显现到照亮,也由照亮到显现,这是一个奇妙的循环过程。没有个体之人的显现,就不可能照亮他物;同时,不经照亮,个体也不可能显现出来。

同时显现与遮蔽、光明与黑暗也是一个奇妙的循环过程,显现就是遮蔽,光明即黑暗,世界在打开一扇门的同时,就会关闭另一扇门,这是存在的悖论,也是庄子的"无无"所显示的深刻内涵——当"无"成为新的"有"时,就需要"无无",当"无无"成为新的"有"时,就需要"无无无",以此类推,永无止境——而色彩斑斓的世界就是在这种"无无"中走向永恒和永生。同理,当"显现"成为"有"时,它就成了新的"遮蔽";当"光明"成为"有"时,就会产生新的"黑暗"。所以显现与遮蔽、光明与黑暗之间的边界是在不断游移的,就在存在的悖论不断地产生的同时,全新的世界也在不断地生成。这就是完美的"无无"。这种动词形式决定了:它是一种状态,而不是一种存在;是一种理想,而不是一种现实。又或者说它存在于现实的每一时刻、每一角落,但是它不会驻足休歇乃至长存,而是瞬间游移,奔向新的征程,在这个意义上,刹那即永恒。

(三)完美

对人的显现和照亮就是人的实现和完成,它是完成了的人之美;对物的显现和照亮就是物的实现和完成,它是完成了的物之美;同时随着人与物、天与人之间对立关系的解除,它也是"天地与我并生,而万物与我为一"的完满实现。

因此,完美在这里既是指完成之美——即万物的自我生成、自我实现的美;同时也是指完全之美——它不仅指个体的局部之美,而且指个体作为整体的美;它不仅是个体之美,而且是万物一体的美。

《庄子》中"至人"的内心是充满的、宁静的、和谐的,没有对立、冲突和斗争,它与道合一,充满着生机与力量,在此意义上,"至人"的心灵是完善的,也是完美的。由于这种充满的力量的存在,"至人"的内心是自在的、逍遥的、至乐的。它发自于内,而不依靠于外、不假外求,因此它是充实的,也是不可动摇的,他不受外界事物的影响和左右,甚至生死、危险也奈何不了他的存在,"至人神矣!大泽焚而不能热,河汉沍而不能寒,疾雷破山、飘风振海而不能惊。若然者,乘云气,骑日月,而游乎四海之外,死生无变于己,而况利害之端乎!"(《齐物论》)

然而,它却可以依靠它的充满和力量影响世俗的世界,从而给世界带来昌隆。因此,"至人"的世界就是一个美的世界,"至人"把力量带给世界。但是"至人"的这种充满和力量需要显现,也就是需要实现,否则它将只是存在于心灵之中。具体而言,它将存在于虚无的心灵之中,因为任何"有"的心灵都是不完善的,"有"要么偏于一隅,要么固"有"所求,因此它要么是偏狭的,要么是有待的,总之它们都不是纯粹的心灵。只有当心灵居于"无"之中,它才可能是无限的——既无所限制,自由自在,又广阔无边,充满无限的力量。

因此"至人"的力量既显现于自身之中,又显现于外在的世界之中;既显现于大自然之中,又显现于社会之中。这种显现的过程就是人的心灵与肉体的合一的过程,同时也是人与自然、人与社会的合一的过程。

在其中,"至人"的心灵得以显现、实现,同时也得以完成。不能实现的心灵是虚幻的心灵,因此是有缺陷的心灵。所以,就心灵的虚无本性而言,它需要实现。也正是在这种实现当中,心灵完成自身。在这个意义上,心灵不是原本就存在的,而是在与外物的接触中不断地被构建的,因此它是生成性的。

所以庄子的复返"至德之世"并不是他主观、人为地规定人们要退回到原始社会中去,而是因为原始社会符合"无"的理想,或者说人们之所以要退回到原始社会,是因为原始社会的"无"——它是原初的尚未分裂的统一的世界,它是被"无"所规定的处于混沌的世界。在那里,"有"还没有产生,世界还处于混沌之中,即原初的统一之中。

"故至德之世,其行填填,其视颠颠。当是时也,山无蹊隧,泽无舟梁;万物群生,连属其乡;禽兽成群,草木遂长。是故禽兽可系羁而游,鸟鹊之巢可攀援而窥。夫至德之世,同与禽兽居,族与万物并。恶乎知君子小人哉!同乎无知,其德不离;同乎无欲,是谓素朴。素朴而民性得矣。"(《马蹄》)"当是时也,民结绳而用之。甘其食,美其服,乐其俗,安其居,邻国相望,鸡狗之音相闻,民至老死而不相往来。若此之时,则至治已。"(《胠箧》)

人通过心灵的转化通达道,成为得道之人、与道合一的人,也就是完美之人,这样的人在《庄子》中又被称为神人、至人等,他们实际上是被"无"所规定的人,或者说,他们之所以美,主要不是因为他们的"有",而是因为他们的"无"。通过他们,显现了"无",显现了"无"之美;同时,通过"无",也显现了他们,显现了人("有")之美。"藐姑射之山,有神人居焉。肌肤若冰雪,绰约若处子;不食五谷,吸风饮露;乘云气,御飞龙,而游乎四海之外;其神凝,使物不疵疠而年谷熟。"(《逍遥游》)

人因为"有"心而远离了"道",因此他只有在其自身的否定、遗忘、超越和転化之中,心灵才能重返故乡,返回到原初之"道",也就是"无"心的状态。对于庄子而言,这种状态就是美的状态,这种"人"就是美的人,这种"心"就是美丽的心灵,这种境界就是美的境界。

这样,在庄子的世界中,不仅人的身体是被"无"所规定的,而且人的心灵也是被"无"所规定的;不仅人是被"无"所规定的,而且万物都是被"无"所规定的。而且,正是在"无"中,人的身体才能全面、完整而不是片面、局部的,才能自由而不是被压抑地敞开自身、成为自身,进而才显现出了他的生命、活力与美丽;人的心灵才能毫无偏见、毫无成见地成为自身,才显现出了它的宽容、宽广与磅礴;万物也才从世俗的束缚中解放出来,像鲲鹏一样自由地"逍遥游",像骷髅一样得到生命的"至乐"。

二、美之境界

(一)"无待"之游——"逍遥游"

首先我们要追问的是——谁在游?

如果说"游本身是一种随意的和自如的身体活动"①的话,"谁"在这里当然也可指鱼——"儵鱼出游从容"(《秋水》),而且首先指向的就是鱼,正是"游"标明了鱼和鸟(飞)、兽(走)的区别,如果说"北冥有鱼……化而为鸟"即鱼先于鸟而存在的话,那么这也意味着"游"是先于飞和走的,这种先在性表明了"游"的源初性,进而也可以解释为什么庄子将逍遥与"游"而不是将逍遥与飞、走相联系。如果是这样的话,这也强调了逍遥状态的源初性,儵鱼之所以"出游从容",并无任何外在的原因,因为这就是儵鱼的源初状态,即它的自然状态,并因此是乐的状态。因此,在源初意义上,"游"首先是无目的的("浮游,不知所求;猖狂,不知所往"《在宥》),它既不源于什么,也不是为了什么,它自身就是自身的根据、目的和原因;其次,"游"是无所限制的,它既无空间

---

① 彭富春:《哲学美学导论》,人民出版社 2005 年版,第 79 页。

的限制,可以游于"四海之外"("乘云气,御飞龙,而游乎四海之外"《逍遥游》)、"尘垢之外"("游乎尘垢之外"《齐物论》)、"无极之野"("入无穷之门,以游无极之野"《在宥》)、"出入六合"("出入六合,游乎九州"《在宥》),也无时间的限制,可以游于"万物之所始终"("游乎万物之所终始"《达生》)、"万物之祖"("浮游乎万物之祖"《山木》);既无外在的限制,"游于天地"(《徐无鬼》),也无内在的限制,"游心于无穷"(《则阳》)。总之它是自如的活动,而不是被内、外所束缚的活动,所以鱼才能"出游从容"。

尽管如此,庄子真正所强调的还不是鱼之游,而是人之游。用游而不是走来描述人的行为,这表明了人的源初状态,即人的自然状态。如果说游强调的是人的自然本性的话,那么与之相对的走则强调了人为。因此,有些人能走,却不能游;有些人不能走,反倒能游。由此可见,游所强调的不是身体的走,而是心灵的自然。只有当心灵自然时,人的身体及其言行才能自然,这时,人才能真正地游。所以人之"游"不仅在于身体的随意和自如,更在于心灵的随意和自如——即心灵的自然,或者说,身体的随意和自如就是心灵的自然的显现和完成。

所以在《庄子》中,游主要指人的心灵之游,"且夫乘物以游心……至矣"。(《人间世》)但是如前所述,在现实中,人的心灵并非完全是纯一的,而是复杂的;并非完全是积极的,还存在消极的状态——并非完全是"无"的,而是"有"的,因此并非所有的心灵都处于源初的自然状态,而是处于人为的状态;并非所有的心灵都是无缚无拘无束的,而是有缚有拘有束的,因为并非所有的心灵都是无待(依待)的,而是有待的——有待也就意味着有缚,无待才能无缚,即才能真正地逍遥游。在此意义上,逍遥游就是无待之游,或者说无缚之游。

那么,"无待"在《庄子》中意味着什么呢?

1. 人之"无待"

(1)否定人为之"待"

所谓人为之"待"就是与自然之"待"相对的一种依待,它不是来自于人的自然本性,而是来自于后天的习得;不是来自于原初的统一,而是来自于人为的分裂。"故夫知效一官,行比一乡,德合一君,而徵一国者,其自视也亦若此矣。而宋荣子犹然笑之。且举世而誉之而不加劝,举世而非之而不加沮,定乎内外之分,辩乎荣辱之境,斯已矣。彼其于世未数数然也。虽然,犹有未树也。夫列子御风而行,泠然善也,旬有五日而后反。彼于致福者,未数数然也。此虽免乎行,犹有所待者也。若夫乘天地之正,而御六气之辩,以游无穷者,彼且恶乎待哉! 故曰:至人无己,神人无功,圣人无名。"(《逍遥游》)

在庄子看来,人的原初状态是一种"无知""无德"以及建立在此基础上的"无为"("无行")的状态——这也就是人的自然状态。只是在后来,人为了"效一官""比一乡""合一君""徵一国",才产生了"知""行""德"——所以它们不是自然地产生,而是人为的结果。

这种人为之所以需要否定,首先是因为这种"知""行""德"是有限的,而不是无限的,它被拘囿于"一官""一乡""一君""一国"之中,而不能实现恩泽天下的理想。

其次,在世俗社会中,那些具有了"知""行""德"的人,容易产生一种自以为是、自鸣得意的心理,这是因为他们自以为已经超越了自己的一己之私,超越了自己的私欲和私意,而具有了更高的人生境界,所以不同于一般之人。他们以为这就是最高的人生境界,却不知这种超越仍然是有限的,他们仍然拘囿于自己的心灵偏见、成见、意见之中。

再次,人们对于"知""行""德"的追求,不是减少了他们的欲望,而是刺激了他们更多的欲望,或者说他们用一种新的欲望取代了一种旧的欲望。就欲望而言,它们并没有实质性的区别,只是所欲之物不同而已。

最后,当"知""行""德"成为人的一种新的欲望之时,它们就成为了人的一种新的束缚,人也就具有了一种新的"待"——依待。这时,人遗忘了人原本是"无知""无行""无德"的。

宋荣子虽然超越了"知""行""德",不为世俗的"非""誉"所动,不会主动地去追求它们,但是他自身仍然不是统一的,而是有分的,因为在他的心灵中还存在着内外、荣辱的区分——即在他的心灵中还存有"知"的成分,而没有达到"无知"的境界,因为有"知",所以他的心灵还是有欲的,只是此欲不再是"知""行""德"之欲,而是分别之欲,或者说他将人的欲望之心转化成了分别之心——以"无"为是,以"有"为非;以"无誉"为是,以"有誉"为非——"荣子虽能忘有,未能遣无"①。这意味着他的心灵仍然是有缚的——执于"无"("无誉")而非于"有"("有誉"),因此他仍然是有"待"的。正是这种"待"使他不能逍遥而游。

列子"御风而行",对于他而言,虽然没有了内在的束缚,但是却必须依赖于("待")外在的"风",所以他具有外在的束缚——他仍然不能真正地逍遥游。

总之,人的"待"和"缚"不仅来自于人对有形之物的贪欲,而且来自于人对无形之物的贪欲;不仅来自于人的身体性的贪欲,而且来自于人的非身体性的贪欲——这不仅包括人对于身体欲望的过度追求,而且包括他对于功名利禄及其对立面的追求,甚至包括对于"德""无"和"道"的追求,因为这些"追求"作为一种主观和人为,它们不仅使"德""无""道"偏离了自身,成为了非德、非无、非道,而且也使人偏离了自己的本性,从而构成了对人的束缚,所以我们不能依待它们,而是要否定它们——即否定人为之"待"。

(2)超越自然之"待"

如果说对于人为之"待",我们要否定的话,那么对于自然之"待",比如对于人的基本欲望及其所欲之物的依待,我们则不能否定,否则人将不能存活和延续下去。

"今吾告子以人之情:目欲视色,耳欲听声,口欲察味,志气欲盈"(《盗跖》),所谓"人之情"即人的实情,人的感官及其欲望是人与生俱来的,因此这

---

① 　郭象注,成玄英疏:《庄子注疏》,曹础基、黄兰发点校,中华书局 2011 年版,第 9 页。

种欲望是自然性欲望,对于这种欲望之物的"待"是自然之"待"。正是因为如此,人不能否定它们,否则这种"否定"也将成为一种人为,这种"人为"同样也是庄子所反对的。

当然我们也不能沉溺于这种自然性的欲望之中——人如果完全否定这种欲望的话,人将不能成为人;人如果完全沉溺于这种欲望的话,人将与动物无异。所以人之为人,既不能远离这些自然性之"待",也不能局限于它们,而是要超越它们,即不离开它们也不依待它们,这样我们才能不被其所"缚",才有可能获得逍遥游。

2."道"之"无"待

而人之所以无"待",是因为道是无"待"的,它自身是"四虚之道",即被"无"所规定而一无所求;同时它也是统一之道,它自身充满而一无所"待",正如吴怡所说,"所谓无待,并不是逃避一切,而是心中充实,不需要向外求凭借,求寄托。"①道只是因顺万物,而不干涉万物,因此也不依待万物——"因是已,已而不知其然谓之道"(《齐物论》),成玄英解释道"因循万物,影响苍生,不知所以然,不知所以应,岂有情于臧否而系于利害者乎?"②

对于庄子而言,他的游是一种心灵之游,这意味着人如果要达到游的状态,他首先要否定自己的心之"有"或者作为"有"的心,即心灵"无己""无功""无名",这样人才能无所待、无所求、无所缚。同时,当人"无己""无功""无名"时,外物也不能打扰、伤害人,"人能虚己以游世,其孰能害之"(《山木》),因为这既没有可能性,也没有必要性——当人处于"无"之中时,外物是不可能伤害它的;同时当人处于"无"之中时,他是"无用"的,这意味着他已经失去了被外物利用的必要性。因此,此时的游世才成为真正的可能。

基于此,游心也意味着游于"无"——"游于无有者也"(《应帝王》)、"游逍遥之虚"(《天运》)。"无"在此首先是指否定和忘,其次是指心灵源初的存

---

① 吴怡:《逍遥的庄子》,广西师范烂大学出版社 2006 年版,第 88—89 页。
② 郭象注,成玄英疏:《庄子注疏》,曹础基、黄兰发点校,中华书局 2011 年版,第 39 页。

在状态。通过否定和忘,心灵可以返回到自身的最初状态,即没有任何"有"的状态——自然的状态,因为没有"有",所以我们又称之为"无"。也正是在这种心灵之"无"中,物的最初状态才会向我们显现出来——"吾游心于物之初"(《田子方》),这种最初的状态也就是物的本真状态。

这种"无"的状态又被具体化为淡的状态,所以心灵游于"无"就是游于"淡"。"汝游心于淡,合气于漠,顺物自然而无容私焉,而天下治矣。"(《应帝王》)心灵淡泊宁静,自然无所欲求,因为无所求,所以对己而言,无待无缚,游才具有了可能;对物而言,也不会因为人的欲求而受到打扰甚至伤害,所以物也能保持自己的自然。因此,心灵之"无"不仅使人从内外的束缚中解放出来,而且使物从人的干涉和打扰中解放出来。

因为心之"无",所以它的游是无限的。一方面,它的所游之地是无限的,即不受时间和空间的限制,另一方面,游自身也是无限的,它"不断地否定自身游戏的有限性,达到无限性"[①]。如果说前者摆脱了外在的束缚的话,后者则是摆脱了其内在的束缚。

而自由首先意味着将人从某种束缚中解放出来,对于庄子而言,这种束缚就来自于"有"——有己、有功、有名,当人有心去追求这种"有"时,一方面,人可能在"有"中失去自身,即"吾丧我""丧己于物""以物易其性""危生弃身以殉物";另一方面,原本自然的"有"也不再是它自身,而成为了人的欲望的对象,从而既丧失了自己的本性,也成为了限制人的东西。在此意义上,"无"正好是对这种人为之"有"的否定,也就是将人从束缚中解放出来,获得自由。同时,"无"也是对于自然之"有"的遗忘,因为自然之"有"作为存在,我们并不能否定它,但是它也限制了人,所以我们可以"忘"它。"忘"它才能摆脱它的束缚。在此意义上,人离"有"越近,越不自由;人离"无"越近,人越逍遥。因此,有己无己,无己有己。

---

① 彭富春:《论中国的智慧》,人民出版社 2010 年版,第 190 页。

同时自由还意味着人自由地去做某事,即人按照其本性的需要去实现自己——让事物成为事物自身,对于庄子而言,"顺""因""任"等就是一种积极的自由。所以真正的游是"乘天地之正,而御六气之辩,以游无穷者",即顺其自然而游,而一无所待。

但是这并不意味着人可以脱离这个世界,而是说心灵要超越这个世界,而不被现实所扰、所缚。所以这种超越仍然是世界之中的超越,而不是世界之外的超越;它是内在的超越,不是外在的超越;是心灵的超越,而不是现实的超越。在这个世界里,"既没有人我的对立,也没有物我的对立。它甚至既没有了人与我,也没有了物与我。不如说,在逍遥游中,真人实现了天人合一的美好理想。"①

3. 绝对之"无"待

"尧观乎华,华封人曰:'嘻,圣人! 请祝圣人'。'使圣人寿。'尧曰:'辞。''使圣人富。'尧曰:'辞。''使圣人多男子。'尧曰:'辞。'封人曰:'寿、富、多男子,人之所欲也,女独不欲,何邪?'尧曰:'多男子则多惧,富则多事,寿则多辱。是三者,非所以养德也,故辞。'封人曰:'始也我以女为圣人邪,今然君子也。天生万民,必授之职。多男子而授之职,则何惧之有? 富而使人分之,则何事之有? 夫圣人,鹑居而鷇食,鸟行而无彰,天下有道,则与物皆昌;天下无道,则修德就闲。千岁厌世,去而上仙,乘彼白云,至于帝乡。三患莫至,身常无殃,则何辱之有?'封人去之,尧随之,曰:'请问?'封人曰:'退已!'"(《天地》)对于华封人而言,"寿、富、多男子"并不是人的贪欲,而是人的自然性欲望——"人之所欲",即人天生既有身体性的欲望,如食、色、寿等,也有非身体性的欲望,如富、多男子等——这是人的自然性之"待",它不是以人的意志为转移的。但是尧却试图将这些自然性欲望和"待"完全否定掉,这实际上是有违于"天"、背"道"而行的。如果说贪欲是欲望的一个极端的话——纵

---

① 彭富春:《论中国的智慧》,人民出版社 2010 年版,第 190 页。

欲,尧则走向了欲望的另一个极端——禁欲,两者看起来不同,但其实质是一样的,即它们都是对于欲望的束缚——人为干涉欲望。所以华封人反对尧的观点,认为他并没有达"道"。

因此,"无"待并不意味一无所待,或者说,在庄子那里,"道"与"无道"的区分并不在于有待与无待,而在于自然之待与人为之待的区分,如果"待"是因顺自然的"待",人顺其自然地去实现它,那么这就是"有道"的,否则就是"无道"的。

(二)"无乐"之乐——"至乐"

这种"无"之美不仅可以给人带来自由感,而且可以给人带来快乐感,或者说这种快乐就来自于人的无所拘束、无所依待的逍遥与自由。对于庄子而言,这种快乐不是一般的快乐,而是"至乐"和"无乐"——"果有乐无有哉？吾以无为诚乐矣,又俗之所大苦也。故曰:'至乐无乐,至誉无誉'。"(《至乐》)如果孔子重视的是"乐"的话,庄子所重视的则是"无乐"。那么"无乐"在《庄子》中究竟意味着什么？"至乐无乐"又何以可能呢？

胡文英认为"无乐"即"无俗之所谓乐也"①,如果是这样的话,"无"在此意味着否定之义,因为世俗之乐往往是人为之乐,它们越过了事情自身的边界,而成为了人的贪欲和意愿的对象物,所以"无乐"即否定世俗之乐。无独有偶,陆树芝也认为"至乐无乐"意为"至乐则无世俗之乐"②。

不同于胡文英、陆树芝将"无"理解为否定之义,方勇、陆永品将"无"解释为"忘",认为"至乐无乐"应翻译为"最大的快乐是忘掉快乐"③,"忘"在这里就不是否定之义,而是超越,因为如果快乐不是源自人为,而是源自人的本能和天性,那我们就无法否定它,当然也不能为之所缚,所以最高的快乐需要超越所乐,即忘乐。

---

① 胡文英:《庄子独见》,华东师范大学出版社2011年版,第128页。
② 陆树芝:《庄子雪》,华东师范大学出版社2011年版,第204页。
③ 方勇、陆永品:《庄子诠评》,巴蜀书社1998年版,第466页。

成玄英则提出了第三种解释,他认为"至乐无乐"意味着以"虚澹无为为至实之乐"①,"无乐"在此被理解为"虚澹无为"之乐,即所"乐"为"虚澹无为",也就是以"无"为"乐"——如果说前两种解释中的"无"都与"有"(人为之"乐"或自然之"乐")相关的话,那么成玄英则将"无"从"有"中超拔出来,让"无"自身成为了快乐之源,也正是这种本源性的"无",让前两种解释中的"否定"和"忘"得以可能。因此"无乐"在此成为了本源性的"无乐",同时也成为了最高的快乐——"至乐"。这种"乐"不是源于"有",而是源于"无";不是源于"实",而是源于"虚";不是源于"人为",而是源于"无为"。之所以如此,又在于"夫虚静恬淡寂漠无为者,天地之本,而道德之至"(《天道》),"夫虚静恬淡寂漠无为者,万物之本也"(《天道》),即"道"和"万物"的本性不是"有",而是"无"。所以所谓"至实之乐"就是得"道"的快乐——其所乐的不是"物",而是"道";不是"有",而是"无"。

除此之外,曹础基还将"至乐无乐"解释为"最大的快乐就是无所谓快乐。"②这意味着"至乐"既不强调"乐",也不强调"无乐",因为它不仅超越了"乐",而且超越了"无乐",这时才产生了最高的快乐。它表明我们既不可追求"乐",也不可追求"无乐",因为当我们将"无乐"作为一个对象去追求时,它就成为了一种新的"有",而失去了其"无"的本性。所以它看似是对"无乐"的否定,实则是对"无乐"的守护、实现和完成。

那么,这四种解释究竟孰是孰非呢? 实际上它们在《庄子》中都有文本的依据。所谓"至,极也"③,"至乐,至极的欢乐"④,一般认为"至"在此应为最高、最大、至极之义,如果是这样,这就意味着世上还存在着较低、较小的快乐,所以一方面,"至乐"本身表明,"乐"具有不同的层次或境界,即有高低、大小

---

① 郭象注,成玄英疏:《庄子注疏》,曹础基、黄兰发点校,中华书局 2011 年版,第 333 页。
② 曹础基:《庄子浅注》(修订本),中华书局 2000 年版,第 256 页。
③ 郭象注,成玄英疏:《庄子注疏》,曹础基、黄兰发点校,中华书局 2011 年版,第 331 页。
④ 陈鼓应:《庄子今注今译》,中华书局 1983 年版,第 449 页。

之分;另一方面,"无乐"则表明,"乐"不仅有高低、大小之分,而且有"有""无"之分——而《庄子》中的"无"又可以理解为否定、超越、本性之"无"和"无无"等含义,所以"乐"在此就有了否定性之"乐"和肯定性之"乐"、世俗性之"乐"与超越性之"乐"、存在性之"乐"与虚无性之"乐"、无乐与无无乐之分;再一方面,"至乐无乐"又表明最高、最大的乐与"无"(无乐)相关联,其潜台词则是低层次的乐、小乐与"有"(有乐)相关联。

庄子将前者称为"天乐",将后者称为"人乐"——"与人和者,谓之人乐;与天和者,谓之天乐。"(《天道》)陈鼓应解释为"与人冥合的,称为人乐;与天冥合的,称为天乐"①,成玄英则解释为"俯同尘俗,且适人世之欢;仰合自然,方欣天道之乐也"②。他们虽然解释了"天乐"和"人乐"的字面义,却没有标明两者之间的关系——即它们之间究竟是一种平行、对等的关系,还是一种其他的关系。基于以上论述,所谓"天乐"和"人乐"并不是一种平行、对等的关系,而是有高低、大小、有无之别的关系——"天乐"是最高的、最大的乐,而"人乐"则是低级的、较小的乐。之所以如此,是因为前者之乐被"无"所规定,后者之乐则被"有"所规定。这里的"有"和"无"集中地体现在"有为"和"无为"中,"牛马四足,是谓天;落马首,穿牛鼻,是谓人"(《秋水》),"牛马四足"之所以被称为"天",就是因为它们是"无为"的结果;而"落马首,穿牛鼻"之所以被称为"人",是因为它们是"有为"的结果。

因此,在这种语境中,所谓"至乐无乐"首先就意味着最高的"天乐"是无"人乐"的。而"人乐"又分为两种:一种是人为之乐,另一种是人的自然本能之乐。对于前者,"无"意味着否定;而对于后者,"无"则意味着忘记。

1. 人之"无乐"

（1）否定人为之乐

所谓人为之乐就是源于人的贪欲和主观意愿及其满足的快乐。这种乐在

① 陈鼓应:《庄子今注今译》,中华书局1983年版,第344页。
② 郭象注,成玄英疏:《庄子注疏》,曹础基、黄兰发点校,中华书局2011年版,第250页。

《庄子》中又被称为"淫乐"("孰居无事淫乐而劝是"《天运》)和"奇乐"("且以巧斗力者,始乎阳,常卒乎阴,泰至则多奇巧;以礼饮酒者,始乎治,常卒乎乱,泰至则多奇乐"《人间世》),"淫"一般为过度之义,陈鼓应将"淫乐"解释为"过求欢乐"①,又将"奇乐"解释为"放荡狂乐"②,这意味着它们都越过了"乐"自身的边界,这样一来"乐"就不再是其自身,而是转向其反面——由"阳"转"阴",由"治"转"乱","乐"极生"悲"。

"夫天下之……所乐者,身安厚味美服好色音声也。"(《至乐》)对于世人而言,他们的快乐主要来自于感官、官能的享受,只有当这种享受得到满足时,快乐才能产生,但是由于这种享受是无止境的,因此它容易越过感官自身的边界而成为贪欲,这具体表现为它所欲的对象不再是"身""味""服""色""声"本身,而是"身"之"安","厚"之"味","服"之"美","色"之"好","声"之"音"等,所以这种"乐"不是自然之乐,而是人为之乐。人们过度追求感官的快乐不仅不是对于官能的实现,相反是对它们的伤害,因为这会使它们失去其自身的本性——"恶欲喜怒哀乐六者,累德也"(《庚桑楚》),故而庄子否定了这种快乐。

不仅感官之乐是如此,人的富贵寿誉、功名利禄、荣华高位之乐也是如此。庄子认为"夫富者,苦身疾作,多积财而不得尽用,其为形也亦外矣!夫贵者,夜以继日,思虑善否,其为形也亦疏矣!人之生也,与忧俱生。寿者惛惛,久忧不死,何之苦也!其为形也亦远矣!烈士为天下见善矣,未足以活身"。(《至乐》)过分沉溺于富贵寿誉之乐,会导致人的"苦身疾作""夜以继日""久忧不死",但是其结果不是成全了人的身体,反而是身体与自身的"外""疏""远",而道德完善者,也往往以牺牲生命为代价,却不能保全性命,所以庄子感慨"古之所谓得志者,非轩冕之谓也,谓其无以益其乐而已矣。今之所谓得志者,轩冕之谓也"。(《缮性》)在它看来,古之者(得道者)之所以"乐"并不是

---

① 陈鼓应:《庄子今注今译》,中华书局1983年版,第361页。
② 陈鼓应:《庄子今注今译》,中华书局1983年版,第127页。

因为外在的"轩冕"(即荣华高位①),而是内在的统一和完整,即"全其内而足"②,所以"足于内者,无求于外,故曰无以益其乐"③;今之者(无道者)则恰恰相反,其"乐"就来自于外在的"轩冕",但是"轩冕在身,非性命也……虽乐,未尝不荒也"(《缮性》),"轩冕"为外在的人为之物,而非人的自然本性,人将自己的"乐"寄托于外物,一方面它是不可靠的,"物之傥来,寄者也。寄之,其来不可圉,其去不可止"(《缮性》);另一方面,它是本末倒置的,"丧己于物,失性于俗者,谓之倒置之民"(《缮性》)。

当然人的贪欲不仅来自于人的内在感官和外在"轩冕",而且也可能源于人的某种意愿和意志。"知士无思虑之变则不乐;辩士无谈说之序则不乐;察士无凌谇之事则不乐:皆囿于物者也。"(《徐无鬼》)当"知士"为了思虑而思虑,"辩士"为了辩而辩,"察士"为了察而察时,这种知、辩、察实际上已经远离了事情本身,而完全成为了人的一种对于欲望的欲望——贪欲,只不过此时人所贪的不再是某种外物,而是内心的执念,所以人由此得到的快乐不是自然的,而是人为的;不是源自于物自身的,而是囿于外物的。他们将乐建立在物的基础上,并且执着于这种乐,这样一来,人就被贪欲及其贪欲物所规定,而不是被自己所规定,从而失去了自身。

概言之,"无乐"在此意味着"无"人为之乐,或者说反对人为之乐,"无"表示否定之义。人为之乐之所以被否定,首先是因为这种"乐"以人为中心,它是人的欲望、意愿的结果,而与事情本身无关,从而导致天和人不能合一,人与对象不能共生,故而这种"乐"不是真正的乐,也不能持久;其次,这种"乐"实际上是人的贪欲的扩大化,它会导致人被贪欲或所欲之物所缚,使人囿于欲或囿于物;而且贪欲自身是无止境的,一个欲望的表面满足又会导致更多、更大欲望的产生,所以这种乐是有限的,不仅有限,而且会无限制地激发其对立

---

① 陈鼓应:《庄子今注今译》,中华书局 1983 年版,第 409 页。
② 郭象注,成玄英疏:《庄子注疏》,曹础基、黄兰发点校,中华书局 2011 年版,第 303 页。
③ 林希逸:《庄子鬳斋口义校注》,周启成校注,中华书局 2009 年版,第 257 页。

面——痛苦的产生,"山林与,皋壤与,使我欣欣然而乐与! 乐未毕也,哀又继之。哀乐之来,吾不能御,其去弗能止"(《知北游》);再次,这种乐不仅束缚人,而且损害物,因为它以消耗、消费物为基础;最后,这种乐不仅损害物,而且伤害人,宣颖认为"俗之所乐,名曰爱生,实大伤之。故言至乐活身,无为几存。盖对俗乐之伤生说耳"①,这在于"人大喜邪,毗于阳;大怒邪,毗于阴。阴阳并毗,四时不至,寒暑之和不成,其反伤人之形乎!"(《在宥》)其结果是:人不人化、物不物化,在这种"乐"中人和物都丧失自己。

在此意义上,正是"无乐"让人和物都保持在各自的边界之内:一方面它守护着人,使人成为人自己,另一方面它保护着物,让物成为物自身。唯有如此,"无乐"才能通向"至乐"、成为"至乐"。这是"至乐无乐"的第一层含义。

(2)超越自然之乐

如果说对于人为之乐,我们要进行否定的话,那么对于自然本能之乐,我们则不能否定,而只能忘,也就是超越。"且夫擅一壑之水,而跨跱埳井之乐,此亦至矣……夫不为顷久推移,不以多少进退者,此亦东海之大乐也。"(《秋水》)对于浅井之蛙而言,它能够在浅井边尽情地跳跃,自由地呼吸,"赴水则接腋持颐,蹶泥则没足灭跗",这也未尝不是一种快乐,而且这种快乐是属于它的快乐,因此我们不能否定它。

然而一方面,这种快乐是有限的,"井蛙不可以语于海者,拘于虚也;夏虫不可以语于冰者,笃于时也;曲士不可以语于道者,束于教也。"(《秋水》)如果说夏虫的局限来自于时间的话,那么浅井之蛙的局限则来自于地域和空间,因为空间限制了它的视域和心胸,从而既限制了其快乐的广度,也限制了其快乐的深度。因此当浅井之蛙听闻了大海的浩瀚时,"适适然惊,规规然自失也。"(《秋水》)郭象对此解释道"以小羡大,故自失"②,如果浅井之蛙以本性为乐,那么它是不会产生羡慕的。现在其羡慕表明,它的快乐并不源于其自性的满

---

① 宣颖:《南华经解》,曹础基校点,广东人民出版社 2008 年版,第 124 页。
② 郭象注,成玄英疏:《庄子注疏》,曹础基、黄兰发点校,中华书局 2011 年版,第 326 页。

足,而是源于它的狭隘及其贪欲(羡的本义就是"贪欲"①),所以当它得知还有一个更为广阔的天地时,它"适适然惊"。因此,对它而言,所谓"自失"就不是遗失了自己的本性,而是先前的那个以自我为中心并对此洋洋自得的我的失去,由于这种失去,先前的快乐便戛然而止。所以"跨跱埳井"之乐虽然也是井蛙的本性之乐,但是这并非其本性的全部,更非其本性的最高处,为此它需要超越,即忘"跨跱埳井"之乐,超向"东海之大乐"。

对于浅井之蛙而言是这样,对于人而言也是这样,"一个人若拘于'我'的观点,他个人的祸福成败,能使他有哀乐。超越自我底人,站在一较高低观点,以看'我',则个人的祸福成败,不能使他有哀乐。但人生的及事物的无常,使他有更深切底哀。但若从一更高底观点,从天或道的观点,以看人生事物,则对于人生事物的无常,也就没有哀乐。没有哀乐,谓之忘情。……忘情则无哀乐。无哀乐则另有一种乐。此乐不是与哀相对底,而是超乎哀乐底乐。"②

另一方面,当浅井之蛙将这种有限之乐当做最高、唯一的快乐而"以天下之美为尽在己"而沾沾自喜时,这种乐就变成了浅薄之乐。特别是对于人而言,因为每个人所得于道的本性有所不同,所以每个人的快乐也因此而不一样。当我们以自我为中心,以己之所乐为最高和唯一的快乐时,这种乐就从自然之乐转化为狭隘之乐。正是因为此,庄子对于世俗之"乐"所持的是怀疑的态度,"今俗之所为与其所乐,吾又未知乐之果乐邪?果不乐邪?吾观夫俗之所乐,举群趣者,誙誙然如将不得已,而皆曰乐者,吾未之乐也,亦未之不乐也。果有乐无有哉?"(《至乐》)

因此"至乐无乐"又可以理解为"至乐忘乐",即最高的快乐是忘记那些虽是自然产生但又带有局限性的快乐,这意味着自然本能之乐虽不能被否定,但需要被超越,这种超越就是"忘"。

---

① 许慎撰,段玉裁注:《说文解字注》,上海古籍出版社 1981 年版,第 414 页。
② 冯友兰:《三松堂全集》(第 5 卷),河南人民出版社 2001 年版,第 315—316 页。

2. "道"之"无乐"

那么"否定"和"忘"何以可能呢？对于人而言,他之所以要否定其人为之乐、忘其自然之乐,其根本原因在于"道"之乐是以"无"的形式存在的,或者说"道"之乐是被"无"所规定的。

在《庄子》中,这种以"无"为乐突出地表现在《至乐》对于骷髅及其快乐的肯定上。对于世人而言,骷髅意味着人之"无",所以它常常成为人们所否定的对象,但是在《至乐》中,"无"则让骷髅成为了被肯定的对象,并成为了骷髅的快乐之源,"髑髅曰:'死,无君于上,无臣于下,亦无四时之事,从然以天地为春秋,虽南面王乐,不能过也。'庄子不信,曰:'吾使司命复生子形,为子骨肉肌肤,反子父母、妻子、闾里、知识,子欲之乎?'髑髅深矉蹙额曰:'吾安能弃南面王乐而复为人间之劳乎!'"(《至乐》)关于骷髅的快乐原因,吴光明认为有三:一是因为骷髅的"无","虽然也许弃在路旁",但"我的头骨永远是我的",不会失去自己;二是因为骷髅的"无",魔鬼、财狼"都不理它",所以它不会受到伤害;三是因为骷髅的"无",所以"它是最空洞不过的……这是最空虚、最低层的我,我(它)没人可再压制了。我(它)是无敌可畏了。"[①]正是在"无"中,骷髅不受君臣、四时、父母、妻子、闾里、知识的束缚,解放、守护、持存了自己,从而获得了"至乐"。

具体而言,这种以"无"为乐首先表现为以"无为"为乐。"果有乐无有哉?吾以无为诚乐矣"(《至乐》),那么,"无为"何以为乐呢? "天无为以之清,地无为以之宁。故两无为相合,万物皆化生。芒乎芴乎,而无从出乎!芴乎芒乎,而无有象乎!万物职职,皆从无为殖。故曰:'天地无为也而无不为也。'"在庄子看来,正是在"无为"中,天地万物得以生成,反之,"若有为,则有不济也"[②]。"庄子曰:'吾师乎,吾师乎!赍万物而不为戾;泽及万世而不为仁;长于上古而不为寿;覆载天地、刻雕众形而不为巧。'此之谓天乐。"(《天道》)

---

① 吴光明:《庄子》,东大图书公司1992年版,第22页。
② 郭象注,成玄英疏:《庄子注疏》,曹础基、黄兰发点校,中华书局2011年版,第334页。

"无为"并非指毫无作为,而是指没有主观、人为的作为,因为它顺势而为,让天地万物按其自身之道成为自身,所以能够"泽及万世""覆载天地""刻雕众形",给予万物以生命,正是在此基础上,天地获得了至极的快乐——"此之谓天乐"。因此人要获得最高的快乐也需要无为,以法天地,正是在无为中人才能"无不为"。在此状态下,人所获得的快乐就不是自私的、个人性的快乐,而是与天地共生的快乐;不是消费性的快乐,而是创造性的快乐;不是来自于外的快乐,而是来自于内的快乐;不是自我分离的快乐,而是内心充满的快乐;不是人为、刻意追求所获得的快乐,而是无为、顺让所自然天成的快乐。所以这种"乐"不是有限的,而是无限的;它不仅"乐"无限,而且是无限之"乐"。因此这种"乐"也不可能被"有"所规定,而是被"无"所规定。

其次,以"无"为乐还表现为以"无言"为乐。"无言而心说,此之谓天乐。"(《天运》)郭象解释"心说在适不在言也"①,认为真正的快乐在于心灵的愉悦,而不在于语言的表达;且真正的快乐因为是无限之乐,所以它也不可能被普通的语言——有限的语言所表达和传达,因此庄子强调了"天乐"的无言性,而这种"无言"恰恰符合了庄子之道的沉默本性,"至道之精,窈窈冥冥;至道之极,昏昏默默"(《在宥》),因此"天乐"和"心说"实际上来自于得道。而"无言"之所以通向"天乐",不仅在于它自身对道的沉默本性的回归,并由此通达道之境界而产生心灵的愉悦,而且在于它对"言"之有限性的克服正好符合了"道"的无限性,并由此通达心灵之"乐"的无限性。

如果说"无为""无言"是从否定方面讨论"无"之乐的话,那么从肯定方面而言,这种"无"之乐还表现为以"虚静"为乐。"言以虚静推于天地,通于万物,此之谓天乐"(《天道》),对此陆树芝认为庄子实际上是将"天乐"之实"归本于一心之虚静",因为"虚静,故有为实无为也"②,正是虚静符合了道的无为之本性,所以"天乐"的获得是"以虚静之理而行于天地万物之间,故曰推于

① 郭象注,成玄英疏:《庄子注疏》,曹础基、黄兰发点校,中华书局2011年版,第276页。
② 陆树芝:《庄子雪》,华东师范大学出版社2011年版,第152页。

天地而通于万物"①。而人要获得这种"天乐",不是依靠心灵的实和动,而是心灵的虚和静,让心灵中的"有"都清空,这样人才可能畜养天下,成为圣人,获得"天乐"。因此真正的乐不是以"有",而是以"无"的形式显现;其最高的境界不是"实",而是"虚",不是"动",而是"静"。

"无乐"之"无"不仅呈现为"虚静",而且表现为"恬淡"和纯"粹"。"虚无恬淡,乃合天德。故曰,悲乐者,德之邪;喜怒者,道之过;好恶者,心之失。故心不忧乐,德之至也;一而不变,静之至也;无所于忤,虚之至也;不与物交,淡之至也;无所于逆,粹之至也。"(《刻意》)对于世俗之乐,庄子认为它们是"德之邪""道之过""心之失",因为正是这种乐让人心产生了"变""忤""交""逆",进而失去了"一"的本性,所以陆树芝认为"心本无物,七情之发,皆天德之贼也"。② 正是基于此,世俗之乐需要被否定和超越,通过否定和超越,它不仅要到达"虚"和"静"的境界,而且要通达"淡"和"粹"的境界,这在于道的本性"虚静恬淡寂漠无为"。因此人的心灵不仅需要虚静,而且需要恬淡和纯粹,前者是因为"物自来耳,至淡者无交物之情",后者则是因为"若杂乎浊欲,则有所不顺"③——因为恬淡,所以不含有人为的欲望和意愿;因为纯粹,所以不含有功利目的。

正是基于心灵的"无"之本性——"虚静""恬淡"和"粹",圣人获得了"天乐","天乐者,圣人之心以畜天下也。"(《天道》)一方面,正是在"虚静""恬淡"和"粹"之中,人持守了自己的本性,所以才可能成为圣人;另一方面,也正是在"虚静""恬淡"和"粹"的基础上,人才能超越自我"以蓄天下",进而才能敞开人的全部潜能,实现人的最高价值,从而获得了自我实现的快乐。所以圣人之乐不仅是个人之乐,而且是与天地同乐;这种乐不仅是因为人的自我生成,更是因为人与万物为春;它不仅来自于人的自我统一,而且来自于圣人与

---

① 林希逸:《庄子鬳斋口议校注》,周启成校注,中华书局2009年版,第213页。
② 陆树芝:《庄子雪》,华东师范大学出版社2011年版,第179页。
③ 郭象注,成玄英疏:《庄子注疏》,曹础基、黄兰发点校,中华书局2011年版,第294页。

天地同和。

总之,真正的、最高的快乐是"无为""无言""虚静""恬淡""粹"的快乐,也即被"无"所规定的快乐,这种乐就是道之乐或天乐。所以我们要获得道之乐,就需要"无"。这意味着"无乐"在此既是方法,又是人的存在状态;既是"乐"的存在方式,又是通达"乐"的途径。

因此,"至乐无乐"在此意味着"至乐"的本性就是"无乐",所以"至乐"以"无乐"的形态显现。"无乐"不仅是对世俗之乐的否定和超越,更是对乐的本性或道的复返,正是在"虚静""恬淡""粹"中,人归于人的本性,物归于物的本性,世界归于世界自身——即道的世界,在此人感受到"天地与我并生,而万物与我为一"的伟大,并由此获得了"无为""无言"的快乐。这是"至乐无乐"的第三种含义。

3. 绝对之"无乐"

综上所述,如果说世人强调的是"乐"的话,那么庄子所强调的则是"无乐",但"无乐"不能被机械地理解为没有快乐,事实上庄子虽然推崇"至乐""天乐",但是并没有否定"鱼之乐"等。相反它一方面否定了"埳井之乐"和"人间之乐",另一方面又提出了其对立面"东海之大乐""南面王乐"。这意味着庄子并没有否定"乐"自身,"无乐"只是否定人为之乐,以及那些突出了自身之"有"而遗忘了自身之"无"的乐。唯有如此,真正的"乐"才能生成和实现。

因此,我们既不能像世人一样去追求"乐",也不能走向其对立面,将"无乐"作为一个新的对象去追求,因为尽管追求的"对象"不一样,但"追求"这个行为是一样的,它们都是人为的结果。这意味着"无乐"之"无"不仅否定其对象"乐",而且将"无乐"自身也作为其对象不断地加以否定,所以此"无"是绝对之"无"——"无无",而"无乐"是绝对之"无乐"——"无无乐"。正是在不断的自我否定中,"无乐"才能成为真正的"乐"("天乐""至乐""诚乐"),故而与其说绝对之"无"是否定"无乐",毋宁说它是"无乐"的实现和完成。

所以庄子不仅否定人为之"乐",而且否定人为之"无乐",也即它所强调的并不是"乐"与"不乐",而是自然与人为。在此意义上,"无"之乐也就是顺其自然之乐,在其中"乐"之"有"消失了,"乐"回归于"无"的本性。所以"无"之乐的具体表现就是自然之乐,它们是"乐"的一体两面:"无"之乐是从否定意义上讲,自然之乐则是从肯定意义上讲。所以对于庄子而言,最大的快乐就是顺其自然之乐,而知道这种乐的人,也是依循自然之道的人,"知天乐者,其生也天行,其死也物化。静而与阴同德,动而与阳同波"。(《天道》)人顺应天地、通于阴阳,即"行乎天理之自然""随万物而化"①,然后获得"天乐",这个过程实际上也是否定人为、超越自我,到达"无为""无言""虚静""恬淡""粹"即"无"之"乐"的过程。

基于此,我们就不难理解在《至乐》篇中,作者为什么会置入一个看似与快乐无关的故事,"昔者海鸟止于鲁郊,鲁侯御而觞之于庙,奏九韶以为乐,具太牢以为膳。鸟乃眩视忧悲,不敢食一脔,不敢饮一杯,三日而死。此以己养养鸟也,非以鸟养养鸟也。夫以鸟养养鸟者,宜栖之深林,游之坛陆,浮之江湖,食之鳅鲦,随行列而止,逶迤而处。"(《至乐》)对于世人而言,他们以"九韶""太牢"为乐;而对于海鸟而言,它们则以"深林""江湖"为乐。当前者"以己养养鸟",这是人为,所以海鸟"三日而死",故而庄子强调正确的养鸟方式是"以鸟养养鸟",即"栖之深林,游之坛陆,浮之江湖,食之鳅鲦,随行列而止,逶迤而处",这种"养"与其说是养,不如说是"无养","无养"就是否定人为之养,强调自然之养。唯有否定人为之养,海鸟才能避免"眩视忧悲";唯有顺应自然之养,海鸟才能获得"至乐"。

因此,"至乐无乐"又意味着"至乐"既无人为之"乐",也无人为之"无乐"——即"无无乐",这是"至乐无乐"的第四种含义。这在于"无乐"和"乐"一样,其自身的存在形态不是实体性的,而是虚体性的,唯有通过不断的自我

---

① 林希逸:《庄子鬳斋口义校注》,周启成校注,中华书局2009年版,第212页。

否定,它才能保持其虚体性形态。Sam Hamill and J.P.Seaton 曾将"至乐无乐"翻译为"When you get to joy,there's no joy."①他们准确地领悟了"乐"的虚体性特征,却错误理解了"至"的含义,以至于错失了这个命题更为深刻的内涵,"When you get to no-joy, there's no no-joy."庄子通过"无无乐",就是要不断地去除遮蔽,从而让"至乐"的本性显现出来。

由此看来,《庄子》中不仅有不同含义的"无",而且有不同种类和境界的"乐"——既有天乐(自然之乐)、人乐(人为之乐)之分,也大乐、小乐之别——其中前者是无限的,后者是有限的;前者是厚重的,后者是肤浅的;前者是永恒的,后者是短暂的;前者对物而发,后者缘物而发;前者是得道的,后者是尚未得道的。也正是因为在不同的语境中,"乐"有不同甚至相反的含义,所以我们也不难理解《庄子》中常常会出现看似自相矛盾的表达:从道(天)的视域出发,被道认为是快乐的事情,却恰恰是世俗(人)所认为是苦的,"吾以无为诚乐矣,又俗之所大苦也"(《至乐》);而从世俗(人)的视域出发,被世人认为是快乐的事情,却恰恰是道(天)所要否定和超越的,"今俗之所为与其所乐,吾又未知乐之果乐邪? 果不乐邪? 吾观夫俗之所乐……而皆曰乐者,吾未之乐也,亦未之不乐也"(《至乐》),故而宣颖认为"乐之一字,学道人与世俗所同尚也……名曰同,而实大悖焉"。②

综上所述,"至乐无乐"表面上所强调的是"乐"与"无乐",实际上所揭示的却是自然与人为、有道与无道,它强调的是我们要去人为而顺自然、去无道而就有道,因此"古之得道者,穷亦乐,通亦乐,所乐非穷通也"(《让王》),得道之人之所以乐,既不是因为穷困,也不是因为通达,而是因为得道。所谓得"道",从肯定方面而言,就是得自然;从否定方面而言,就是得"无"。

因此,得"道"的境界也就是获得"逍遥游"和"至乐"的境界,这意味着对

---

① Sam Hamill and J.P.Seaton,The Essential ChuangTzu,Boston and London:Shambhala Publications,1999,p.96.

② 宣颖:《南华经解》,曹础基校点,广东人民出版社 2008 年版,第 124 页。

于庄子而言,道的境界也就是一个至美的世界。正因为《庄子》中美的世界是被"道"所规定的世界,所以真正的美是被"道"的本性所规定的。如果从特征上说,"道"是素朴、自然、虚静、平淡的话,那么真正的美也就是素朴之美、虚静之美、平淡之美;如果从本性上说,"道"是被"无"所规定的话,那么真正的美也就是被"无"所规定的美。

一方面,人通过心灵之"无"消解了人与自身的冲突,达到人与自身的合一;另一方面,人通过心灵之"无"消解了人与他人的冲突,达到人与他人的合一;再一方面,人通过心灵之"无"消解了人与自然的冲突,达到人与自然的合一。因此,"之人也,之德也,将磅礴万物以为一"(《逍遥游》),乃至"夫至德之世,同与禽兽居,族与万物并"(《马蹄》),最后"天地与我并生,而万物与我为一"(《齐物论》)。

(三)真善美的合一

同时,真、善、美在此也得到了真正的合一。这种合一不是我们通常所讲的合一——即儒家美学是美与善的合一,道家美学是美与真的合一,所以中国美学是真、善、美的合一,这是一种似是而非的判断。因为很显然,在这种思维逻辑中,道家美学是无法容纳儒家之善的,儒家美学与道家之真也相去甚远。因此,真、善、美在中国美学中是合一的,但是这种合一需要被重新解释——这里的真、善、美不是我们通常意义中的真、善、美,它们是更为本源、根本的真、善、美,所以它们的合一不是外在的联合,而是内在的统一。

1. 真

通常意义上的"真"是符合论意义上的"真",它指的是人的认识要符合所认识对象的实际,即人的思想要符合存在的真实与真相——这样的思想就被认为是真理。在此意义上,"真"还意味着人的语言要符合人的思想,同时当然也意味着它要符合存在的真实与真相——这样的语言就被认为是真言。在《庄子》中,当然也存在着符合论意义上的"真","夫两喜必多溢美之言,两怒必多溢恶之言。凡溢之类妄,妄则其信之也莫,莫则传言者殃。"(《人间世》)所谓的"溢美之言"和"溢恶之言"就是不符合事情的真实和真相的言语,正是因为这种"不符合",它们成为了与"信"言(真言)相对的"妄"言,进而给"传言者"带来了危险。

但是人们遗忘了其中最重要的一点,即存在的真实和真相。这种符合论的前提是所"符合"的对象——存在的真实和真相被显现出来,否则所谓"符合"将无从谈起。因此,在符合论意义的"真"之前,还存在着一种更为本源的"真"——存在性之"真",即事情本身的真实与真相。对于庄子而言,事物的真实与真相就是事物的本性——即"真性",也就是"道"之"真"——"道"在事物中的真实,也就是"道"的真实。这种"真"表现在人身上就是人性,表现在马身上就是马性。马实现了马性才能成为真正的马,否则马将不成其为马,"牛马四足,是谓天;落马首,穿牛鼻,是谓人。故曰,无以人灭天,无以故灭命,无以得殉名。仅守而勿失,是谓反其真"(《秋水》);人实现了人性就成为了"真人"。

当然,对于庄子而言,他的"真"主要针对的是人,而不是马,因为马是自然的存在,它自身并无所谓的真假之分,即便有"假"的产生,也只是人的杰作,因为马自身是不会"落马首"的,"落马首"的主语是人。

所以庄子之"真"的关键和核心在于"真人"(得道之人),而"真人"的关键和核心又在于"真性"("道"——"真君""真宰"),在此基础上,"真言""真知""真情"之"真"的真正含义才能被完整地揭示出来,进而才能真正地完成和实现。而当"真"实现和完成自己时,这本身就成为了一种"美"——完美。所以在《庄子》中,或者说在事物自身中,"真"和"美"并不相分离——在"道"的世界(本源的世界)中,它们原本统属一体。只是在人的世界中,由于认识论的影响,人们人为地将它们区分开来。这样"真"和"美"就只是成为了认识论(符合论)意义上的"真"和"美",人们遗忘了存在论意义上的"真"和"美"——事物自身的"真"和"美"。

（1）"真人"

那么，何谓"真人"呢？

"何谓真人？古之真人，不逆寡，不雄成，不谟士。若然者，过而弗悔，当而不自得也。若然者，登高不栗，入水不濡，入火不热，是知之能登假于道者也若此。古之真人，其寝不梦，其觉无忧，其食不甘，其息深深"，"古之真人，不知说生，不知恶死。其出不欣，其入不距。翛然而往，翛然而来而已矣。不忘其所始，不求其所终。受而喜之，忘而复之。是之谓不以心捐道，不以人助天，是之谓真人。"（《齐物论》）

"故素也者，谓其无所与杂也；纯也者，谓其不亏其神也。能体纯素，谓之真人。"（《刻意》）

"其为人也真。人貌而天虚，缘而葆真，清而容物"，"古之真人，知者不得说，美人不得滥，盗人不得劫，伏戏、黄帝不得友。死生亦大矣，而无变乎己，况爵禄乎！若然者，其神经乎大山而无介，入乎渊泉而不濡，处卑细而不惫，充满天地，既以与人己愈有。"（《田子方》）

综上所述，所谓"真人"，从否定方面而言就是"不逆寡""不雄成""不谟士""弗悔""不自得""不梦""无忧""不甘""不知说生""不知恶死""出不欣""入不距""不忘其所始""不求其所终""不以心捐道""不以人助天""无介""不濡""不疲"的人；从肯定方面而言就是"纯""素""虚""清"之人。也就是说，"真人"是被"无"所规定的人。首先他要否定一切人为之"有"——如"逆寡""雄成"等，因为这些"有"使人偏离了人的本性，所以这也意味着"不逆寡""不雄成"并不是其他，而就是人的原初本性——人性的真实和真相就是"不逆寡""不雄成"。只是在世俗世界中，人们因为各种各样的"有"而远离了自己的本性，所以我们要通过否定——"无"，将自己从各种偏离中纠正回来，返回到人的原初本性。这是从否定方面而言。

从肯定方面而言，人的本性是被"纯""素""虚""清"所规定的。如果我们强行将人区分为存在性形态和虚无性形态的话，那么在庄子看来，其本性无疑是被虚无所规定的。也正是基于此,人才可能"登高不栗,入水不濡,入火不热"。因为如果就人的存在性形态而言,这种状况绝对是不可能发生的,它完全超出了人的身体的极限,正是因为如此,在一般人看来,庄子的这些描述是荒诞不经的。但这实际上是误解了庄子,因为庄子在这里的论述并不是基于人的存在性形态,而是基于人的虚无性形态,也就是说,他认为人在本性上是"登高不栗,入水不濡,入火不热"的,即当人返回自身的本性——得"道"之时,他就不再畏惧高低,也不再惧怕水火——不仅如此,人事实上也一无所惧。唯有如此,人才能不被任何"有"所束缚,而获得逍遥游。

在《庄子》中还有很多类似的叙述,如"至人神矣!大泽焚而不能热,河汉冱而不能寒,疾雷破山、飘风振海而不能惊。若然者,乘云气,骑日月,而游乎四海之外,死生无变于己,而况利害之端乎!"(《齐物论》)"至德者,火弗能热,水弗能溺,寒暑弗能害,禽兽弗能贼。"(《秋水》)"至人潜行不窒,蹈火不热,行乎万物之上而不栗。"(《达生》)它们所要表达的无非是人的虚无本性,以及当人返回自己的本性时的无所惧怕、无所束缚的自由状态。

所以当人成为"真人"时,人也就成为了美人,"藐姑射之山,有神人居焉。肌肤若冰雪,绰约若处子;不食五谷,吸风饮露;乘云气,御飞龙,而游乎四海之外;其神凝,使物不疵疠而年谷熟。""夫得是至美至乐也。得至美而游乎至乐,谓之至人。"(《田子方》)所谓"至人""神人"也就是"真人"(得道之人)的不同维度的称谓,他们都是被"无"所规定的人,所以才能"不食五谷,吸风饮露;乘云气,御飞龙,而游乎四海之外",也正是因为如此,他们才能"肌肤若冰雪,绰约若处子"。

(2)真情

总之,只有当人返回到自己的本性——真性之时,也就是成为"真人"之时,"真情""真知""真言"才可能产生。所以如果从思想形态而言,"有真人而后有真知",那么从存在形态而言,则是"有真人而后有真情",从语言形态而言,则是"有真人而后有真言"。因为只有当人成为"真人"时,人的情感、思想和语言才出自于人的本性,同时符合外物的本性,这样整个世界才是一个本真的世界——对于庄子而言,这个本真的世界也就是一个自然的世界,同时也是一个美的世界。

所谓真情,在一般看来,就是情真意切,它与虚情假意相对。如果说虚情假意指的是人的情绪不符合人的情感,而且人的情感不符合人的实际情况的话,那么所谓"真情"就是指人的情绪符合人的情感,而且人的情感符合人的真实情况。"真者,精诚之至也。不精不诚,不能动人。故强哭者虽悲不哀,强怒者虽严不威,强亲者虽笑不和。真悲无声而哀,真怒未发而威,真亲未笑而和。真在内者,神动于外,是所以贵真也。"(《渔父》)"悲""怒""笑"在这里就是指人的外在的情绪,而"哀""威""亲"则是人的内在的情感,在《渔父》看来,真情就是外在的情绪要符合内在的情感,否则"悲"就成为了假悲,"怒"就成为了假怒,"笑"就成为了假笑。

但是,真正的情感是"无声而哀""未发而威""未笑而和"的,也就是说,真正意义上的"真情"并不形诸人的情绪。如果是这样的话,也就无所谓情绪符合或不符合情感之说了。这意味着,符合论意义上的真情并不完全是"真情"自身,我们对"符合"的追求甚至会掩盖或阻碍"真情"自身。

更重要的是,庄子对于"真情"自身也是怀疑的。他怀疑世俗世界中的"真情"是否符合人的实际情况——人性。因为一般之人也会有因为功名利禄而产生的喜怒哀乐之情,对于他们而言,这种喜怒哀乐及其所反映的内心情感也是真实的,但是这种基于功利的"真情"很显然不是庄子意义上的"真情",相反,庄子是反对这种"情感"的。庄子不仅反对这种功利情感,也反对儒家的道德情感,当然也反对某种神秘的宗教情感,甚至也反对由自然生理欲望所产生的某种情绪,以及那些过度的真实情感——"吾所谓无情者,言人之不以好恶内伤其身,常因自然而不益生也"(《德充符》)。这意味着,庄子的情感不是被任何"有"所缚的情感,在此意义上,它就是"无情",因为只有在"无情"时,人才不会被"有"所束缚,才能真正实现自由——逍遥游。

所以真正的情感不是因物而起、因人而起的情感,而是对物而起、对人而起的情感,因物而起就会被物所缚,对物而起的情感则是在人对人和世界之"真"有了透彻地理解和觉悟之后,在人具有了天空的视野和天地的情怀之后所产生的情感,它不是因人、因物而产生,而是由人性之"真"所生发、所自然流露出来的,是生生不息的人的自然的给予和顺让。所以人首先要成为"真人",返回自己的真性,然后才能具有"真情"。

同时,对于庄子而言,"真情"就是"无情",但这里的"无情"并不是绝情之义。"无情"首先是指情感不要被任何"有"所束缚,即否定人为之情。其次,它指的是情感不是有限的,而是无限的,所以它不能局限于一物,而是恩泽万物,而要做到这一点,它就必须宛若"无情",铁面无私。最后,它的真情就表现为对万物的顺让、给予和生成,它看似无为,但正是这种无为让万物成为万物自身,所以正是它的"无情"成就了其最大的情。

基于此,对于庄子而言,"无情"才能有情,而且这种情感才是人的本真的情感,同时也是一种实现了自身的情感,因此它是一种"美情"——完美的情感,它是情感自身完成了自身的情感,而不仅仅只是人的情感。

同理,"真知""真言"也是"无知""无言",一方面,它们反对人为之知、言,"忘"自然之知、言,不被它们所束缚、所遮蔽;另一方面,它们唯有"无知""无言",才能返回自身本性("愚""默");再一方面,只有在"无知""无言"中,人才能不干涉万物,让世界成为本真的世界。这时,"知"才能成为智慧,"言"才能成为箴言。当"知"成为智慧时,它是"知"的最高实现和完成,此时,"知"就不仅是真的,而且就是美的。同时,当"言"成为箴言时,它是"言"的最高实现和完成,此时"言"就不仅是真的,而且就是美的。

2. 善

"善"在《庄子》中共出现了90余次,甚至比"真"(60余次)的出现频率都要高。这表明庄子并不是只讲"真",而不讲"善"。当然《庄子》中的"善"有多种含义,既有作为形容词的"善"——"浑沌待之甚善"(《应帝王》),"圣人之静也,非曰静也善,故静也"(《天道》),"善"在此指好的之义;也有作为动词的"善"——"宋人有善为不龟手之药者"(《逍遥游》),"善刀而藏之"(《养生主》),前者为擅长、善于之义,后者通"缮";当然也有作为名词的"善"——"为善无近名,为恶无近刑"(《养生主》),"善"在此与"恶"相对。

对于儒家而言,所谓"善"是与"恶"相对的,他们认为人心应该向善,而远离恶。在孟子看来,这是因为人性原本就是善的;而在荀子看来,人性虽然不善,但是人应该向善——唯有如此,人才能与动物相区分开来。也就是说,"善"是合乎人的目的的。

在此意义上,庄子并不反对儒家的"善"。"尧曰:'吾不敖无告,不废穷民,苦死者,嘉孺子而哀妇人,此吾所以用心已。'舜曰:'美则美矣,而未大也。'尧曰:'然则何如?'舜曰:'天德而出宁,日月照而四时行,若昼夜之有经,云行而雨施矣!'尧曰:'胶胶扰扰乎! 子,天之合也;我,人之合也。'夫天地者,古之所大也,而黄帝、尧、舜之所共美也。故古之王天下者,奚为哉? 天地而已矣!"(《天道》)对于舜(庄子思想的代言人)而言,"不敖无告""不废穷民""苦死者""嘉孺子而哀妇人"等也是"美"的——这里的"美"实际上就是儒家所讲的"善"。庄子之所以不否定这种"善",根本原因在于,这种"善"本身也是符合人的目的的。

问题在于,这种"善"还不是最高的"善"——完善,因为它仍然是有局限的。

一方面,对于他物而言:首先,他物可能并不需要这种善意,特别是当这种善意会扰乱事物的正常秩序的时候,即便不是这样,也不是所有的人都希望得到别人的帮助;其次,尤其是其中的"悲悯死者",这是庄子明确提出要避免的情况,因为这是人自身执着于生死的表现,而且对于死者而言这完全没有任何意义;再次,对某一部分人的"善"可能会导致某种不正义的事情的发生,因为这种"善"并没有考虑事情本身的情况,而只是出于人的一种善良意愿,当这种意愿和事情的真相、真实发生冲突的时候,不正义就会产生;最后,这种

"善"是有限的,而不是无限的,它不可能施予所有的物,所以对于不能享受这种"善"的物而言,这又是不公平的。

也就是说,这种"善"即便符合某一部分人的目的,但这并不代表它也符合其他人的目的,更不代表它符合所有人的目的。前者表明,这种"善"可能是不公平、不正义的"善";后者表明,这种"善"不是普遍的,因此也不是最大的、最高的善。

另一方面,对于自己而言:当人将这种"善"作为一种"有"去追求时,它也可能成为人的一种束缚甚至是伤害。"夫贵者,夜以继日,思虑善否,其为形也亦疏矣!""烈士为天下见善矣,未足以活身。吾未知善之诚善邪? 诚不善邪? 若以为善矣,不足活身;以为不善矣,足以活人。"(《至乐》)这意味着,不仅"恶"可以伤害人,"善"也会伤害人。它们不仅会伤害他人、他物,而且会伤害自己。

再一方面,从根本上讲,对于庄子而言,善恶之分只存在于物的世界(世俗世界)中,在此,世界的原初统一性遭到分裂,于是产生了善恶的对立,当恶产生时,善也就产生了,反过来也是如此;善恶不仅彼此相生,而且相互转化,在不同的视域中,会有不同形态的善恶,即便是在同一视域中,善恶之间也会发生改变——如人养马,对于马而言可能是善的;但是人食猪,对于猪而言肯定是恶的,在这种情况下,人究竟是善是恶就成为了一个问题。但是在"道"的世界中,是不存在这种分别的,它无所谓善,也无所谓恶。万物能够按照自己的本性生活,这就是完善的,否则就是不完善的。所以一般认为,庄子的思想是无善无恶或者超善恶的,这里的善恶就是指物的世界中的善恶——庄子的世界是"道"的世界,在这里并没有世俗的善恶之别。

在此意义上,最大的"善"就是完善,而这种完善是以"无善"的面貌出现的。"无善"首先表明,它"无"世俗世界中的"善"——即善恶相对的"善"。其中,对于人为之"善",即源于人的主观欲望(伪善)、主观意愿的"善",源于人的某种分别心、执着心的"善",我们要否定它们——所以"无善"之"无"在此意味着否定;而对于自然之"善",即自然产生的怜悯之心等,我们不能否定它们,而是应该"忘"——超越它们,也就是不局限于它们——唯有这样,这种"善"才可能扩充到天地之间,才可能是无限的、公平的和公正的。其次,"无善"就是道的本性,原初的世界既无所谓恶,也无所谓善,正是因为此,对"善"的否定和忘才得以可能。最后,我们也不能将"善"与"无善"相对立起来,不能在否定"善"的同时又去追求"无善",因为在"道"的世界中,它反对任何人为,人为只会导致"道"的分裂。

因此,真正的或最高的"善"不是伦理学意义上的与恶相对的善,而是超出了善恶之别的善——即事物自身和整个世界的完善。这种完善不仅符合事物自身的目的,而且符合整个世界的目的。

要做到这点,就不能是"有"善,而只能是"无"善。因为当人"无善"时,他就既不会干扰自己,也不会干扰万物自身的秩序,这本身既是对自己的守护,也是对万物的成全。所以"无善"成就了最高的、最大的"善"。《天道》中的天地日月就是如此,它们无意向某一物行善,但正是这种"无善"成就了其覆盖苍生、普照万物的大善。

而当万物都能实现自身、完成自身、实现自身的目的时,这也就成为了一种最高的"美"。

所以在"道"的世界中,真善美原本是统一的,它们都是指万物自身及其整个世界的本性的实现和完成。"真"意指本真、真实、真相和真理;"善"意指完善,秩序合宜,合乎目的,它不仅合乎人自身的目的——内在秩序的完善,而且合乎整个世界的目的——人与自然、人与社会之间外在秩序的完善;"美"意指完美,它是事情本身的生成、完成和实现。这种生成、完成和实现同时就意味着事情的真相、真实的显现和人的内、外秩序的完善。

在此,"美"并不超出"真"和"善",毋宁说,它就是"真"和"善"的完美实现,也正是在这种"实现"中,"真"成为"真","善"成为"善","美"得以生成。所以真、善、美之所以能够合一,是因为它们原属一体,是物之本性的不同维度的表述和体现。

三、"有""无"相生

但是,强调"无"之美并不意味着它就等同于"道"之美,对于庄子而言,"无"之美还只是"道"之美的一个有机组成部分:一方面"有"之美是因为"无",是"无"对"有"的照耀;另一方面"无"之美则导源于"有",是"有"对"无"的显现——这是"有"与"无"的相互实现和完成。

具体而言,"有"要成为美的"有",不仅需要实现自己,让自己成为自己,而不是成为异己或他物;同时,"有"还需要完满地实现自己,即它不仅需要实现自己,而且需要超出自己的有限性,这样它才能与万物融为一体,彼此共生,这就需要"有"超越自己的"有"性,而成为"无",这时"有"才能成为与万物一体、与天地共生的"有"——不仅让他物生,而且让自己生生不息地"有"。

"无"要成为美,也需要实现自己,即让自己成为自己,而不是成为空洞无物的"无"——所以这里的"实现"首先是指完成,"无"不是什么也没有,而是对"有"的否定,是对万物乃至于"道"的本性——"无"性的描述;其次,"实现"还指显现,"无"要实现自己,还需要"有"来显现自己、敞开自己,没有"有"的参与,"无"将处于空洞的、毫无意义的境地之中;最后,"无"必须是绝对之"无",它要排除任何的人为之"有",从而保持自身的"无"性,这样美才能从根本上显现出来。

因此"有"和"无"是相辅相成、相互生成的,而不是相互对立的。

基于此,声音之美不仅来自于声音本身,而且来自于声音之外的无声之美,这种美是有声和无声的有机的生成;色彩之美不仅来自于色彩本身,而且来自于色彩之外的无色之美,它的美是有色和无色的统一;动作之美不仅来自于动作本身,而且来自于动作之外的意味深长的停顿,它的美是一个有机的整体……真正的美既不会被"有"所充满,也不会被"无"所充满,它是有无相生、虚实相生的美。

其中,这种"相生"表现在三个方面。

(一)"有"与共在之"无"的相生

有无相生在此表现为"有"和"无"在物中是共在共存的,"生"在此意味着生存,即"有"和"无"的存在是共同的存在,它们相互依赖,缺一不可。

一方面,没有"无","有"将不能存在。这是因为:①"无"为"有"提供了生存、生活的空间,否则"有"将无处安放、无处存在,也无法运动、变化、发展;②"无"也为"有"提供了意义的空间,"有"的价值和意义只有在"无"中才能被完整地显现出来;③同时"无"为"有"提供了无尽的想象的空间,或者说"无"在"有"的基础上生发出无尽的意蕴,"无"让"有"从有限之"有"成为无限之"有",因此,"无"不仅为"有"提供了意义空间,而且拓展了"有"的意义空间。

另一方面,没有"有","无"将失去意义。这是因为这种空间必须以"有"为基础,空间是建立在"有"基础上的空间,否则,"无"将成为毫无意义的空无、虚无。因此真正的"无"是建立在"有"基础之上的"无"。没有"有","无"将处于黑暗、无明之中:①它将无处显现;②它将毫无意义,只是空白一片;③当我们完全被"无"所充满时,将可能导致虚无主义。

(二)"有"与共生之"无"的相生

有无相生在此表现为"有"和"无"在物中是共同生成的,"生"在此意味着生成,即"有"和"无"不仅是共在的,而且是共生的,它们相互生成。

一方面,没有"无","有"将不能生成。正是在"无"的不断的自我否定中,"有"不断地与非本真的自己相分离,同时不断地返回本真的状态,在此过程中,"有"不断地显现出来、生成出来,并且不断地实现和完成自身,同时与世界融为一体,所以有限的"有"是在"无"中生成自身的,并且在"无"中成为无限的"有"。

另一方面,没有"有","无"也将不能生成。这是因为真正的"无"只有在"有"中才能显现自身,同时完成自身,而且在不同的"有"中,"无"可以在不同层次上显现和完成自身,所以:①"无"的蕴含是无穷的、无限的;②"无"的意义不是固定不变的,而是不断变化的,它的意义的彰显需要依靠"有"。

因此,有什么样的"有"就会显现和实现什么样的"无";有什么样的"无"也会扩充、构建什么样的"有"。只是对于一般人而言,他们只看到了"有",而不能看到"无";只是重视"有",而不重视"无";只看到"有"的意义,而看不到"无"的意义。他们完全被"有"充满,因此也就被"有"所局限,也就是被"有"所遮蔽。

(三)"有"与"有"之"无"的相生

在《庄子》中,真正的"有"是包含了"无"("有"的隐藏、遗忘、缺失、失去)的"有",甚至是被"无"所规定的"有"。一方面,"有"只有处于"无"(隐藏、遗忘)的状态之中,"有"才能成为真正的"有",否则"有"将执于自身,从而丧失自身,成为非己的存在,即非存在意义上的"无";另一方面,当"有"从"无"中产生("成")时,这本身就昭示了它的一种必然性——"无"("毁"),而当这种"无"产生时又昭示了新的"有"的产生,这就是庄子所讲的"始卒若环"(万物无"成与毁"),"有"与"无"的相生相灭构成了整个世界的循环——社会的更迭、四季的代序,也正是在这种无穷无尽的有无相互转换——有无相生中,新陈代谢产生了,于是就出现了万物的繁茂、宇宙的生机。只有"有"没有"无"的世界是不能流动的、缺少变化的世界,是泥古不化、陈陈相因的世界,因此是一潭死水的世界。

当然,"无"也蕴含了"有",所以才能无中生有,"有"不是凭空而起,而是由"无"的"徼向性"所形成的。

在"物"之中,"有"决定了"物"的现实性,"无"("有"的隐藏、遗忘、缺失、失去)昭示了"物"的可能性——即"有"显现了"物"的存在,"无"指引着

"物"的生成。

因此,对于庄子而言,"有"不仅要与"有"共在、共生,而且还要与"无"共在、共生。毋宁说,"有"与"有"的共在、共生就是以"无"的方式进行的,是被"无"所规定的,它们的共在、共生实际上以"有"与"无"共在、共生的形式显现出来,所以"邻国相望,鸡狗之音相闻,民至老死而不相往来"(《胠箧》),这并不意味着人要抛弃社会、与世隔绝,毋宁说,这就是人与人的共在形式——这种以"无"的形式表现出来的漠不关心正好切中了"道"的本性:从否定方面而言,它避免了人与社会的相互打扰、干扰,因此"不相往来"就是一种对"民"的守护、保护,保护其不受"往来"的伤害;从肯定方面而言,它就是"让""顺""因""任",顺其自然,让"民"成为自身——在这个意义上,"无"让"有"成为"有"。

综上所述,庄子美学是"道"的美学,是有无双生、有无双驰的美学和真无妙有的美学,但是是以"无"为主的美学。

第五章　"无"之美的意义和边界

第一节　"无"之美的意义

如果说儒家美学呈现为一种作为"有"的礼乐之美和仁义之美的话，那么庄子恰恰要反对这种"有"之美，他不仅反对儒家的仁义，而且反对这种仁义的显现——礼乐，因为这种"有"限制了甚至有可能伤害人和万物的本性，所以他要否定（"无"）它们。"无"的结果就是人和万物返回到自身的本性之中——"道"之中，也就是返回到虚无的本性之中。所以如果说儒家美学是一种关于"有"的美学的话，那么相比较而言，庄子美学则是一种关于"无"的美学。

如果说作为"有"的儒家美学主要通向社会、伦理和道德的话，那么作为"无"的庄子美学则主要通向自然和艺术；如果说儒家美学强调的是美的社会功能的话，那么庄子美学则反对美的任何功利性，美只是人和万物的显现、实现和完成。因此和"有"的美学相比，"无"的美学更为纯粹。

在此意义上，庄子的"无"之美对中国古典美学和艺术产生了无可替代的意义。徐复观认为"中国的纯艺术精神"实际上是由老庄思想系统所导出的①，李

---

① 徐复观：《中国艺术精神》，华东师范大学出版社 2001 年版，第 28 页。

泽厚、刘纲纪则认为"道家美学在中国美学史上的贡献是巨大的。后世一切有关审美和艺术创造的特殊规律的认识,绝大部分得自道家美学"①,朱良志也认为"道家哲学是最富艺术精神的,它的精神气质莫不与艺术款款相合,因而道家的生命哲学观对中国艺术生命精神的形成起了关键作用。"②道家的这种精神气质莫如说就是"无"的气质,这种"无"之美在各种艺术门类中得到了具体的运用,对各门艺术美学产生了深远的影响。

一、物之"无"的美的意义

（一）与"有"共在的"无"之美的意义

这种"无"是作为自然之"有"之外的"无",也就是存在于物之中的与"有"并存的"无"。这种"无"在绘画艺术中表现得最为直接和明显——即对"留白"的凸显。"留白"实际上也就是留"无",它是指在作品中的"有"之外还要留有一定的空白。当然,如果只是在画面中简单地留有一定的空白的话,任何绘画作品实际上都做到了这一点,也不可能不做到这一点,在此意义上,空白的存在并不奇特。但是"留白"所强调的"无"显然与这种不得不存在的空白大异其趣,因为这个"无"并不是指毫无意义的虚空的空间,而是与"有"共同存在,并彰显"有"、完善"有"的"无"。毋宁说,它是"有"的补充和完善,是"有"的延续、实现和完成——通过艺术家和艺术欣赏者的自由的、丰富的联想和想象,它可以产生无限的"有"。正是因为此,清代蒋和认为"大抵实处之妙皆因虚处而生,故十分之三天地布置得宜,十分之七在云烟锁断"。③

对于舞蹈艺术而言,它的美也不仅仅只是来自于作为"有"的动作的优美,而且来自于动作之外的作为"无"的停顿;不仅来自于作为"有"的演员的

---

① 李泽厚、刘纲纪:《中国美学史》(第一卷),中国社会科学出版社1984年版,第281页。
② 朱良志:《中国艺术的生命精神》,安徽教育出版社1998年版,第37页。
③ 蒋和:《学画杂论》,载俞剑华编著:《中国画论类编》,人民美术出版社1986年版,第278页。

存在,而且来自于演员之外的作为"无"的空间或整个舞台的存在,演员必须融入舞台的虚的空间或整体的舞台氛围之中,即"有"必须融入到"无"或者说融入到有无的整体之中——这时,舞蹈艺术的美就不仅仅只是视觉的盛宴,而是能够潜入人心、打动心灵的美。因此它也不仅仅只是动作的优美,而是整体性、统一性的完美。

对于音乐艺术而言,它的美也不仅来自于作为"有"的声音,而且来自于作为"无"的沉默——无声。这首先是必然的,因为美的音乐不可能完全被声音所充满,否则声音将失去其存在的空间;其次,它也不能完全被声音所充满,否则声音将失去其存在的意义和价值——"最能感动我们的音乐……并不是震耳欲聋的声音……密度最大的音并不是最强烈的,因为它完全占据了我们的感官,只构成一种纯粹的感官现象。"①

对于书法艺术而言也是如此,它的美不仅来自于作为"有"的字本身,而且来自于作为"无"的空白,即字与字之间、行与行之间所余留的空白,它随着字的大小、欹正、疏密等的不同而不同,进而产生的审美效果也大异其趣。因此,书法艺术的美不仅来自于作为"有"的线条,而且来自于作为"无"的空白,或者说来自于有无的整体的谐调之中。正是基于此,书法艺术强调"布白""计白当黑"……

(二)"有"之"无"的美的意义

所谓"有"之"无"不是指"有"之外的"无",而是"有"自身所具有的一种可能性——即"有"的隐藏或遗忘。

中国古典美学中的"情景交融""主客统一""物我合一"实际上就是作为"有"的"物"和"我"的隐藏——物我两忘。这时,人既不受物的束缚,也不受我的主观意识的束缚,从而获得了自由的可能。"物"和"我"虽然都还存在,

---

① [法]余莲:《淡之颂:论中国思想与美学》,卓立译,桂冠图书股份有限公司2006年版,第49页。

但是它们却"忘"记了自己的"有",而仿佛成为了"无"的存在。这时,作为客体、表象、形体的"有"成为了"无",而"有"背后的"无"则显现出来,即"物"和"我"的生命、生意、生气、生机弥漫在"我"和"物"之间,以至于"我"忘记了"物",也忘记了自身。而在"忘"的同时,他又得到了"有",只是他所得到的不再是外在的自己,也不是外在的物,而是本己的生命。因此,在这个过程中,不仅"有"成为了"无",而且"无"生成了"有"。

故而中国古典美学所强调的往往不是"有",而是"无",这个"无"不仅指与"有"共在共存的"无",而且指"有"自身所包含的"无"。只有当"有"隐藏自身时,它才能显现出来;只有经历了"无",它才能真正地拥有"有"。这种思想在中国美学史上得到了发扬光大,比如王弼的"得象忘言""得意忘象"之说。一般而言,"言"是用来描述"象"的,"象"是用来表达"意"的,但是为了得到"象",我们就需要忘记"言",因为言是有限的,"象"是无限的,用有限的"言"去表达无限的"象",这在显现"象"的同时必定会遮蔽"象",所以我们要"忘""言",只有忘记它才能不受"言"的束缚,从而更好地显现"象"。同理,我们要"忘""象",因为只有忘记它才能不受"象"的拘囿,从而更好地揭示"意"。当然,忘言和忘象并不意味着我们不要言、不要象,"言"和"象"是需要的,因为它们提供了一个基础,没有这个基础,"象"和"意"同样无法显现。只是说,它们存在着,但是我们要忘记它们,这样才能有无双生。唐代张彦远在《历代名画记》中更为直接地提出了"凝神遐想,妙悟自然,物我两忘,离形去智"的美学观点,认为在绘画创作和绘画欣赏中,我们只有忘记外物和我们自己——即忘记作为"有"的"形"和"智"以及与此相关的功名利禄、道德伦理、社会习俗等,我们才能妙悟自己,同时妙悟天地自然——这基本上是在绘画领域对庄子思想的演绎。

如果说对于自然之"有",我们需要"忘"——超越的话,那么,对于人为之"有",我们就不能只是"忘",而需要否定。

(三)作为否定的"无"的美的意义

对于庄子而言,形而下之"无"除了以上两种形态之外,还有一种更为普遍的表现形态:作为动词的"无"。它表面上看起来是一种作为方法和途径的"否定",但实际上却意味着所否定之物已经偏离了自身,故而否定的过程正是返回物自身的过程。因此,这种"无"本身就意味着事物自身的状态,如"无欲""无知""无情""无言""无用"等——它们本身就是人的原初状态。所以,与其说这种"无"是作为动词的否定,不如说它是作为名词的一种状态——被"无"所规定的整体性、总括性的状态。

只是在人与原初的状态分离以后,人才有欲、有知、有情、有言、有用,这种"有"就是人为之"有"。而"无"所要否定的就是人为之"有",如人的贪欲、功利等。也就是说,作为否定义的"无"之所以存在,一方面是因为人为之"有"中的"有"没有坚守自己的边界,而成为了异于自己的存在,所以我们需要否定这种人为之"有",而这实际上是对于"有"的守护和保护;另一方面,人为之"有"不仅会伤害"有"自身,而且会束缚人,它使人拘囿于这种"有"而远离自身的本性,从而远离了自由和美,因此对于人为之"有"的否定,实际上是让人从各种束缚和拘囿中解放出来,走向自由,成为美的存在。

基于此,作为否定义的"无"就是通向事物自身、通向自由、通向美的必由之途。在此,美就可以理解为自由,自由则可以理解为事物自身即本性的敞开。从否定意义上讲,"无"让人从束缚中摆脱出来,让事物从各种偏离中返回自身,它既守护了人,也保护了物;从肯定意义上讲,它揭示了事物的本真状态,从而使事物得以敞开自身,让人成为人,让物成为物,而不是这之外的存在。

也正是这种否定,使得物之"无"与美发生了关联,因为美只有否定任何形式的束缚,它才有可能成为美,因此美的突出特性就是否定性①。当然这些

① 彭富春:《哲学美学导论》,人民出版社 2005 年版,第 121 页。

都只是外在的束缚,除此之外还有一种内在的束缚,它根源于人自身的心灵。对于庄子而言,这是一种更根本、更主要的束缚,这在于外在的事物之所以能够束缚、遮蔽人,是因为人的心灵被束缚、被遮蔽了。而人的心灵原本处于虚无之中——"无心",只是因为人为之"有"的介入,人心中产生了"有",所以我们要否定这颗"有"之心,即"无心"。因此,"无心"既是方法,也是目的;既是结果,也是开端。这在《庄子》中表现为"心斋""坐忘""朝彻""见独""游心于物之初"等一系列的表达之中。

庄子对"无心"的思考启发了后世美学对于审美心胸的探讨和强调,以至于审美心胸的构建成为了中国美学的鲜明主题和悠久传统。这在管子学派那里表现为"虚一而静",在宗炳那里表现为"澄怀味象",在郭熙那里表现为"林泉之心"。所谓"虚一而静"就是强调心灵的自然状态——"虚"和"无",反对心灵的主观和人为——"实"和"有",在此基础上,心灵才能专一而宁静,而不是杂多、混乱和躁动。所谓"澄怀"也就是"澄心",从否定意义上说就是否定、洗净人的主观和人为的心灵,从肯定意义上说就是让心灵澄澈,回到其源初的状态之中。而"林泉之心"就是像林泉一样自然的心灵,它否定了心灵的人为性,因此不夹杂有人的私欲、私意、私心,所以它不是偏狭、利欲熏心的,而是纯净、纯洁的,并因此是愉悦、自适、生机勃勃的。

基于此,审美心胸实际上强调了心灵之"无"的状态。首先,从根本上讲,"无心"是心灵的原初状态;其次,从现实而言,只有当心灵一尘不染时,我们才能不被"有"所缚,才能实现自己。所以无论是艺术创作还是审美欣赏,只有"无心"才能给我们提供一个无所拘束的前提,这时审美对象才能向我们敞开,美才可能生成。

当一切人为之"有"被否定之后,呈现在人面前的就是一个自然的世界,即纯洁、纯净、纯正、纯真、真性情、真性灵的世界。所以李贽提出了"童心说",所谓"童心"实际上也就是"无心",在这里"无"首先意指否定,即对非"童心"的否定,如儒家的仁义礼智之心,这是因为它并不是人的初心,而是人为之心,并因此而产生了"假人""假言""假事""假文""言不由衷",因此只有否定它,人才能返回初心。其次它是指心灵的本性为"无"——它的正面表达就是自然,当心灵顺其自然时,这也意味着它处于一种"无"的状态之中。当艺术家处于"无心"状态时,他会从各种已"有"的意见、观念、态度的束缚中摆脱出来,顺着事情自身的道路走向事情本身,并且将事情的真相真实地言说出来、显现出来。

二、道之"无"的美的意义

而物之"无"之所以美,从根本上讲是因为"道"之"无"的美。就"道"而言,不是其存在性规定了事物的美,而是其虚无性规定了事物的美。正是因为如此,虚静、恬淡、寂寞、淡漠、沉默、平淡……成为了中国古典美学所追求的对象,因为它们既是"道"的基本调性,也是美的最高境界;既是得道的状态,也是审美的要求。

基于此,庄子之美与"道"之"无"紧密相连。也正是因为此,中国美学所追求的绝不仅仅是单个、具体、有限的对象的美,更是整体、无限的美;也绝不仅仅是物之美,更是道之美;不只是道之"有"的美,更是道之"无"的美——毋宁说,"有"之所以为美,往往是因为它显现了"无";物之所以美,是因为它显现了"道";有限之物之所以美,是因为它显现了无限之物。

因此中国传统艺术不仅追求艺术的情怀,而且追求形而上的哲思;它不仅要通过文学艺术来表达个人的情思,而且要通过它们来"究天人之际,通古今之变",因此他们有着"天地与我并生,而万物与我为一"的博大的情怀与胸襟。具体到中国的艺术传统,它不仅追求艺术上的意与象、情与景、主与客的统一,而且追求形而上的有与无、虚和实的统一;不仅追求物与我的合一,而且追求天地、宇宙、自然与我的合一。

也因为此,对意境的追求成为了中华美学精神的核心。各种艺术门类不过是从不同侧面、不同维度显现和实现了这种美学精神而已。这种美学精神也代表了中华民族的超越精神——它是对有限的超越,追求无限;它是对有碍的超越,追求无碍和绝对的精神自由——总之,它是对"有"的超越,所以它不能依靠"有",而必须依靠"无","无"为"有"拓展了意义的空间。当然,这种超越不是宗教的超越,而是美学的超越;不是外在的超越,而是内在的超越;不是现实的超越,而是心灵的超越;不是超越人世而去,而就是在世间超越。

值得注意的是,意境不仅是文学的最高追求,而且是其他各种艺术门类的共同审美追求,或者说,对于"有"之外的"无"或与"有"共在共存的"无"的追求是各门艺术的审美需要、审美趣味和审美理想。因此,绘画艺术中的"留白"所留的不仅只是毫无意义的空白,也不仅仅只是与"有"共同存在的"无",更是与"有"相互生成的"无"(正是这种生成形成了气韵生动)。基于此,这里的"无"就成为了真切存在的"有",而且比"有"更为真切——就作品整体而言,"无"成为了比"有"更真实、更重要的"有"。反之,"有"则成为了"虚"的实体,它不仅不能凸显自己,反而要"虚"化自身、隐藏自己,唯有如此才能成就自己,同时成就整个作品,因为它的意义并不指向它自身,而是指向实体之外的更广阔、更丰富、更深邃的宇宙空间和人生境界,而这才是中国艺术所要传达的艺术旨趣和审美理想,也是它所要达到的最高的精神追求。

这样我们就不难理解,高明的艺术家所注重的往往不是孤立的、静止的物象,而是整体的、气韵生动的意境;不是对"有"的摹写,而是对"无"的构造;不是"象内",而是"象外";不是近象,而是远景;不是有限,而是无限。"演员所做的一切都是为了创造出一个能够使我们真实看到的东西,而我们实际看到的却是一种虚的实体。虽然它包含着一切物理实在……但是在舞蹈中,这一切都消失了。一种舞蹈越是完美,我们能从中看到的这些现实物就越少。"①

同时正因为"留白"在绘画美学中具有如此重要的意义,所以古往今来的艺术家创作了各种各样的方法来实现这种"留白",以实现对"有"之外的

---

① [美]苏珊·朗格:《艺术问题》,滕守尧译,中国社会科学出版 1983 年版,第 33 页。

"无"的审美追求。如中国山水画对于"远"的审美追求和具体的布局就体现了这一点。这是因为"远"所需要克服的就是"有限",这既意味着"有"的限制,也意味着"近"的遮蔽,在此意义上,它所要通向的就是"无限",这既意味着无所限制,又意味着人生和世界的真相的无蔽,所以"远"通向"无",也就是通向"道"——在"无"中,一方面人可以无阻的通向无限之地,另一方面人生和世界也无限地向我们敞开。郭熙的"三远"说就完整地向我们展示了三维空间中"远"的三个维度——"高远""深远""平远",但这不仅是空间性的三维,也是人生境界的三维,不仅是方法性、技术性的,而且是合乎人的目的性的。

中国古典艺术不仅追求"远",而且追求"韵",认为艺术作品要有"气韵""神韵""韵味",所谓"韵"就是要求"有余意",即认为艺术作品不能太"实",不能被"有"所充满,这是因为一旦如此,艺术作品就会止于"有"。"有余意"则要求在"有"之外还需要有"无",即"行于简易闲澹之中,而有深远无穷之味",这个"无"就来自于"有"的启发和指引,所以是"有"生成了"无",同时又由"无"又生成了无限的"有",从而有无相生,"余意""韵味"便源源不断的生成出来。

正是因为如此,我们不能见物不见人("道"),不能见"有"不见"无"。艺术作品中当然有"有",也有"无",但是艺术的真相和实相却不只是在"有"之处,而主要在"无"之处;不在"眼中之竹",而在"胸中之竹";不在感官之中,而在"空中""镜中",所以中国古典艺术是以"无"为主的艺术。

总之,"道"之"无"是存在着的,它是一种"有",甚至比"有"更真实、完整。这首先是因为它所显现的不是事物的表象,不是我们不经思索就可以一览无余的对象,那样我们将一无所获。它所显现的是表象背后的真相,即人生和世界的真实生命和真实图景,正是因为此,中国美学所追求的往往不是写实,而是写意,不是对"象"的模仿,而是对"心"的表现。

其次,它所显现的也不是个体之物或物的个别部分,而是经由个体和局部所指引、所扩充的整体,正是因为此,中国美学所追求的往往不是个体和局部之美,而是整体之美,同时中国美学所表现的往往也不是某种激情,而是一种持久的心境——它不是一种突发性的情绪,而是一种弥漫性的情感;不是某个人的某种特别性的情绪,而是一种整体性的情境。

再次,它所显现的也不是有限之"物",而是无限之"道",或者说它是通过有限之"物"来显现无限之"道",即显现充满生机与活力的世界,所以它所显现的也不是静止之物,而是生生不息、元气流动的物的世界。

因此"象外之象""景外之景""味外之旨""韵外之致"所呈现的虽然是虚象、虚景、虚味、虚致,但是它们却比实象、实景、实味、实致更真实,更完整,更生机勃勃,更富有生命的气息。所以徐复观认为"这(远处的无)并不是空无的无,而是作为宇宙根源的生机生意,在漠漠中作若隐若现的跃动。而山水远处的无,又反转来烘托出山水的形质,乃是与宇宙相通相感的一片化机"。①

当然"道"之"无"的美也不止于艺术意境,而是指向更为宽广的世界、人生,即人生境界。如果说艺术意境是由心灵所构造并且主要存在于艺术的世界中的话,那么境界则不仅需要心灵,而且需要现实的行动,所以它也存在于艺术之外的现实世界。

三、绝对之"无"的美的意义

"道"的自我否定首先表现为"无"的自我否定。这是因为,无论是"物"之"无",还是"道"之"无",它们都不能成为新的"有",即不能成为可供人追求的对象,唯有这样,"无"才能坚守自身的本性。

这样,因为"无"的自我否定,"无"在生成"有"时,也生成了自身,所以"无"不是死之"无",而是生之"无",即生生不息的"无"。这种生生不息的绝对之"无"不仅生成了其自身,而且生成了整个充满生机、生气与生命的世界,

---

① 徐复观:《中国艺术精神》,华东师范大学出版社 2001 年版,第 211 页。

对于中国美学而言,这个世界就是一个大美的世界。

其次,"道"的自我否定表现为有无相生。因为"道"虽然被"无"所规定,但是"道"不是"无",而是有无相生。这意味着,"无"虽然可以超越"有",但是它不能脱离"有",在此基础上,"道"才能成为"道"。因此"道"既不是单纯的"有",也不是单纯的"无",而是"有"和"无"的共在、共存、共生。

如果说艺术是对存在的显现的话,那么它就不仅是对有限之"有"的显现,而且是对"无"的显现,是对于无限的世界整体的无限显现——这也是满足无限的心灵的无限追求、自由追求的需要。毋宁说,真正的艺术就是要通过"有"来显现"无"的世界,这是为"有"寻找意义的过程,也是实现"有"的过程。因此,我们就不能只是通过对于"有"的揭示来实现它,还要通过对于"有"之外的"无"的揭示来完成它。

尽管如此,这并不意味着"有"在意境中可有可无,相反,和"无"一样,"有"也是意境所不可或缺的。首先,一方面,"无"给予"有"以空间,让"有"存在;另一方面,"有"也给予"无"以基础,让"无"存在。其次,一方面,因为"无",生成了无限的、新的"有";而因为新的"有",也生成了新的、无限的"无";再次,一方面,因为"无"而聚集了无限的"有";另一方面,因为"有"也聚集了"无"。最后,一方面,如果没有"无"的引导,"有"将成为空有——"有"将处于无明之中;另一方面,如果没有"有"的引导,"无"终将成为空无——什么也没有。

基于此,意境的产生是有无相生的结果,在其中"无"生成了新的"有",获得新的意义的"有"也需要生发出新的"无",新的"无"从而可以触动更新的"有",以此循环,相生不已,意境才能成为活的、余味无穷的意境。

因此,"无"虽然重要,甚至规定了意境的存在,但是如果没有"有"的存在,意境也将荡然无存。所以文学艺术中的"有"与"无"都是不可或缺的,如果说意境的形成需要"有"与"无"的相互生成的话,这种生成就需要它们之间切适的存在比例,而这种比例也并非艺术家随意、刻意的安排——作品既不能被"有"所淹没,也不能被"无"所充满,"有"和"无"都应该有所限制。这种限制就来自于事情本身——"有"的存在本身就决定了它究竟能够激发出何种程度、广度和深度的"无",在此意义上,艺术中的"无"并不是艺术家的杰作,而是被"有"所规定的杰作,艺术家只不过是顺应、感悟了"有"的召唤。艺术家的心灵当然参与了有无的生成,但是它的任务不是主动的安排和设立,而是谦恭大度的顺让和因任。唯有如此,艺术家才能理解并顺任事情本身的需要,从而让美从有无的转换中生成出来。

第二节 "无"之美的边界

一、物之"无"的美的边界

(一)"有"之美的失落

庄子虽然强调有无双生、虚实相成,但事实上他所强调的只是"无"和"虚"的价值,对于"有"和"实"的价值却鲜有发挥。这虽然有其思想产生的社会背景和理论背景,即对于现实之"有"的否定和超越,但是对"无"和"虚"的片面和过度强调则导致"有"的价值常常被忽视、被淹没。基于此,李磎对《庄子》的批评"夫虚无用之心也,必凭于有者也。有之得行也,必存于虚也。是以有无相资,而后功立。独贵无贱有,固已疏矣"[1]并非毫无道理。

具体而言,这种重"无"轻"有"、重"虚"轻"实"的思想主要表现在三个方面:在存在方面,庄子只是重视了"无欲"的意义和价值,却有意无意地忽视了"欲"的意义和价值;在思想方面,庄子只是重视了"无知"的意义和价值,却忽视了"知"的意义和价值;在语言方面,庄子只是重视了"无言"的意义和价值,却忽视了"言"的意义和价值。

---

① 董诰等编:《全唐文》第 803 卷,中华书局 1983 年版,第 8445 页。

1. "无欲"

在庄子的"无欲"视域中,欲望仿佛成为了万恶之源。但事实上,广义的欲望又是生命之源,它不仅是人的生命之源,甚至是世界万物的生命之源。这在于欲望不仅具有消极的意义——消费性和消耗性,而且具有积极的意义——生产性和创造性,只有当欲望演变成贪欲之时,它才会成为万恶之源。而欲望自身是自然的,它天生而成,这在于人天生就有欠缺,正是欠缺导致了人的欲望的产生,而满足欠缺、实现欲望也就成为了人不断向前、向上的动力,"人正是从欲望出发,创造他的生活"①。欲望不仅是个人前进的动力,而且是社会前进的动力;欲望的发展不仅敞开了个体生命的丰富性,而且敞开了社会的丰富性,因此"欲望作为一种内在的驱力,既是人自身生命力的源泉之一,也是人的世界不断生成的基本要素之一。所谓的人自身的生产和物质的生产便是这种创造性的明证"②。

而在《庄子》中,"无欲"的意义虽然被揭示出来,但是欲望自身及其意义却是模糊的,它虽然没有完全否定欲望,却也没有完整地揭示出欲望的意义,所以欲望仍然处于无明和黑暗之中。

2. "无知"

庄子所重视的是"无知",但"无知"具有两种含义:一是与"知"相关的"无知",一是与"知"无关的"无知"。庄子的"无知"很显然是后者意义上的"无知",因为它想表明的就是世界原初状态的"无知",因此不可能还存在一个比"无知"更为本源的"知"。但这容易让人误入歧途,以为"无知"就是什么也不知道——这样一来,"愚"就成为了真愚,而不是"若愚"。实际上,冯友兰早就区分了这个问题,"但是'无知'与'不知'不同。'无知'状态是原始的无知状态,而'不知'状态则是先经过有知的阶段之后才达到的。前者是自然

---

① 彭富春:《哲学美学导论》,人民出版社 2005 年版,第 61 页。
② 彭富春:《哲学美学导论》,人民出版社 2005 年版,第 66 页。

的产物,后者是精神的创造"①,因此最高的"知"不是什么也不知道,而是"不知之知"——忘记(超越)了所知。"不知之知"的前提就是"知",人首先拥有"知",然后才"无知"——"圣人并不是保持原始的无知状态的人。他们有一个时期具有丰富的知识,能作出各种区别,只是后来忘记了它们。他们与原始的无知的人之间区别很大。"②对于人而言,"知"也并非是完全消极的,只要它不阻碍人获得新知,它也具有积极的意义。为此我们需要忘"知",而"忘"表明,我们首先要有"知",然后才能忘记它,忘记(超越)它才能不被其所缚。

因此,真正的"无知"绝不是完全的不知道,而是超越了所"知"或知道了所"知"背后尚未显现的无限的"知",有了真正的"知"——智慧,"无知"才能有力量,否则"无知"就会成为真正的愚蠢。故而庄子虽没有完全否定"知",却没有完整揭示出"知"的意义和价值,"知"不仅是对存在的显现,而且是人从愚昧到真知的不可或缺的桥梁。

3. "无言"

同理,"无言"也可分为两种:一种是与"言"相关的"无言";一种是与"言"无关的"无言"。后者容易让人误以为"无言"就是不说话,或者说只要保持沉默就是得道,只要是长久不说话的人就是得道者。事实上,真正的沉默不是绝对的"无言",它所指向的是所"言"背后的尚未"言"出的无限的"言"——在此意义上,"言"与"无言"共同构成了一个整体。一方面,正是因为"言"的存在才使得世界在此聚集,所以"言"绝不是可有可无的;另一方面,正是因为有了"言",其背后的"无言"才显现出来,沉默才富有力量,否则沉默将陷入深渊。因此,"无言"绝不是让人保持绝对的沉默,而只是让人保持在自己的原初本性之中,不至于被"言"所缚,而远离人和物自身。基于此,人是可以言说的。

---

① 冯友兰著,涂又光译:《中国哲学简史》,北京大学出版社1997年版,第102页。
② 冯友兰著,涂又光译:《中国哲学简史》,北京大学出版社1997年版,第102页。

庄子虽然没有完全否定"言",却没有完整揭示出"言"的意义和价值。真正的"言"不仅是一种工具,而且可以显现万物的存在和人的思想,并且可以揭示、指引其存在和思想。所以语言不仅是存在和思想自身的显现,而且是它们的感性显现,因此它可以成为其美的显现。

总之,对于"有"的不加分析的否定,遮蔽了"有"的潜在意义和价值——对于人而言,"有"不仅有消极意义,而且也有积极意义,虽然庄子认为"有"无用,但是这种无用恰恰也有其用处——激发人的潜能、丰裕人的生命、丰饶万物的色彩、丰富世界的意义。因此,我们需要从现实存在出发,对"有"进行具体而细致地分析、思考和沉思,区分其边界:哪些"有"是自然的,哪些是人为的;哪些"有"是合理的,哪些是不合理的;哪些"有"是需要被肯定的,哪些是需要被否定的——这个过程实际上是深入"有"本身,揭示和敞开"有"的真相的过程,并因此是解放和完成"有"的过程——让"有"从肯定或否定的两极中解放出来,实现自己,同时这也是我们作出判断的基础和前提。综上,我们不能简单地用"无"来解决所有的问题,否则在否定的同时,我们又会造成新的压抑。

(二)"无"之美的缺失

在《庄子》中,不仅"有"的意义和价值没有被彰显出来,而且"无"的意义和价值也没有被完全揭示出来。

这种"无"就是作为自然之"有"的天命所归和它的最大的可能性——"有"之"无"。它对于"有"的积极意义和深层价值在《庄子》中并没有被突出出来。它只是强调了这种由"有"到"无"的转化或由"无"到"有"的转化的自然性,同时旨在消除由"有"到"无"的转化的消极意义,却没有揭示其积极意义;它旨在消除此种"无"的负面价值,但是却没有揭示其正面价值。因此庄子之"无"在此还不够完美,它还处于无明之中,它不能照亮自然之"有",更不能照亮整个世界。基于此,此种维度的"无"之美没有被揭示出来,同时"无中生有"——在"无"中"有"才得以真正地"生"的含义也没有被揭示出来。

具体而言,"有"和"无"在这里可以转化为生和死的问题。庄子试图超越生死的界限,回到没有生死之分的原初状态,这似乎解决了人们对于死亡的困惑和焦虑,但这样的超越对于人的生命而言不是积极的,而是消极的。因为死亡在此仍然被看做是没有意义的事件。事实上死亡作为一种"无",它不仅揭示了生的本性和边界,而且显现了生的意义和价值。基于此,死并非生的对立面,毋宁说正是死完成并成就了生。没有生,死将毫无意义;没有死,生将毫无价值。生和死不仅相互生存,而且相互生成——没有人的本真意义上的生,死将沦为动物的倒毙;没有死,人的本真意义上的生将无法生成。在此意义上,向死而生的思想比泯灭生死更具有积极而深刻的意义。

无机物和鬼神是不死的,动物、植物只有倒毙、枯萎、凋谢和终结,只有人才是能死者,具有真正意义上的死亡,但正是这种"无"(死亡),确立了生的边界,从而激发了人的生命的潜能和希望,丰富了生命的意义,使得人的存在不仅只是生存,更是生成,并由此敞开了人的无限可能性。

因此生命存在的意义和价值不仅在积极性的"无"中得到升华和延续、拓展,而且在消极性的"无"中得到彰显和生成。

(三)从作为否定的"无"到作为划界的"批判"

对于庄子而言,虽然作为否定的"无"很重要,但是首先,"否定"并不是人和生活世界本身,它只是其开始——只有在不断地否定中,我们才能进入到本真的生活世界。万物的本性虽然为"无",但它们却以"有"的面貌出现,即"无"是"有"之中、之上、之后的"无"。

其次,"否定"更不是艺术作品本身,它只是艺术创作和欣赏的前提。正如叶朗所言,"审美的心胸本身并不等于审美创造,有了空明的心境并不等于获得了创造的自由"①,作为否定的"无"是审美心胸和空明心境产生的前提,

① 叶朗:《中国美学史大纲》,上海人民出版社2005年版,第119页。

在此基础上,对于艺术创作和欣赏而言,它还需要作为"有"的艺术材料、艺术技巧、艺术形象等的支撑,所以我们不能为了否定而否定。艺术作品中的"无"一定是在"有"之上或者在"有""无"相生的基础上的"无"。"无"必须以"有"为基础,否则艺术就会沦为涂鸦之作。

最后,更为关键的是,"否定"还不是"无"自身。相比较而言,"批判"比"否定"更符合"无"的本性,这种批判就是包含否定在内的区分边界。如对于欲望,我们不能像传统思想那样,简单地将其区分有欲和无欲,并在此基础上肯定无欲而否定有欲,或肯定有欲而否定无欲,更重要的是我们要直接面对欲望本身,区分出欲望自身的消极性和积极性,然后在此基础上划定欲望自身的边界,"批判的另一种语意包含了区分、分辨、审查、评判等。但它首先只是对于事实本身的描述,而不是对于事实的肯定或者否定的评价。如果它要评价事物的话,那么它既可能是否定的,也可能是肯定的。这种意义的批判已经克服了作为否定意义的批判的狭隘性,为接近批判的本性敞开了一条可行的通道"。①

基于此,问题的重点就不再是事情的有和无、肯定和否定,而是事情本身的呈现。我们所需要的也不是简单粗暴地"否定",而是审慎、精确、如实地"批判"。"批判"不仅包括"否定",而且包括"区分、分辨、审查、评判";它不仅具有否定性的意义,而且具有肯定性的意义,它在本质上是一种划界。那么这种划界所根据的标准是什么呢?它既不来自于某个人的意见和意愿,也不来自于某种社会习俗和规则,而是来自于事情本身。因此这种"批判"排除了任何人为的意愿,毋宁说它就是自然的。

这种"批判"是对于庄子之"无"的理想的实现。因为人的存在、思想、语言是现实存在的,有其合理性,所以最重要的不是肯定或否定它们,而是给它们划分边界。这样当它们走向极端的肯定时,我们就需要否定这种肯定;当它

---

① 彭富春:《论无原则的批判》,《武汉大学学报》2007年第4期。

们走向极端的否定时,我们也需要否定这种否定。真正应该否定的是极端,因为极端就意味着它们越过了事情的边界,并因此而偏离了事情本身,破坏了事物的平衡。

同时这个边界是不断游移的,我们不能试图去固定它,它只是一种状态,而不是一种固态。之所以如此,是因为事情自身在不断地变化之中,所以"无"的内涵也在不断地变化之中。基于此,美也是不断地生成的,任何一种试图将之固化的企图都是破坏美自身的行为。

二、道之"无"的美的边界

而作为否定的"不仁""无言""无知"之所以可能,就在于"道"和世界万物的本性是"不仁""无言""无知"的——其肯定性表达就是"恬淡""寂寞""若愚若昏""昏昏默默"……所以在"道"的存在性形态和虚无性形态之间,如果说世人强调的是其"仁""知""言"等存在性形态的话,庄子所强调的则是其"淡""昏""愚""默"等虚无性形态。在庄子看来,"淡""昏""愚""默"的世界才是原初、统一的世界。

但是这个世界是与人无关的世界,这种统一只有在不断地纳入"人"("有")的过程中才能不断地实现自己、完成自己,否则这种统一将只是抽象、形式的统一,而不是现实的统一;只是空洞无物的统一,而毫无价值和意义。世界只有在非统一中才能真正走向统一。那个原本的统一只是抽象的统一,抽象需要现实化。

庄子主张万物的统一,拒绝万物的区分,认为任何区分都是不对的。但事实上,自然的区分本身就是存在的。虽然从"天的视角"①或"天空的视野"②来看,他们之间的区分很小,但是这并不代表它们不存在。因此我们既不能人为地强化这种区分,也不能人为地抹杀它们。正如福永光司所说,"我不是说

① 王博:《庄子哲学》,北京大学出版社 2004 年版,第 113 页。
② 吴光明:《庄子》,东大图书公司 1992 年版,第 114 页。

人们将我与鸟兽分开与草木区别本身不好。人们能将它区别是人们的知的作用,人们能有知的作用,也是人们本来就有的生存方式——是一种自然。不过问题是,人们对在于那些区别的根源中的,那些区别的界限性有多少自觉。"①问题的关键不在于区分与统一,而在于这种区分或统一的自然性以及对于这种自然性的"自觉"。

我们当然理解庄子对于统一之道的推崇,那是源于对治愈分裂和对立的世界的渴望,但是这种统一之道只是一种理想的状态,它并不是世界的原初状态——所谓原初的"统一"只是自发的、自在的,而不是自觉的;是混沌的,而不是不断生成的;原初的人也只是保持了最初的形式上的"统一",而不是自我充满的内容上的"统一"。正是因为如此,在其生活过程中,他随时有可能失去这种"统一",甚至可以说,其成长的过程就是不断地与这种"统一"相分离的过程。真正的统一是在分离中觉醒的人与万物的统一,这种统一既是自觉的,又是自我充满、自我丰裕的,因此是不容易失去的。

因此,统一应该是区分之中的统一,区分则是统一的前提。区分是统一中的区分,区分不是为了非此非彼、厚此薄彼,而是为了显现存在的多样性和丰富性。区分不是人为的,而是自然的;它不是价值性的区分,而是存在性的区分。

但是,统一不仅要建立在分离和区分的基础上,而且要超越这种区分和分离,这样的统一才可能既保证物的独立性和个体性,同时也能保持它与整体的统一性。如果没有前者(个体性),统一就不是有机的,因此也就不是自然有序的,这时统一就不再是个体的统一,而成为了凌驾于个体之上的规则和强迫,这只会让统一疏离个体,同时也让个体远离统一,或者让个体在统一中失去自己的本性——个体性和独立性;如果没有后者(统一性),个体将会囿于自身,既不能正确处理与他物和整体的关系,从而迷失自己的方向,也不能领

① [日]福永光司:《庄子:古代中国存在主义》,李君奭译,专心企业有限公司出版社1978年版,第116页。

略万物一体的至乐与逍遥,从而阻断自我实现的敞途。基于此,我们既要反对极端的差异性——这容易导致分裂和对立,又要反对极端的同一性——这容易导致单一和雷同,牺牲事物的独立性和丰富性。

因此,庄子的"淡""昏""愚""默"就不能成为绝对的"淡""昏""愚""默",它们需要建立在"仁""知""言"的基础上——正如马克斯·皮卡德所说,"沉默通过语言,才开始被赋予了意义与尊严。沉默通过语言,才从野生的、人类以前的东西变成了温顺的、人类的东西"①,而余莲则认为"当'冲'的状态发展得太过分的时候,最后就会变成完全的冷漠,而且由于长久的平淡,读者可能会厌倦"。② 因此真正的"淡""昏""愚""默"只是呈现为若愚、若昏、若默、若淡的状态,而且只有这样的状态才可能是美的状态,这样的人和世界才可能是美的人和美的世界。"美本来就存在于沉默之中。万一沉默中没有美的话,沉默将会忍受不了它自身的压力,它会沉没在自身的幽暗之中,沉入地下,沉入无底的深渊。"③

三、绝对之"无"的美的边界

虽然"无无"也构成了庄子之"无"的思想的一部分,甚至是其高端部分,但它还只是庄子天才的发现和体悟,而缺乏更为细致和系统的思考。对庄子而言,它主要是以"无"反"有",然后为"无"建立思想根据。毕竟他的美学是人间世的美学,他的思想是关于现实存在的思想,因此他所针对的是其面对的思想背景和现实存在——"反"的背景和存在,正是基于此,其"无"的思想应运而生,但他对绝对之"无"究竟有多少自觉,这还是一个值得怀疑的问题。

---

① 〔瑞士〕马克斯·皮卡德著,李毅强译:《沉默的世界》,上海书店出版社2013年版,第13—14页。

② 〔法〕余莲著,卓立译:《淡之颂:论中国思想与美学》,桂冠图书股份有限公司2006年版,第79页。

③ 〔瑞士〕马克斯·皮卡德著,李毅强译:《沉默的世界》,上海书店出版社2013年版,第19页。

因为庄子虽然强调了绝对之"无",但是他自身却没有完全遵循:有些是他没有意识到的——至少没有言及到;有些是他意识到了,但并不明显,以至于似有还无,并没有形成主题。总之,他的"无"还不够彻底,这种"不够"主要表现在两个方面:一是自然,二是通达自然的心灵。

(一)自然的边界

首先,自然并不像庄子所描述的那么美好。在《庄子》中,他虽然强调了人与自然的统一(天人合一),但不可否认的是,在那个时代自然恰恰不是与人合一的,而是人被自然所束缚和限制,在自然面前,人恰恰是无能为力和不自由的。人生在世所遭遇的束缚不仅来自于社会和心灵,而且来自于自然。庄子之"无"虽然否定了社会和心灵的束缚,却没有否定自然的束缚。对于自然人而言,无论是自然界的整体力量抑或其他个体力量,在它们面前人都是弱者——如果人只是顺其自然的话,人将不复为人。所以对于自然的崇拜,使人丧失了从自然的束缚中解放出来的勇气和动力。基于此,天与人、人与自然的统一只是一种美好的愿望,它并不能在现实中,而只能在心灵中实现。

其次,虽然庄子的"自然"主要不是指自然界,而是自然而然,但是就像大自然既可生成万物,亦可毁灭万物一样,自然而然的事物既有其美、也有其恶的一面,当自然的恶出现时,人应该如何面对? 顺其自然当然可以,但是动物犹避之,人岂能不避之。所以顺其自然也是有其限度的。

再次,庄子之所以重视自然而然而反对人为,是因为万物的本性是自然的,人为则破坏了其自然。但庄子对于哪些是自然的,哪些是人为的,却区分得不够明晰,"牛马四足,是谓天;落马首,穿牛鼻,是谓人"(《秋水》),这看起来界限分明,却失于简单。因为现实中的情况要远比这复杂,例如在弱肉强食的丛林社会,人如果顺其自然,则完全无法生存下来的,因为就其自然性而言,人的能力是低于其他动物的——我们可以追问:人在遭遇生命危险之时,究竟是顺其自然,还是奋起反抗? 我们当然可以说,奋起反抗也是人的生命本能,因此它也是顺其自然。那么此时,人完全依靠自身的力量是无法反抗的,由此人创造了工具,那么人创造工具这个行为究竟是自然的还是人为的?如果说最初的工具的出现是自然的话,那么后来产生的工具是不是自然的呢?有谁能否定正是这些工具、技术的产生激发了人的潜能?那么这些潜能究竟是自然的还是人为的?如果潜能属于自然的话,那么激发潜能的工具和技术是否也是自然的?根本原因在于,在庄子那里所谓物只是自然之物——物的绝对的自然性,而不是人与物的聚集,也即见物不见人。但是自然不仅具有显性的自然性,而且具有隐形的自然性——物的自然性也有被遮蔽的部分,为了揭示这种自然性,人就不能保持在"无知"的状态之中,而需要发挥自己的潜能,如果说这种"发挥"不是人为,而是自然的话,那么庄子的这种"自然"很显然是被遗忘的。庄子只是强调:对于物,我们对其不能做什么。但是,对于物自身是什么,他却没有提及,所以他的自然是消极性的自然——从人为中解放出来,还不是积极性的自然——自然自身是什么。这也是其否定性论述的问题所在,他以为在否定"非物"的状态之后,物就会自我敞开,事实却并非如此,因为否定只是解决了人对物的遮蔽,物自身的遮蔽却无从被揭示出来。这进而会导致动物性的自然与人的自然之间界限的模糊,将人等同于动物。

再次,自然有其自身的秩序,但是这个秩序也在不断变化,因为不断加入其中的生活内容在不断地变化,所以它的边界也在不断地游移,乃至它自身也是不断生成的。因此自然是活的自然,而不是死的自然;是生生不息的自然,而不是一成不变的自然。基于此,自然和人为的边界也是在不断游移的,人需要找到顺其自然与激发潜能之间的平衡点(人的欲望和"为"的限度),而这个平衡点也就是它们在当下的、各自的边界。

最后,在这样的一个技术时代,自然虽然被人屡屡提及,但往往是一种令人沮丧的提及——自然的没落,因为自然在技术面前的脆弱和无助,更因为曾经的自然性时代正在渐行渐远,它已不可能成为这个时代的主题,"天人合一"的理想也变得遥不可及。事实上,自然和技术需要被重新理解,天和人也需要被重新理解,"合一"更需要被重新理解——不是"合一",而是共生①,它既是天和人的共生,也是自然与技术的共生。因此我们的任务就不再是非此薄彼,而是为之区分边界,寻找契合其自身和所在整体的平衡点。

(二)心灵的边界

对于人而言,心灵当然很重要,心灵的觉醒与转化确是人由妄为到自然、由"无道"通向"道"的必由之路。但这很显然是不够的,庄子高估了心灵的作用和价值。面对复杂的现实矛盾和问题,庄子的解决方式是:超越矛盾,即让矛盾在心灵的超越中自行解决、自行消散。问题在于,所有的矛盾和问题都能自行消解吗?

事实上,矛盾有不同的种类,既有心灵的矛盾,也有社会、自然的矛盾。心灵的矛盾可以依靠心灵境界的提升来解决,但是自然、社会内部及其之间的矛盾就不能依靠心灵来解决:心灵既解决不了自然界的自然灾害问题,也不能从根本上解决社会中政权更迭、社会腐败、贫富差距的问题,以及自然与社会的冲突的问题,它们不是可以通过心灵就可以超越的,而必须依靠社会和自然的力量。

概言之,心灵的力量是有限的,我们不能将之作为解决一切问题的灵丹妙药;问题也不会自行消解,而是必须得到实际的解决。社会不仅需要心灵的指引,而且需要现实的构建;不仅需要思想的知,而且需要现实的行。思想可以指导现实,但是不能代替现实。心灵转化的问题在于它逃避了现实,规避了矛盾,把一些不属于心灵的问题归之于心灵,从而掩盖了问题的真相,遮蔽了事情本身。这样看似是对问题的超越,但实际上只是问题被人为地搁置——这也是中国传统心性之学的局限性。真正的问题不可能被超越,因为在看似被超越的地方,生活世界的统一性被割裂,其连续性被打断。

---

① 彭富春:《论中国的智慧》,人民出版社 2010 年版,第 245—246 页。

因此,人的心灵(心性)不是万能的,它只是生活世界整体的一部分,是自然、社会、心灵整体中的一维。生活世界不仅仅只是心性的世界,人也不仅仅生活在心性之中,而是生活在丰富多彩、美轮美奂的现实社会之中。

就美而言,庄子的美还只是心灵的充满、精神的完美,而不是社会意义上的充满和实现,他的充满缺乏现实的力量,就像其天人合一一样,这种充满和合一还只是人的精神性的充满和合一,而不是现实的、完成的充满和合一。就人而言,庄子的美人是至人,但这种人只是心性之人。就心灵而言,它是至人的真实写照;但是就现实而言,他是不存在的。所以庄子对于至人的描述既真实,又不真实。正因为此,郭象在《南华真经序》中批评庄子曰:"应而非会,则虽当无用;言非物事,则虽高不行。"①葛洪也认为"道家之言,高则高矣,用之则弊,辽落迂阔"②。

概言之,从积极方面讲,庄子的思想并不提倡完全与世隔绝,因而它异于佛教思想;从消极方面而言,他的超越缺乏现实的力量,因此它异于马克思的思想。庄子的思想虽然能够提升人的精神、转化人的心灵,却缺少改变现实、改造社会的力量;它虽然能够将人从内在的束缚中解放出来,但是对于外在的束缚,它却极力回避。基于此,庄子的自由和逍遥还只是一种心灵性的自由和逍遥,并因此是有欠缺乃至虚幻的自由和逍遥。

总之,庄子哲学、美学重"无"不重"有"、重"虚"不重"实"的结果,是疏于"有"而纵于"无",疏于"实"而纵于"虚";纵于"无"和"虚"的结果是写意、玄谈的流行,疏于"有"和"实"的结果是写实的欠缺和科学精神——对描写对象本身的细致理解的缺乏。

从庄子的角度而言,我们当然要重视"无",因为"无"让世界运转,"无"让"有"超越自身,"无"否定任何束缚,"无"是万物之本……但"有"同样重

---

① 郭象注,成玄英疏:《庄子注疏》,曹础基、黄兰发点校,中华书局2011年版。
② 葛洪:《抱朴子·用刑》,见《钦定四库全书荟要影印本·子部·抱朴子·外篇》卷一,第55页。

要,这是因为"有"比"无"具有更强的存在之力。一方面,"无"自身是自我隐藏并因此是自我遮蔽的,它必须通过"有"才能显现出来;另一方面,唯有通过"有","无"才能完成和实现自身,否则"无"将作为绝对的"无有"——"没有"而失去其存在性,以及建立在此基础上的全部价值和意义。基于此,真正的"无"不是与"有"无关的"无",而是依托"有"而存在的"无"。没有"有","无"将处于无底的深渊之中。

这表明世间有两种意义上的"无":一是原初的逻辑意义、形式意义上的"无",二是完全实现了自身的统一中的"无"——这既包括"无"自身的统一,也包括"无"与"有"的统一。原初的"无"是还尚未具有任何具体内容的"无",在此意义上,无中生有就可以理解为由"没有"生"有"。如果"无"只是"没有"的话,那么此"无"还不是真正的"无"。它只是具有了"无"的形式,而不具有"无"的内容。"无"的内容是在无中生有、有回归于无的过程中不断生成、完成的。

基于此,不仅无中生有,而且有中生无。只有经过"有"的阶段之后,"无"才能成为自身充满的"无"——由抽象的"无"变成现实的"无",即实现和完成了自身的"无"。此时"无"才能真正地无中生有——一方面是从"没有"产生"有",另一方面是"无"让"有"成为"有"、"无"给予"有"。因此,所谓的"统一"就不仅仅只是指原初的统一,而是在真正的"无"产生之后,在经历了"有"之后才实现和完成的"有"和"无"的统一。

真正的"有"指的是自我完成、自我统一的"有",真正的"无"指的是自我完成、自我统一的"无",真正的统一就是两者的有机统一,这种有机性就表现为:"无"的自我完成本身就意味着"有"的完成,而"有"的完成也就是"无"的完成——"有"的本性在何种程度、何种意义上被发掘,相关于"无"的本性在何种程度、何种意义上被发掘;反之亦然,"无"的本性的发掘也相关于"有"的本性的发掘。因此"有"和"无"是相互发掘、相互显现的。它们相辅相成,构成统一之"道",这种统一就是得"道"的状态。

结　　语

综上所述,《庄子》中实际上有两个世界:"物"的世界和"道"的世界。只是在庄子看来,这两个世界原本是统一的——即"物"的世界是被"道"所规定的,"道"则存在于"物"的世界之中——正是基于此,我们一般称之为一个世界。但是由于"有"的出现,原本统一的世界遭到了分裂——"物"的世界远离了"道","道"的世界也远离了"物",于是统一的世界就一分为二,产生了两个世界。

由此看来,"物"的世界和"道"的世界的区分还不是最本质的,最本质的区分应该是分裂的世界和统一的世界,前者是无道的世界,后者是有道的世界。只是在《庄子》的文本语境中,"物"的世界就代表了分裂的世界,"道"的世界则代表了统一的世界,所以我们才将"物"的世界称为无道的世界,将"道"的世界称为有道的世界。

在此基础上,人们关于庄子的很多误解将会迎刃而解。因为在两个世界之间,我们所站的位置将非常重要。如果我们从"物"的世界来看"道","道"的世界将是不可理喻的;如果我们从"道"的世界来看"物","物"的世界将是荒诞不经的。显而易见,庄子所站立的地方是"道"的世界,所以我们如果是从"物"的世界来看庄子的话,庄子将变得不可理喻。

比如相对主义的问题,在人们看来,庄子美学非常片面地将美丑的相对性夸大,认为美丑没有什么质的区别——如果美丑都是一样的了,那就没有美丑可言了。事实是,庄子美学并不是相对主义美学(即认为没有绝对的对与错、是与非、美与丑),更不是诡辩论(即颠倒是非,混淆黑白),这是因为:首先,在"道"的意义上,美的事物就是美的事物——它是合于"道"的,丑的事物就是丑的事物——它是不合于"道"的,两者之间并不是相对的,同时他们也是不能互相转化的,可以转化的是事物,它可以由遵道而行变成背道而驰,这个时候,事物就从美的事物变成丑的事物了,但是美丑自身不是可以相互转化的;其次,在现实中,美和丑的区分不是以是否合于"道"为标准的,而是来自于主观的标准——即人的标准、鱼的标准、鸟的标准等,其中,在同一类中它们各自又会产生不同的标准,正是因为这种标准的混乱,导致了世俗世界美丑的相对性,在此意义上,庄子是反对这种相对性的,因为这种相对性正好是人们远离了统一的本原世界后的产物,在"道"的视域中,并不存在这些价值的混乱;最后,就现实而言,因为人们远离了"道",所以庄子强调人们应该复返于"道",这又是通过不断的否定来完成的,而否定的最高阶段就是"道"的自我否定——对于"道"而言,这是其完成自身的必经阶段,否则"道"就不能成为"道"——这种否定是一种绝对的否定,它要否定所有可能成为非道的形态,包括"道"自身的企图,但是对于还未达"道"的人而言,这样的一种自我否定现象就仿佛成为了一种相对主义甚至是诡辩论。实际上,庄子并不是在讲相对主义或诡辩论,它只是怀疑所有的世俗的价值,包括其自身所具有的这种可能倾向——这也是《庄子》文本中很多"自相矛盾"的缘由。

庄子美学更不是虚无主义、悲观主义和厌世主义的美学。在《庄子》中,他确实描写了一些荒诞不经的故事,但是这些荒诞并不是来源于"道"的世界,而是来源于无道的世界,在道至纯一、统一的世界中,是不存在这些荒诞不经的。所以这些故事并不能表明庄子所宣扬的是世界的荒诞不经及其价值的虚无,正好相反,他是要通过对荒诞的揭示,引导人们返回统一的"道"的世界。因此庄子也不是悲观主义,当然也无所谓乐观主义,他超越了这两种极端,他要揭示事情的真相,通达事情本身,因此他既不悲观,也不乐观。同时,庄子强调圣人不仅能够达到自己的真实,而且能够理解万物的真相,这是因为圣人具有"道"的视域——天空的视野、宇宙的心胸。唯有如此,圣人才能与天地并生,与万物为一。这时,圣人获得"至乐",世间万物的一举一动、一笑一颦都能给他带来快乐。在此意义上,庄子不仅不是消极的,而且是积极的;不仅不是悲观的,而且是乐观的;不仅不是滑头的,而且是赤子真心的;不是离世的,而是在世的;不是厌世的,而是冷眼旁观、心含深情的。

同时,在"道"的世界中,"道"作为真善美的统一,它本身是至善的、完美的;而且就现实而言,"道"并不单独存在,它就存在于事物之中,这样的一个事物作为"道"的显现就是美。所以"道"不是没有形象,更不是贬低形象,它所反对的是脱离了"道"的形象或者是无道的形象。只是在"物"的世界中,人们往往将"道"与"物"分离,所以他们认为"道"不具备美的特征。

庄子也不是反对情感,而是反对"物"的世界中的情感,即源于人的主观情感或源于"物"的情感,这是因为它们不仅可能会伤害人自身,而且可能会伤害对象,因为它们可能并不符合事情本身。更重要的是,人应该胸怀超出世俗情感的情感,即天地之情,这种情感不是主观地干涉,而只是顺让和守护,这种天地之情就是源于"道"的情感。

庄子也没有否定艺术,他只是反对越过自身边界的"五色""五音"等,所以他虽然反对描述性的艺术作品,却肯定了唤起性、指引性的寓言故事。这是因为"物"的世界中的艺术只能描述"物"的世界,而庄子所要显现的则是"道"的世界,所以他的艺术不是关于"物"的艺术,而是关于"道"的艺术,准确地说,他的艺术不是分裂的艺术,而是统一的艺术。当艺术达到统一时,人复返于"道",艺术回归自然,于是艺术自行消失于浑然天成——"道"的统一之中。

最后,值得强调的是,庄子和海德格尔的思想虽然有很多相似、相通之处,但是他们之间的差异也是巨大的。

其一，就"道"而言，庄子之"道"主要是自然之道，它是非语言性的；而海德格尔的"道"主要是语言之道，是语言所呈现的"道"。

其二，就"物"而言，庄子之"物"主要是一种自然物，它是自然存在的；而海德格尔的"物"则是一种关系的聚集，它是不断生成的。在此基础上，庄子的复返是要回到自然，即从人为的世界返回到自然的世界，从"物"的世界返回到"道"的世界，从技的世界返回到"道"的世界。海德格尔的回归则是由形而上学的思想回到非形而上学的思想，从现代技术的世界返回到天地人神合一的世界。

其三，就存在或世界而言，庄子的世界是天地人的世界，人存在于天地之间；而海德格尔的世界是天地人神的世界，人存在于天地人神的世界之中。同时，海德格尔强调了存在自身的悖论，认为这种悖论是不可克服的；庄子则强调万物的原初统一，认为在那里没有对立、斗争和矛盾，人只要复返这种统一之中，各种对立、矛盾就会自行消解。

其四，就思想而言，海德格尔的"无知"指的是在已思考、沉思中尚未思考、沉思的"无知"，其"无知"是不离"知"的；而庄子的"无知"则在有意无意之间忽视了"知"的意义和价值，将"无知"与"知"分离开来。

其五，就语言而言，首先，在海德格尔那里，"道"是被语言所规定的，所谓"道"主要是语言之道；而在庄子这里，语言则被"道"所规定，语言主要是用来显现"道"、传达"道"的。所以在庄子那里，语言的地位远远不如海德格尔的语言。其次，他们虽然都强调"无言"——不可言说，但是对于海德格尔而言，他的"无言"是伴随着"言"的，其"不可言说"的东西是在"已言说之中"的，而并非完全沉默不语；庄子则没有明确标明这一点，他甚至有将沉默绝对化的倾向，因为他将沉默（"无言"）作为最高的、得道的状态，而将"言"作为无道的状态，将"言"与"无言"对立起来。再次，海德格尔认为语言的本性是宁静，但是宁静并不意味着没有声音，相反它是要发声的。庄子则强调虚静，这种虚静往往是排斥声音（"言"）的。最后，在《庄子》中，指引性的语言虽然实际存在,但是并没有被凸显出来,庄子的语言观主要还是一种传统的语言观——将语言作为一种工具。

其六,就作为"有"的缺失的"无"——死亡而言,庄子和海德格尔也有着巨大的区别,庄子试图泯灭生死,海德格尔则向死而生,前者通过对生死转化的揭示,试图消解人们对于死亡的困惑和焦虑,即便如此,这种揭示仍然是消极的,而不是积极的,因为死对于生的积极意义仍然没有被揭示出来。在此意义上,向死而生的思想更为积极。

其七,就作为否定的"无"而言,如果说庄子的"无"主要是一种作为否定的"无"的话,海德格尔的"无"则不仅仅是否定,更是区分边界。所以如果说庄子的真理是在黑暗中寻找光明的话,海德格尔的真理却处于光明与黑暗的交界之处,对于他而言,既没有绝对的黑暗,也没有绝对的光明,真理就在光明与黑暗的游戏中不断生成,因此也就没有了绝对的真理。

其八,就统一而言,庄子的统一是原初的统一,而海德格尔的统一是不断生成的统一;在复返统一的过程中,庄子强调了心灵的力量,这也是不同于海德格尔的。

同时,在道家内部,就整体而言,庄子显然是继承和发展了老子关于"无"的思想,所以在"无"的问题上他们有着众多的相通之处——这不仅在于他们有着关于"无"的极其相似的论述,更重要的是:首先,他们在文本中都特别突出了"无"这个概念,《老子》中"无"出现了100余次("道"只有70余次),《庄子》中则出现了800余次("道"只有300余次);其次,不仅如此,在"有""无"之间,两者都特别强调了"无"的重要性;最后,"无"的具体形态在两个文本中都基本出现,只不过庄子对它们有着更为丰富地表达,更为细致地区分以及更有系统地阐释。

当然两者之间也存在着诸多的不同点:首先,如上所述,庄子对"无"的论述更丰富、细致和有系统性;其次,在老子那里,他还没有明确地提出"泰初有无""无无"等观点,庄子更清晰地标明了这一点;再次,如果说老子更重视

"道"是什么的话,庄子则更重视如何达"道",这种区别也具体地体现在"无"上——庄子之"无"的方法论意味比老子之"无"更浓;再次,在《庄子》中,它特别强调了心灵的重要性,因为"无心"在人从无道向有道的转变中具有举足轻重的地位,但是在《老子》中,"无心"却没有被突出出来,老子对于"心"的论述显然不及庄子,同时,在《老子》中,也缺少庄子所特别强调的"忘"字,如果"忘"意为心灵的超越的话,这也表明,相对而言,老子不仅缺少对于人的心灵的关注,也缺少对于人的心灵超越的关注。最后,从社会学的角度而言,由于他们所处的时代不同,所以他们的思想所面临的问题也是有区别的,这种区别表现在"无"上,就是庄子更加关注"无心",而老子更加关注"无为"("无为"在《老子》中出现的次数是最多的,共有 14 次,而与心相关的"无"则只有一次——"无常心"),这表明老子所思考的核心问题在于"为"上,而不是"心"上——虽然它们都是以"无"的面貌出现("无为""无心")。这就不难理解,老子的"无"更具有治国理政的意味,而庄子的"无"更具有个人心性修养的意味。

主要参考文献

一、基本著作

[1]陈鼓应:《庄子今注今译》,中华书局 1983 年版。

[2]曹础基:《庄子浅注》(修订本),中华书局 2000 年版。

[3]郭象注,成玄英疏:《庄子注疏》,曹础基、黄兰发点校,中华书局 2011 年版。

[4]郭庆藩:《庄子集释》,王孝鱼点校,中华书局 2001 年版。

[5]胡文英:《庄子独见》,华东师范大学出版社 2011 年版。

[6]林希逸:《庄子鬳斋口议校注》,周启成校注,中华书局 2009 年版。

[7]林雲銘:《庄子因》,华东师范大学出版社 2011 年版。

[8]刘凤苞:《南华雪心编》,方勇点校,中华书局 2013 年版。

[9]陆树芝:《庄子雪》,华东师范大学出版社 2011 年版。

[10]王先谦:《庄子集解》,上海书店 1986 年版。

[11]宣颖:《南华经解》,曹础基校点,广东人民出版社 2008 年版。

[12]释德清:《庄子内篇注》,华东师范大学出版社 2009 年版。

二、相关著作

[1] Sam Hamill and J. P. Seaton, *The Essential ChuangTzu*, Boston and London: Shambhala Publications, 1999.

[2][德]马丁·布伯:《道教》,载夏瑞春编:《德国思想家论中国》,陈爱政等译,江

苏人民出版社 1996 年版。

[3][德]卡尔・雅思贝尔斯:《老子》,载夏瑞春编:《德国思想家论中国》,陈爱政等译,江苏人民出版社 1996 年版。

[4][德]海德格尔:《海德格尔选集》,孙周兴选编,生活・读书・新知三联书店 1996 年版。

[5][德]席勒:《审美教育书简》,张玉能译,译林出版社 2009 年版。

[6][德]盖格尔:《艺术的意味》,艾彦译,译林出版社 2012 年版。

[7][德]舍勒:《爱的秩序》,孙周兴等译,北京师范大学出版社 2014 年版。

[8][法]余莲:《淡之颂:论中国思想与美学》,卓立译,桂冠图书股份有限公司 2006 年版。

[9][美]苏珊・朗格:《艺术问题》,滕守尧译,中国社会科学出版 1983 年版。

[10][美]安乐哲、郝大维著:《道不远人:比较哲学视域中的〈老子〉》,何金俐译,学苑出版社 2004 年版。

[11][美]安乐哲、郝大维著:《汉哲学思维的文化探源》,施忠连译,江苏人民出版社 1999 年版。

[12][美]爱莲心:《向往心灵转化的庄子:内篇分析》,周炽成译,江苏人民出版社 2004 年版。

[13][美]史华慈:《古代中国的思想世界》,程钢译,江苏人民出版社 2003 年版。

[14][美]弗洛姆:《占有还是生存》,关山译,生活・读书・新知三联书店出版社 1989 年版。

[15][美]弗洛姆:《爱的艺术》,赵正国译,国际文化出版公司 2008 年版。

[16][日]池田知久:《道家思想的新研究:以〈庄子〉为中心》,王启发、曹峰译,中州古籍出版社 2009 年版。

[17][日]池田知久:《中国古代哲学中的混沌》,载陈鼓应主编:《道家文化研究》(第八辑),上海古籍出版社 1995 年版。

[18][日]金谷治:《"无"的思想之展开——从老子到王弼》,载陈鼓应主编:《道家文化研究》第一辑,上海古籍出版社 1992 年版。

[19][日]蜂屋邦夫:《道家思想与佛教》,隽雪艳、陈捷等译,辽宁教育出版社 2000 年版。

[20][日]福永光司:《庄子:古代中国存在主义》,李君奭译,专心企业有限公司出版社 1978 年版。

[21][日]今道友信:《关于美和爱的哲学思考》,王永丽等译,生活・读书・新知

三联书店 1998 年版。

[22][日]笠原仲二:《古代中国人的美意识》,杨若薇译,生活·读书·新知三联书店 1988 年版。

[23][日]小野泽精一等编:《气的思想:中国自然观与人的观念的发展》,上海人民出版社 2007 年版。

[24][瑞士]毕来德:《庄子四讲》,宋刚译,中华书局 2009 年版。

[25][瑞士]马克斯·皮卡德:《沉默的世界》,李毅强译,上海书店出版社 2013 年版。

[26][英]葛瑞汉:《论道者:中国古代哲学论辩》,张海晏译,中国社会科学出版社 2003 年版。

[27]包兆会:《庄子生存论美学研究》,南京大学出版社 2004 年版。

[28]陈鼓应:《老庄新论》,商务印书馆 2008 年版。

[29]陈望衡:《中国古典美学史》,湖南教育出版社 1998 年版。

[30]崔大华:《庄学研究——中国哲学一个观念渊源的历史考察》,人民出版社 1992 年版。

[31]董诰等编:《全唐文》第 803 卷,中华书局 1983 年版。

[32]邓联合:《"逍遥游"释论:庄子的哲学精神及其多元流变》,北京大学出版社 2010 年版。

[33]邓联合:《庄子哲学精神的渊源与酿生》,光明日报出版社 2011 年版。

[34]方东美:《生生之美》,北京大学出版社 2009 年版。

[35]方东美:《中国哲学精神及其发展》,中华书局 2012 年版。

[36]方东美:《新儒家哲学十八讲》,中华书局 2012 年版。

[37]方东美:《原始儒家道家哲学》,中华书局 2012 年版。

[38]方东美:《生生之德》,中华书局 2012 年版。

[39]方东美:《中国人生哲学》,中华书局 2012 年版。

[40]方勇、陆永品:《庄子诠评》,巴蜀书社 1998 年版。

[41]高尔泰:《美是自由的象征》,人民文学出版社 1986 年版。

[42]付粉鸽:《自然与自由——老庄生命哲学研究》,人民出版社 2010 年版。

[43]傅伟勋:《从西方哲学到禅佛教》,生活、读书、新知三联书店 1989 年版。

[44]冯友兰:《中国哲学简史》,涂又光译,北京大学出版社 1997 年版。

[45]冯友兰:《中国哲学史新编》上卷,人民出版社 2001 年版。

[46]冯友兰:《三松堂全集》第 5 卷,河南人民出版社 2001 年版。

[47]冯友兰:《新原道》,生活·读书·新知三联书店2007年版。

[48]冯友兰:《新原人》,生活·读书·新知三联书店2007年版。

[49]冯友兰:《中国哲学史》,生活·读书·新知三联书店2009年版。

[50]冯达文、郭齐勇主编:《新编中国哲学史》,人民出版社2004年版。

[51]高利民:《有无"之间"——庄子道论释读》,上海古籍出版社2013年版。

[52]葛洪:《抱朴子·用刑》,载《钦定四库全书荟要影印本·子部·抱朴子·外篇》。

[53]韩林合:《虚己以游世:〈庄子〉哲学研究》,北京大学出版社2006年版。

[54]胡道静:《十家论庄》,上海人民出版社2008年版。

[55]慧能:《坛经》,郭朋校释,中华书局1983年版。

[56]蒋和:《学画杂论》,载俞剑华编著:《中国画论类编》,人民美术出版社1986年版。

[57]蒋孔阳:《蒋孔阳全集》卷三,安徽教育出版社1999年版。

[58]康中乾:《有无之辨——魏晋玄学本体思想再解读》,人民出版社2003年版。

[59]李泽厚、刘纲纪:《中国美学史》第一卷,中国社会科学出版社1984年版。

[60]李泽厚:《美学三书》,安徽文艺出版社1999年版。

[61]李泽厚:《中国古代思想史论》,生活·读书·新知三联书店2008年版。

[62]刘纲纪:《美学与哲学》(新版),武汉大学出版社2006年版。

[63]刘纲纪:《艺术哲学》(新版),武汉大学出版社2006年版。

[64]刘纲纪:《传统文化、哲学与美学》(新版),武汉大学出版社2006年版。

[65]刘绍瑾:《庄子与中国美学》,岳麓书社2007年版。

[66]梁漱溟:《东西文化及其哲学》,商务印书馆1999年版。

[67]梁漱溟:《中国文化要义》,上海人民出版社2005年版。

[68]刘笑敢:《庄子哲学及其演变》,中国社会科学院出版社1993年版。

[69]刘翔:《关于"有"、"无"的诠释》,载汤一介主编:《中国文化与中国哲学》,生活·读书·新知三联书店1991年版。

[70]刘翔:《中国传统价值观诠释学》,华东师范大学出版社2009年版。

[71]罗安宪:《虚静与逍遥——道家心性论研究》,人民出版社2005年版。

[72]罗因:《"空""有"与"有"、"无"——玄学与般若学交会问题之研究》,国立台湾大学出版社2003年版。

[73]牟宗三:《中国哲学十九讲》,上海古籍出版社2005年版。

[74]牟宗三:《才性与玄理》,吉林出版集团2010年版。

[75]牟宗三:《中国哲学的特质》,吉林出版集团 2010 年版。

[76]庞朴:《说"无"》,载深圳大学国学研究所主编:《中国文化与中国哲学》,东方出版社 1986 年版。

[77]庞朴:《一分为三——中国传统思想考释》,海天出版社 1995 年版。

[78]彭富春:《哲学美学导论》,人民出版社 2005 年版。

[79]彭富春:《哲学与美学问题——种无原则的批判》,武汉大学出版社 2005 年版。

[80]彭富春:《论中国的智慧》,人民出版社 2010 年版。

[81]彭富春:《论海德格尔》,人民出版社 2012 年版。

[82]彭富春:《论老子》,人民出版社 2014 年版。

[83]钱穆:《庄老通辩》,生活·读书·新知三联书店 2006 年版。

[84]任继愈:《中国哲学史》,人民出版社 2010 年版。

[85]时晓丽:《庄子审美生存思想研究》,商务印书馆 2006 年版。

[86]唐君毅:《中西哲学思想之比较论文集》,台湾学生书局 1988 年版。

[87]唐君毅:《人生之体验》,广西师范大学出版社 2005 年版。

[88]唐君毅:《中国文化之精神价值》,广西师范大学出版社 2005 年版。

[89]唐君毅:《中国人文精神之发展》,广西师范大学出版社 2005 年版。

[90]汤一介:《郭象与魏晋玄学》,北京大学出版社 2009 年版。

[91]陶东风:《从超迈到随俗——庄子与中国美学》,首都师范大学出版社 1995 年版。

[92]叶舒宪:《庄子的文化解析》,陕西人民出版社 2004 年版。

[93]叶维廉:《中国诗学》,人民文学出版社 2007 年版。

[94]叶秀山:《叶秀山文集·美学卷》,重庆出版社 1999 年版。

[95]万勇华:《庄子的理想世界》,上海人民出版社 2013 年版。

[96]王中江:《道家形而上学》,上海文化出版社 2001 年版。

[97]王博:《庄子哲学》,北京大学出版社 2004 年版。

[98]王德有:《庄子哲学的视角》,人民出版社 1998 年版。

[99]王建疆:《澹然无极——老庄人生境界的审美生成》,人民出版社 2006 年版。

[100]王凯:《道与道术——庄子的生命美学》,人民出版社 2013 年版。

[101]王凯:《逍遥游——庄子美学的现代阐释》,武汉大学出版社 2003 年版。

[102]王素芬:《顺物自然——生态语境下的庄学研究》,人民出版社 2011 年版。

[103]王焱:《得道的幸福——庄子审美体验研究》,暨南大学出版社 2012 年版。

［104］吴光明：《庄子》，东大图书公司1992年版。

［105］吴怡：《逍遥的庄子》，广西师范大学出版社2006年版。

［106］吴汝钧：《绝对无诠释学：京都学派的批判性研究》，台湾学生书局2012年版。

［107］夏瑞春主编：《德国思想家论中国》，江苏人民出版社1989年版。

［108］熊铁基：《二十世纪中国庄学》，湖南人民出版社2006年版。

［109］徐复观：《中国人性论史》（先秦篇），上海三联书店2001年版。

［110］徐复观：《中国艺术精神》，华东师范大学出版社2001年版。

［111］徐复观：《中国文学精神》，九州出版社2014年版。

［112］许慎：《说文解字》，中华书局1963年版。

［113］许慎撰，段玉裁注：《说文解字注》，上海古籍出版社1981年版。

［114］叶朗：《中国美学史大纲》，上海人民出版社2005年版。

［115］杨伯峻：《论语译注》，中华书局2009年版。

［116］杨国荣：《庄子的思想世界》，北京大学出版社2006年版。

［117］杨鹏飞：《庄子审美体验思想阐释》，辽宁大学出版社2010年版。

［118］张岱年：《中国哲学大纲》，中国社会科学出版社1994年版。

［119］张节末：《禅宗美学》，北京大学出版社2006年版。

［120］张利群：《庄子美学》，广西师范大学出版社1992年版。

［121］张松辉：《庄子研究》，人民出版社2009年版。

［122］张松辉：《庄子疑义考辨》，中华书局2007年版。

［123］翟振明：《有无之间：虚拟实在的哲学探险》，孔红艳译，北京大学出版社2007年版。

［124］朱光潜：《朱光潜美学文集》，上海文艺出版社1982年版。

［125］朱良志：《中国艺术的生命精神》，安徽教育出版社1998年版。

［126］朱良志：《中国美学十五讲》，北京大学出版社2006年版。

［127］朱松苗：《论儒道禅之情：以〈论语〉〈庄子〉〈坛经〉为中心》，武汉大学出版社2016年版。

［128］朱哲：《先秦道家哲学研究》，上海人民出版社2000年版。

［129］宗白华：《美学散步》，上海人民出版社1981年版。

［130］宗白华：《艺境》，北京大学出版社1989年版。

［131］宗福邦等主编：《故训汇纂》，商务印书馆2003年版。

［132］邹元江：《论意象与非对象化》，中国社会科学出版社2014年版。

[133]陈良运:《美的考察》,百花洲文艺出版社2005年版。

三、期刊及报纸

[1]蔡壁名:《〈庄子〉的感情:以亲情论述为例》,《台大中文学报》2015年第49期。

[2]蔡美珠:《王弼之"无"——透过老子之"无"为比较分析》,《现代学苑》第8卷第7期。

[3]陈一標、吴翠华:《从绝对无道空的哲学》,《台大佛学研究》2010年第19期。

[4]陈一標:《虚无与空——西谷啓治的宗教哲学》,《玄奘佛学研究》2007年第6期。

[5]陈本益:《谈儒道佛三家思想的道德性——兼谈道家思想本身并不是美学》,《社会科学展现》2011年第1期。

[6]陈本益、饶建华:《庄子美学辨证》,《陕西师范大学学报(哲学社会科学版)》2014年第5期。

[7]范明华:《论"道"在中国美学思想中的意义》,《武汉大学学报(人文科学版)》2009年第3期。

[8]范明华:《论"虚无"在中国美学思想中的意义》,《东岳论丛》2009年第5期。

[9]黄佳骏:《〈庄子〉"言无言"的思想与工夫义—由〈人间世〉三种言行态度论说》,《人文暨社会科学期刊》2010年第6卷第2期。

[10]刘成纪:《道禅语言观与中国诗性精神之诞生》,《求是学刊》2009年第6期。

[11]罗安宪:《"有用之用""无用之用"以及"无用"——庄子对外物态度的分析》,《哲学研究》2015年第7期。

[12]彭富春:《什么是物的意义?——庄子、海德格尔与我们的对话》,《哲学研究》2002年第3期。

[13]彭富春:《论无原则的批判》,《武汉大学学报》2007年第4期。

[14]吴汝钧:《纯粹力动与绝对无:我与京都哲学的分途》,《台北大学中文学报创刊号》2006年创刊号。

[15]谢如柏:《郭象的无心与忘境之说》,《汉学研究》2012年第4期。

[16]叶秀山:《世间为何会"有""无"?》,《中国社会科学》1998年第3期。

[17]杨径青:《试论庄子的反美学思想》,《思想战线》1995年第4期。

［18］杨儒宾:《生生与无生》,《鹅湖月刊》第 22 卷第 3 期。

［19］杨祖汉:《论庄子的知与无知》,《鹅湖月刊》第 32 卷第 1 期。

［20］朱芳玲:《虚无,也是一种抗议的姿态》,《汉学研究集刊》2008 年第 6 期。

［21］朱松苗:《论〈庄子〉之"无"的三重意蕴》,《海南大学学报》2016 年第 5 期。

［22］朱松苗:《论"观"视域下〈林泉高致〉的运思逻辑》,《武汉理工大学学报》2017 年第 1 期。

［23］朱松苗:《论〈庄子〉中"无言"的三重意蕴及其内在理路》,《南昌大学学报》(人文社会科学版)2018 年第 4 期。

［24］朱松苗:《论〈庄子〉中存在性之"道"的三重意蕴》,《华南理工大学学报》(社会科学版)2018 年第 6 期。

［25］朱松苗:《论〈庄子〉中"无知"的三重意蕴及其逻辑进路》,《学术交流》2018 年第 8 期。

［26］朱松苗:《论〈庄子〉之"无"的美学意义》,《南昌大学学报》(人文社会科学版)2019 年第 2 期。

［27］朱松苗:《论〈庄子〉中心灵修养的三重境界》,《太原理工大学学报(社会科学版)》2019 年第 5 期。

［28］朱松苗:《"无用之用"何以可能? ——〈庄子〉中"无用"的五重意蕴》,《理论月刊》2019 年第 6 期。

［29］周春生:《〈庄子〉一书的语言结构》,《中国哲学史》1993 年第 2 期。

［30］朱哲:《老、庄"无用之用"思想析论》,《宗教学研究》1996 年第 4 期。

［31］邹元江:《空的空间与虚的实体——从中国绘画看戏曲艺术的审美特征》,《上海戏剧学院学报》2002 年第 4 期。

［32］陈望衡:《素朴之美》,《人民日报》2016 年 1 月 18 日第 16 版。

［33］庞朴:《谈玄说无》,《光明日报》2006 年 5 月 9 日第 005 版。

四、博士论文

［1］杨鹏飞:《庄子审美体验思想阐释》,辽宁大学 2009 年博士学位论文。

［2］赵东:《自然之道与美学——论庄子哲学的美学转化》,西南大学 2010 年博士学位论文。

［3］陈火青:《大美无美:庄子美学的反思与还原》,西南大学 2012 年博士学位论文。

后　记

在本书写作的某些艰难而脆弱的阶段,在那些层云厚重、阴雨绵绵的日子,我曾不止一次的幻想,它将以何种形式结尾,而当朝思暮想的这一刻终于来临的时候,那些曾经的感伤和冲动却杳无踪迹,以至于我几乎无从下笔。我想,也许它们在写作过程中随着问题的解决已经自行消散,也许时间真的能够冲淡很多的心绪与故事。

当然除了感谢。

也许,感谢不属于人的任何一种情绪,它就归属于存在自身,或者说就是对于存在的显明。因此,它不是可以随着人的情绪而消散和冲淡的对象。它本身就是一种聚集,其中聚集了功劳、亏欠和幸运。

一方面,感谢意味着一种归功。本书的完成,首先要归功于我的恩师彭富春教授。有人说,在山青水美的武大读书,你可以错失甜美的爱情,亦可以错过丰盛的活动,但彭富春的课真的不容错过。我很幸运,从硕士、访问学者到博士,在美丽的武汉大学求学的将近十年时间里,我能够完整而系统地倾听老师的每一节课。虽然在此之间,我自己也身为老师,但是我比学生更像学生地完成了我的珞珈生活。为此,周边的舍友们还善意地给予了我各种不同的称谓如上课达人、听课超人等,以表达他们的不解。对此,我从不解释。任何美丽都需要亲证,需要陶醉其中。这种美丽与陶醉就来自于那种圆润通透的思想,清晰明澈的思路,抽丝剥茧的思维,直指事情本身的思考,对真理和光明的专注而持久地追求,对某些混乱不堪的学术现状的毫不妥协地拒斥与疏离,而对学术之外的生活世界又无不饱含宽容与理解、开放与包容的气度与情怀……正因为如此,我格外珍惜每一次上课,它们会将我从各种偏离中及时而有效地解救出来,校正我的学习状态,坚定我前行的方向,并给予我前行的力量。

其次还要归功于美学教研室的刘纲纪教授、邹元江教授、范明华教授、陈望衡教授等老师。刘老师虽然已驾鹤西游,但在前些年还是坚持为我们上了一学期的课,我不知道这是否是老师最后一次的正式上课,但是我想在老师的心灵深处,他一定还会保存这种纯粹的意愿。忘不了刘师与我们分享他的故事时那种孩童般的快乐,这种简单的快乐就像他在生活中的淡泊名利,学术上的孜孜不倦,提携后学时的认真细致一样动人心弦。邹老师的课总是那么的抑扬顿挫,激情澎湃,散发着艺术的气息,我想即使是在很多年以后,当我回忆起武大时,萦绕在我耳畔的一定有弥漫在哲学院二层小楼里的那中气十足、声如洪钟的男高音。我曾经为此请教过邹老师,得知老师也常常为了上课而睡眠不好,是的,我想,任何荡气回肠的美丽都聚集着无数的默默付出和辛勤的汗水,教学是如此,学术也是如此。范老师在学生中素有范妈妈的称谓,我想这个称谓是对老师的亲切、和蔼、慈祥和对学生事无巨细地关心的最高褒奖,对于不善言辞的我而言体会尤深,因为与老师交流,我根本无需绞尽脑汁地寻找话题和斟酌词句,一切都是那么的随意和平常,就像在家里与妈妈交流一样。在我博士入学时,陈老师已经退休,但是在图书馆里我却多次邂逅老师,每一次的邂逅都会给我一种莫名的感动和触动,我想,对学术和真理的追求真的可以成为人的一种生活方式,因为它可以给人带来快乐,而且是不依赖于他人、可以自行把握的纯粹的快乐,并且是源源不断、生生不息的快乐……在此意义上,本书的作者就不只是我,而是珞珈山上众多思想者的思想、灵魂、奉献、辛勤的聚集。

另一方面,感谢也意味着一种亏欠,在一切顺利的征程背后,没有人会否认,一定还有人在背后为此默默地付出,忘不了家中幼子每一次离别的眼泪,也忘不了家人无怨无艾地支持与奉献。在此意义上,我无以为报,只能以此文来弥补这种种的亏欠。

再一方面,感谢还意味着一种幸亏。从 2008 年初次踏入武大的校门到现在,我在那里陆陆续续地生活和学习了将近十年的光阴。在生命中最美好的十年,我有幸与最美丽的大学校园、最绚丽的思想和思想者、最可爱的同学在此相遇,并给予我最美好的记忆与收获;而在拙文完成之际,我又有幸与人民出版社洪琼先生相遇,从而使得这种美好和美丽在洪琼先生以及众多编辑们的崇高的人格精神、勤勉踏实的工作态度、一丝不苟的工作作风的照耀下得以延续和发扬光大。在此意义上,与大家的相遇,既是本人的幸运,也是本书的幸运。

人间四月,正是珞珈山青翠欲滴、春意盎然的时节,布谷鸟的声音依旧是那样的清脆、悠扬、温润、绵长,樱花树下小草发芽的声音依旧是那么的真切、激动人心和不可阻挡……